Ta-Nehisi Coates

Zwischen mir und der Welt

Schriftenreihe Band 1688

Ta-Nehisi Coates

Zwischen mir und der Welt

Aus dem Englischen von Miriam Mandelkow

bpb:
Bundeszentrale für politische Bildung

Ta-Nehisi Coates, geboren 1975, ist Buchautor und Journalist, u. a. für die Zeitschrift „The Atlantic". Er wurde mit dem National Book Award ausgezeichnet.

Die amerikanische Originalausgabe erschien 2015 unter dem Titel „Between the World and Me" bei Spiegel & Grau, New York.

Der Essay „Plädoyer für Reparationen" auf Seite 151 ff. wurde übersetzt von Britt Somann-Jung. Er erschien zuerst unter dem Titel „The Case for Reparations" in The Atlantic Magazine, distributed by Tribune Content Agency.
Richard Wright, „Between the World and Me" (S. 9), übersetzt von Eva Hesse, zitiert nach: *Englische und amerikanische Dichtung 4: Amerikanische Dichtung von den Anfängen bis zur Gegenwart*, hrsg. von Eva Hesse und Heinz Ickstadt, München 2000.
Die Auszüge aus den Gedichten von Sonia Sanchez („Malcolm", S. 11) und Amiri Baraka („Ka'Ba", S. 76) sowie das Zitat von James Baldwin (S. 133) wurden übersetzt von Laura Dshamilja Weber.
John Locke (S. 153) zitiert nach: *Zwei Abhandlungen über die Regierung*, hrsg. und eingeleitet von Walter Euchner, aus dem Englischen von Hans Jörn Hoffmann, Frankfurt am Main 1977.

Bonn 2016
Lizenzausgabe für die Bundeszentrale für politische Bildung
Adenauerallee 86, 53113 Bonn

Umschlaggestaltung: Naumilkat – Agentur für Kommunikation und Design, Düsseldorf
Umschlagfoto: © Carlos Javier Ortiz/Redux/laif

Satz: Greiner & Reichel, Köln
Druck und Bindung: CPI books GmbH, Leck

ISBN 978-3-8389-0688-1

www.bpb.de

INHALT

Für David und Kenyatta,
die glaubten

ZWISCHEN
MIR UND
DER WELT

Und eines Morgens unterwegs in den Wäldern stieß ich auf einmal darauf,
Stieß darauf in einer grasbewachsenen Lichtung, umstellt von Ulmen und Eichen mit tiefrissiger Borke.
Und die rußige Szene erstand vor mir bis ins Kleinste und schob sich zwischen mich und die Welt.

RICHARD WRIGHT

I

Sprich nicht zu mir von Märtyrertum,
von Männern, die sterben, um gefeiert zu werden
an irgendeinem Gedenktag.
Ich glaube nicht ans Sterben
und doch, auch ich bin sterblich.
Und Veilchen wie Kastagnetten
werden mein Echo sein.

SONIA SANCHEZ

Mein Sohn,

letzten Sonntag fragte mich die Moderatorin einer beliebten Nachrichtensendung, was es bedeute, seinen Körper zu verlieren. Die Moderatorin saß in Washington, D. C., und ich in einer New Yorker Dependance an der Westside von Manhattan. Ein Satellit überbrückte die Meilen zwischen uns, doch keine Technik konnte die Lücke zwischen ihrer Welt und jener schließen, für die zu sprechen man mich hergebeten hatte. Als die Moderatorin mich zu meinem Körper befragte, wurde ihr Gesicht ausgeblendet und über den Bildschirm liefen Worte, die ich in derselben Woche geschrieben hatte.

Die Moderatorin las den Zuschauern diese Worte vor, und dann kam sie auf meinen Körper zu sprechen, wenn auch nicht direkt. Aber inzwischen bin ich daran gewöhnt, dass sich intelligente Menschen, ohne sich dessen bewusst zu sein, nach dem Zustand meines Körpers erkundigen. Diese Moderatorin wollte konkret wissen, weshalb der Fortschritt des weißen Amerika beziehungsweise der Fortschritt jener Amerikaner, die glauben, sie seien weiß, meiner Meinung nach auf Plünderung und Gewalt beruhe. Als ich das hörte, stieg in mir eine alte, unbestimmte Traurigkeit auf. Die Antwort auf diese Frage liegt in der historischen Bilanz dieser Gläubigen. Die Antwort ist die amerikanische Geschichte.

Nichts an dieser Aussage ist überspitzt. Amerikaner vergöttlichen die Demokratie auf eine Weise, die sie übersehen lässt, dass sie ihrem Gott hin und wieder trotzen. Doch die Demokratie ist ein nachgiebiger Gott, und Amerikas Ketzereien – Folter, Diebstahl, Versklavung – sind unter den Menschen und Nationen so weit verbreitet, dass keiner für sich Immunität beanspruchen kann. Streng genommen haben Amerikaner ihren Gott auch niemals hintergangen. Als Abraham Lincoln 1863 verkündete, durch die Schlacht von Gettysburg müsse sichergestellt sein, »dass die Regierung des Volkes durch das Volk und für das Volk nicht von der Erde weiche«, war das nicht nur Ausdruck eines politischen Bestrebens; zu Beginn des Bürgerkriegs hatten die Vereinigten Staaten von Amerika eine der weltweit höchsten Wahlrechtsquoten. Die Frage ist nicht, ob Lincoln tatsächlich eine »Regierung des Volkes« im Sinn hatte, sondern was mit dem politischen Begriff »Volk« in unserem Land – quer durch seine Geschichte – eigentlich gemeint war. 1863 waren damit deine Mutter und deine Großmutter nicht gemeint und auch nicht du und ich. Amerikas Problem ist also nicht der Verrat an der »Regierung des Volkes«, sondern die Art und Weise, wie »das Volk« zu seinem Namen kam.

Das führt uns zu einem ebenso wichtigen Ideal, das Amerikaner implizit akzeptieren, ohne es bewusst für sich zu beanspruchen. Amerikaner glauben an »Rasse« als fest umrissenes, naturgegebenes Merkmal unserer Welt. Rassismus – das Bedürfnis, Menschen bis ins Mark zu kategorisieren und daraufhin zu demütigen, zu reduzieren und zu vernichten – wäre demnach eine unvermeidliche Folge dieser unabänderlichen Gegebenheit. So wird Rassismus zur unschuldigen Tochter von Mutter Natur, und uns bleibt nur, die transatlantische Menschenfracht der *Middle Passage* oder die Vertreibung der amerikanischen Ureinwohner auf dem *Trail of Tears* zu beklagen wie ein Erdbeben, einen Tornado oder jedes andere Phänomen, das des Menschen Werk übersteigt.

Doch Rasse ist das Kind des Rassismus, nicht seine Mutter. Und die Definition eines »Volkes« hatte nie etwas mit Abstammung und Physiognomie zu tun, sondern immer mit Hierarchie. Unterschiede von Haut und Haar sind alt. Der Glaube an die Überlegenheit von Haut und Haar, der Gedanke, diese Faktoren könnten eine Gesellschaft angemessen strukturieren und würden auf tiefere, unauslöschliche Eigenschaften hinweisen – das ist der neue Gedanke im Herzen dieser neuen Menschen, die rettungslos in dem tragischen Irrglauben genährt wurden, weiß zu sein.

Diese neuen Menschen sind wie wir eine moderne Erfindung. Doch im Gegensatz zu uns hat ihr neuer Name keine Bedeutung unabhängig vom Räderwerk krimineller Macht. Die neuen Menschen waren etwas anderes, bevor sie weiß wurden – Katholiken, Korsen, Waliser, Mennoniten, Juden –, und wenn sich unsere nationalen Hoffnungen erfüllen sollen, müssen sie auch wieder etwas anderes sein. Vielleicht werden sie dann wirklich Amerikaner und schaffen ein nobleres Fundament für ihre Mythen. Das liegt nicht in meiner Hand. Einstweilen sei gesagt, dass das Weißwaschen versprengter Stämme – die Überhöhung des Glaubens an das eigene Weißsein – nicht durch Weinproben und Gartenpartys erreicht wurde, sondern durch die Plünderung von Leben, Freiheit, Arbeitskraft und Land; durch das Auspeitschen von Rücken, das Anketten von Gliedmaßen, das Erdrosseln von Andersdenkenden, die Zerstörung von Familien, die Vergewaltigung von Müttern, den Verkauf von Kindern und diverse andere Maßnahmen, die in erster Linie dir und mir das Recht absprechen sollten, in Sicherheit über unseren eigenen Körper zu bestimmen.

Die neuen Menschen waren wahrlich nicht die Ersten, die so etwas taten. Vielleicht hat es im Lauf der Geschichte irgendwann mal eine Großmacht gegeben, die nicht aus der gewaltsamen Ausbeutung fremder Körper erwachsen ist – in dem Fall steht mir noch eine Entdeckung bevor. Doch die Banalität der Gewalt kann Amerika nicht entschuldigen, denn Amerika will mit dem Banalen nichts zu schaffen haben. Amerika hält sich für außergewöhnlich, die größte und edelste Nation, die es je gab, ein einsamer Kämpfer vor den Toren der weißen Stadt der Demokratie, den Terroristen, Despoten, Barbaren und anderen Feinden der Zivilisation trotzend. Man kann sich nicht für übermenschlich erklären und dann sagen, Irren sei nun mal menschlich. Ich plädiere dafür, den Anspruch unserer Mitbürger auf Amerikas Exzeptionalismus ernst zu nehmen, das heißt, ich plädiere dafür, unser Land auch exzeptionellen moralischen Maßstäben zu unterwerfen. Das fällt schwer, denn wir sind von einem System umgeben, das uns drängt, die amerikanische Unschuld für bare Münze zu nehmen und nicht zu sehr nachzufragen. Und es ist so leicht, wegzuschauen, mit den Früchten unserer Geschichte zu leben und das große Unrecht zu ignorieren, das in unser aller Namen begangen wurde. Doch du und ich, wir konnten uns diesen Luxus eigentlich nie erlauben. Ich glaube, das weißt du.

Ich schreibe dir in deinem fünfzehnten Lebensjahr. Ich schreibe dir jetzt, denn dies ist das Jahr, in dem du gesehen hast, wie Eric Garner erwürgt wurde, weil er Zigaretten verkaufte, in dem du erlebt hast, dass Renisha McBride erschossen wurde, weil sie Hilfe holen wollte, und dass John Crawford erschossen wurde, weil er durch ein Kaufhaus schlenderte. Du hast gesehen, wie Männer in Uniform im Vorbeifahren Tamir Rice ermordeten, einen zwölfjährigen Jungen, den sie ihrem Eid gemäß hätten beschützen sollen. Und du hast Männer in ebensolchen Uniformen gesehen, wie sie am Straßenrand auf Marlene Pinnock einprügelten, eine Großmutter. Und spätestens jetzt weißt du, dass die Polizeireviere deines Landes mit der Befugnis ausgestattet sind, deinen Körper zu zerstören. Es spielt keine Rolle, ob die Zerstörung die Folge einer bedauerlichen Überreaktion ist. Es spielt keine Rolle, ob sie einem Missverständnis entsprungen ist. Es spielt keine Rolle, ob die Zerstörung von einer albernen Vorschrift herrührt. Wenn du ohne Genehmigung Zigaretten verkaufst, kann dein Körper zerstört werden. Wenn du dich gegen die Menschen auflehnst, die deinen Körper einfangen wollen, kann er zerstört werden. Wenn du ein dunkles Treppenhaus betrittst, kann dein Körper zerstört werden. Die Zerstörer werden selten zur Rechenschaft gezogen. Meist erhalten sie eine Rente. Und Zerstörung ist auch nur die Steigerung einer Herrschaft, die Filzen, Festnehmen, Schlagen und Demütigen vorsieht. All das ist normal für Schwarze. Ein alter Hut. Verantwortlich gemacht wird dafür niemand.

Die Zerstörer sind nicht beispiellos böse, sondern schlicht Menschen, die die Launen unseres Landes umsetzen, die sein Erbe und sein Vermächtnis richtig deuten, bis heute. Das mag man nicht unbedingt wahrhaben. Doch unsere ganze Begrifflichkeit – *race relations, racial chasm, racial justice, racial profiling, white privilege*, sogar *white supremacy* – dient nur dazu, zu verschleiern, dass Rassismus eine zutiefst körperliche Erfahrung ist, dass er das Hirn erschüttert, die Atemwege blockiert, Muskeln zerreißt, Organe entfernt, Knochen bricht, Zähne zerschlägt. Davor darfst du nie die Augen verschließen. Du musst dir immer bewusstmachen, dass die Soziologie, die Geschichte, die Wirtschaft, die Tabellen und Statistiken, die Regressionen allesamt mit Wucht auf deinem Körper landen.

Das war es, was ich der Moderatorin jener Nachrichtensendung am vergangenen Sonntag zu erklären versuchte, so gut es in der vorgegebenen Zeit eben ging. Doch am Ende zauberte die Moderatorin ein populäres Foto von einem elfjährigen schwarzen Jungen auf den Schirm, der tränenreich einen weißen Polizisten umarmt. Dann fragte sie mich, wie es denn mit der »Hoffnung« stehe. Und da wusste ich, dass ich versagt hatte. Und erinnerte mich daran, dass ich nichts anderes erwartet hatte. Und wunderte mich erneut über diese unbestimmte Traurigkeit, die in mir aufstieg. Warum genau war ich traurig? Ich kam aus dem Studio und ging eine Weile spazieren. Es war ein ruhiger Dezembertag. Familien, die sich für weiß hielten, auf den Straßen. Kinder, die als Weiße aufwachsen würden, eingemummelt in ihren Kinderwagen. Und ich war traurig um ihretwillen, traurig um der Moderatorin willen und all der Zuschauer dort draußen, die sich einer trügerischen Hoffnung hingaben. Mir wurde klar, wieso ich traurig war. Als die Journalistin mich nach meinem Körper fragte, war es, als forderte sie mich auf, sie aus einem köstlichen Traum zu wecken. Ich kenne den Traum schon mein ganzes Leben lang. Er besteht aus schmucken Häusern mit hübschen Vorgärten. Grillen am Memorial Day, Nachbarschaftszirkeln und Garageneinfahrten. Baumhäusern und Pfadfindern. Der Traum riecht nach Pfefferminz und schmeckt nach Erdbeerkuchen. Und so lange wollte ich in diesen Traum flüchten und mir mein Land wie eine Decke über den Kopf ziehen. Aber das geht nicht, die Möglichkeit bestand nie, denn der Traum ruht auf unserem Rücken, sein Bettzeug ist aus unseren Körpern gemacht. Diese Erkenntnis, die Erkenntnis, dass der Traum nur weiterbesteht, weil er gegen die bekannte Welt ankämpft, machte mich traurig, um der Moderatorin und um all dieser Familien und um meines Landes willen, vor allem aber, in diesem Augenblick, um deinetwillen.

Es war die Woche, in der du erfahren hattest, dass die Mörder von Michael Brown ungeschoren davonkommen. Die

Männer, die ihn auf der Straße haben liegen lassen wie eine krasse Demonstration ihrer unantastbaren Macht, würden niemals bestraft werden. Ich hatte nicht die Erwartung gehabt, dass irgendjemand jemals bestraft würde. Aber du warst jung und noch zuversichtlich. Du bist bis elf Uhr abends aufgeblieben, um die Anklageverkündung abzuwarten, und als stattdessen verkündet wurde, dass es keine geben würde, hast du gesagt »ich muss los« und bist in dein Zimmer gegangen, und dann hörte ich dich weinen. Ich kam fünf Minuten später zu dir und habe dich nicht in den Arm genommen, ich habe dich nicht getröstet, weil ich es für falsch hielt, dich zu trösten. Ich habe dir nicht gesagt, dass alles gut wird, weil ich noch nie geglaubt habe, dass alles gut wird. Stattdessen habe ich dir das gesagt, was deine Großeltern mir schon zu erklären versucht haben: dass dies dein Land ist, dass dies deine Welt ist, dass dies dein Körper ist und du irgendwie darin leben musst. Und jetzt sage ich dir, dass die Frage, wie man in einem schwarzen Körper leben soll, in einem traumverlorenen Land, die Frage meines Lebens ist, und dieser Frage nachzugehen, habe ich festgestellt, ist letztlich die Antwort.

Das kommt dir bestimmt merkwürdig vor. Wir leben in »zielorientierten« Zeiten. Unser Medienvokabular brummt vor *big ideas* und hochtrabenden Theorien zu allem und jedem. Ich habe jeglichem Wunderwerk allerdings schon vor langer Zeit entsagt, und diese Entsagung ist ein Geschenk deiner Großeltern, die mich nie mit dem Jenseits zu trösten versuchten und Amerikas ruhmreiche Bestimmung hinterfragten. Indem ich sowohl das Chaos der Geschichte als auch die Tatsache meines endgültigen Endes akzeptierte, war ich frei genug, mich grundsätzlich zu fragen, wie ich leben will – insbesondere, wie ich als freier Mensch in diesem schwarzen Körper leben will. Die Frage ist wesentlich, denn Amerika versteht sich als Gottes Werk, doch der schwarze Körper ist der deutlichste Beweis dafür, dass Amerika von Menschen gemacht ist. Ich bin dieser Frage in meinem Lesen und Schreiben nachgegangen, durch die Musik meiner Jugend, durch Diskussionen mit deinem Großvater, mit deiner Mutter, deiner Tante Janai, deinem Onkel Ben. Ich habe Antworten in nationalistischen Mythen gesucht, in Klassenzimmern und Seminarräumen, draußen auf der Straße und auf anderen Kontinenten. Die Frage ist nicht zu beantworten, was nicht heißt, dass sie müßig wäre. Die größte Belohnung für dieses ständige Befragen, die Beschäftigung mit der Brutalität meines Landes, besteht darin, dass sie mich von Geistern befreit und für die nackte Panik vor der Entleibung gewappnet hat.

Denn die Angst, sie ist da. Wenn du nicht bei mir bist, ist sie am größten. Aber sie war schon da, lange bevor es dich gab, und nicht nur mich hatte sie im Griff. Als ich in deinem Alter war, waren alle Menschen, die ich kannte, schwarz, und alle hatten beträchtliche, beharrliche, gefährliche Angst. Ich wusste schon in ganz jungen Jahren, wie diese Angst aussah, auch wenn ich sie nicht immer als solche erkannte.

Sie war da, direkt vor meinen Augen. Sie lebte in den Posen der Jungs meines Viertels, in ihren großen Ringen und Anhängern, ihren dicken Jacken und bodenlangen Ledermänteln mit Pelzkragen, ihrer Rüstung gegen die Welt. Sie standen an der Ecke Gwynn Oak und Liberty oder Cold Spring und Park Heights oder vor der Mandawmin Mall, die Hände tief in ihren Russell-Jogginghosen vergraben. Wenn ich heute an diese Jungs denke, sehe ich nur die Angst, und ich sehe, wie sie sich gegen die Geister der bösen alten Zeit wappnen, in der der Mississippi-Mob sich um ihre Großväter scharte, um die Zweige des schwarzen Körpers abzufackeln und wegzuschneiden. Die Angst lebte in ihrem federnden Gang, ihren tief hän-

genden Jeans, ihren großen T-Shirts, dem präzisen Winkel ihrer Baseballcaps – dem ganzen Katalog von Verhaltensweisen und Kleidungsstücken, der glauben machen sollte, diese Jungs besäßen alles, was sie sich wünschten.

Ich sah die Angst in ihren Kriegsbräuchen. Ich war kaum fünf, als ich auf den Eingangsstufen unseres Hauses in der Woodbrook Avenue saß und zusah, wie zwei Jungs mit bloßen Oberkörpern einander umkreisten und ihre Schultern gegeneinanderrammten. Seitdem weiß ich, dass Straßenkämpfe einem Ritual folgen, Codes und Prinzipien, die gerade durch ihre Notwendigkeit die ganze Verwundbarkeit jugendlicher schwarzer Körper bezeugen.

Ich hörte die Angst in der ersten Musik, die mir vertraut wurde – den pumpenden Beats aus den Ghettoblastern, großspurig und protzig. Die Jungs oben in Park Heights an der Ecke Garrison und Liberty liebten diese Musik, weil sie ihnen allen Realitäten zum Trotz bescheinigte, Herr über ihr Leben, ihre Straßen, ihre Körper zu sein. Ich sah die Angst in den Mädchen, in ihrem lauten Lachen und den vergoldeten Bambusohrringen, die ihre Namen dreifach ausbuchstabierten. Sie hauste in ihrer harten Sprache und ihren harten Blicken, in der Art, wie sie einen mit ihren Augen schnitten und mit ihren Worten vernichteten, wenn man ihnen zu nahe kam. »Nimm meinen Namen nicht in deinen Mund«, sagten sie dann. Ich sah sie nach der Schule wie Boxer in Stellung gehen – Vaseline, Reeboks, die Ohrringe abgelegt – und einander anfallen.

Ich spürte die Angst, wenn ich meine Großmutter in Philadelphia besuchte. Du hast sie nicht mehr kennengelernt. Ich kannte sie auch kaum, aber ich erinnere mich an ihre schroffe Art, ihre raue Stimme. Und ich wusste, dass der Vater meines Vaters tot war und dass mein Onkel Oscar tot war und dass mein Onkel David tot war und dass das alles unnatürlichen

Umständen zu verdanken war. Und ich sah sie in meinem Vater, der dich liebt, der dir Ratschläge erteilt, der mir Geld zugesteckt hat, damit du versorgt bist. Mein Vater hatte solche Angst. Sie saß in dem schwarzen Ledergürtel, den er mit mehr Sorge als Zorn auf mich niederknallen ließ, mein Vater, der mich schlug, als könnte mich jemand stehlen, weil genau das um uns herum geschah. Jeder hatte ein Kind verloren, an die Straße, an das Gefängnis, an Drogen, an eine Kugel. Jene verlorenen Mädchen, von denen man sich erzählte, sie seien zuckersüß gewesen und hätten keiner Fliege was zuleide getan. Jene verlorenen Jungen, von denen es hieß, sie hätten gerade die Highschool abgeschlossen und angefangen, ihr Leben umzukrempeln. Jetzt waren sie fort, und ihr Vermächtnis war eine große Angst.

Haben sie dir diese Geschichte erzählt? Als deine Großmutter sechzehn war, klopfte ein junger Mann bei ihr an die Tür, es war der Freund ihrer Schwester. Sonst war keiner zu Hause, und sie ließ den jungen Mann hinein, aber dann kam deine Urgroßmutter. Sie schickte den jungen Mann weg, und dann verprügelte sie deine Großmutter furchtbar, ein letztes Mal, um sie für immer daran zu erinnern, wie schnell sie ihren Körper verlieren konnte. Ma vergaß das nie. Ich weiß noch, wie sie meine kleine Hand festhielt, wenn wir über die Straße gingen. Sie sagte, wenn ich losließe und von einem Auto überfahren würde, dann würde sie mich zurück ins Leben prügeln. Als ich sechs war, gingen Ma und Dad mit mir in einen Park. Ich verschwand aus ihrem Blickfeld und fand einen Spielplatz. Deine Großeltern brachten ängstliche Minuten damit zu, mich zu suchen. Als sie mich fanden, tat Dad das, was alle Eltern, die ich kannte, getan hätten – er nahm seinen Gürtel. Ich weiß noch, dass ich ihm benommen zusah, tief beeindruckt von dem Missverhältnis zwischen Strafe und Vergehen.

Später hörte ich die Angst in Dads Stimme: »Entweder ich schlage ihn oder die Polizei.« Vielleicht war das meine Rettung. Vielleicht auch nicht. Ich weiß nur, dass aus der Angst Gewalt aufstieg wie Rauch aus einem Feuer, und ich kann nicht sagen, ob diese Gewalt, auch wenn sie der Angst und der Liebe entsprang, uns weckte oder erstickte. Aber ich weiß, dass Väter, die ihre aufmüpfigen halbwüchsigen Söhne verdroschen, sie dann auf die Straße entließen, wo diese dasselbe Recht beanspruchten und erlitten. Und ich kannte Mütter, die ihre Töchter mit dem Gürtel peitschten, aber der Gürtel konnte die Mädchen nicht vor Drogendealern bewahren, die doppelt so alt waren wie sie. Wir, die Kinder, brauchten unseren schwärzesten Humor, um damit fertigzuwerden. In den Gassen jagten wir Basketbälle durch hohle Kisten und rissen Witze über den Jungen, dessen Mutter ihn vor seiner gesamten fünften Klasse windelweich geprügelt hatte. Im Fünfer-Bus nach Downtown lachten wir über ein Mädchen, deren Mutter alles benutzte, was sie zu fassen kriegte – Kabeldraht, Verlängerungsschnüre, Töpfe, Pfannen. Wir lachten, aber ich weiß, dass wir Angst vor den Menschen hatten, die uns am meisten liebten. Unsere Eltern griffen zum Gürtel wie die Flagellanten während der Pest zur Geißel.

Schwarz zu sein im Baltimore meiner Jugend bedeutete, den Elementen der Welt – Schusswaffen, Fäusten, Messern, Crack, Vergewaltigung, Krankheit – nackt ausgeliefert zu sein. Die Nacktheit ist kein Irrtum, kein pathologischer Befund. Die Nacktheit ist die angestrebte Folge politischer Entscheidungen, das, was dabei herauskommt, wenn Menschen jahrhundertelang in Angst leben müssen. Das Gesetz war nicht zu unserem Schutz da. Und jetzt, in deiner Zeit, ist das Gesetz zu einem Vorwand verkommen, dich anzuhalten und zu filzen, den Angriff auf deinen Körper fortzusetzen. Doch eine Gesellschaft, die die einen durch ein Sicherheitsnetz aus Schulen, staatlichen Hypotheken und ererbtem Reichtum schützt, dich hingegen nur mit der Keule des Strafrechts zu schützen vermag, hat entweder ihre guten Absichten verfehlt oder etwas sehr Abgründiges erreicht. Wie immer man es betrachtet, das Ergebnis ist unsere Anfälligkeit gegenüber den kriminellen Kräften der Welt. Es spielt keine Rolle, ob diejenigen, durch die diese Kräfte wirken, weiß oder schwarz sind – entscheidend ist unser Zustand, entscheidend ist das System, das unseren Körper zerbrechlich macht.

Diese Kräfte haben sich mir im Laufe meines Lebens nach und nach offenbart, in einer Reihe großer Veränderungen. Die Veränderungen sind noch im Gang und setzen sich wahrscheinlich fort bis zu meinem Tod. Ich war elf, stand auf dem Parkplatz vor dem 7-Eleven und beobachtete eine Gruppe älterer Jungs nahe der Straße. Sie brüllten und gestikulierten, und der Adressat war ein Junge in meinem Alter, der dastand, beinahe lächelnd, und tapfer die Arme hochnahm. Er hatte bereits die Lektion gelernt, die er mir an dem Tag beibringen würde: dass sein Körper sich in ständiger Gefahr befand. Wer weiß, was ihn zu dieser Erkenntnis geführt hatte? Sein Leben in den Housing Projects, ein besoffener Stiefvater, ein älterer Bruder, dem die Polizei eine Gehirnerschütterung beigebracht hatte, ein Cousin im Knast. Dass die anderen in der Überzahl waren, spielte keine Rolle, denn die ganze Welt war schon immer in der Überzahl gewesen, und was spielten Zahlen schon für eine Rolle? Hier ging es darum, wer die Kontrolle über seinen Körper besaß, und darum würde es sein ganzes Leben lang gehen.

Ich stand da und bewunderte den exquisiten Modegeschmack der älteren Jungs. Sie trugen alle Skianoraks von der Art, wie Mütter sie damals im September zurücklegen ließen, um sie nach unzähligen Überstunden zu Weihnachten frisch verpackt überreichen zu können. Ich konzentrierte mich auf einen hellhäutigen Jungen mit länglichem Kopf und schmalen Augen. Er schaute grimmig zu einem anderen Jungen, der nicht weit von mir entfernt stand. Es war kurz vor drei am Nachmittag. Ich war in der sechsten Klasse. Die Schule war gerade aus, das Kampfwetter der ersten Frühlingstage hatte noch nicht eingesetzt. Was genau war das Problem hier? Wer konnte das schon wissen?

Der Junge mit den schmalen Augen griff in seinen Skianorak und zog eine Pistole heraus. In meiner Erinnerung läuft alles in extremer Zeitlupe ab, wie in einem Traum. Da stand der Junge und präsentierte seine Knarre, zog sie langsam raus, schob sie wieder ein Stück rein, zog sie erneut raus, und in seinen schmalen Augen sah ich einen rasenden Zorn, der binnen einer Sekunde meinen Körper auslöschen konnte. Das war 1986. Ein Jahr, in dem ich das Gefühl hatte, in Meldungen über Morde zu ertrinken. Mir war bewusst, dass diese Morde sehr oft nicht ihr angestrebtes Ziel trafen, sondern Großtanten und fröhlich spielende Kinder ereilten, Mütter, die vom Elternabend kamen, und Onkel, die Überstunden machten – so willkürlich und erbarmungslos wie ein Wolkenbruch. Das wusste ich zwar, aber ich begriff es erst richtig, als der Junge mit den schmalen Augen mir gegenüberstand und meinen ganzen Körper in seinen kleinen Händen hielt. Der Junge schoss nicht. Seine Freunde hielten ihn zurück. Er brauchte nicht zu schießen. Er hatte meinen Platz in der Ordnung der Dinge bestätigt. Er hatte mich wissen lassen, wie schnell ich an die Reihe kommen konnte. Ich fuhr mit der Subway nach Hause und verarbeitete dieses Ereignis ganz allein. Ich erzählte es nicht meinen Eltern und auch nicht meinen Lehrern, und wenn ich es meinen Freunden erzählt habe, dann als aufregende Geschichte, hinter der ich die Angst verbarg, die in jenem Augenblick von mir Besitz ergriffen hatte.

Ich weiß noch, wie verblüfft ich war, dass der Tod so mühelos in das Nichts eines Nachmittags einbrechen, so plötzlich aufsteigen konnte wie Nebel. Ich wusste, dass West Baltimore, wo ich wohnte, und der Norden von Philadelphia, wo meine Cousins wohnten, und die South Side von Chicago, wo Freunde meines Vaters wohnten – dass diese Gegenden eine eigene Welt bildeten. Irgendwo da draußen jenseits des Firmaments, hinter dem Asteroidengürtel, gab es andere Welten, in denen Kinder nicht ständig um ihre Körper fürchteten. Das wusste ich, weil in unserem Wohnzimmer ein großer Fernseher stand. Abends saß ich vor diesem Fernseher und wurde Zeuge der Botschaften aus dieser anderen Welt. Da gab es kleine weiße Jungs mit kompletten Footballkartensets, denen nichts fehlte als eine beliebte Freundin und die nichts fürchteten außer giftigen Gewächsen. Diese andere Welt lag in den Vorstädten und war unendlich, in ihr drehte sich alles um Schmorgerichte und Blaubeerkuchen, um Feuerwerk und Eisbecher, um blitzsaubere Badezimmer und Spielzeugtrucks, die durch belaubte Gärten mit Bächen und kleinen Schluchten brummten. Wenn ich diese Botschaften mit den Gegebenheiten meiner angestammten Welt verglich, begriff ich, dass mein Land eine Galaxie war, die sich vom Höllenchaos von West Baltimore bis hin zu den seligen Jagdgründen eines *Mr Belvedere* erstreckte. Die Entfernung zwischen jenem anderen Weltraumwinkel und meinem beschäftigte mich über alle Maßen. Ich wusste, dass mein Teil der amerikanischen Galaxie, wo Körper von einer störrischen Schwerkraft versklavt wurden, schwarz war und der andere, befreite Teil nicht. Ich wusste, dass irgendeine unbegreifliche Energie diese Kluft bewahrte. Ich spürte den Zusammenhang zwischen meiner Welt und dieser anderen Welt, ohne ihn zu begreifen. Und ich nahm darin eine kosmische Ungerechtigkeit wahr, eine abgrundtiefe Grausamkeit, die mir den beharrlichen, unwiderstehlichen Wunsch eingab, meinen Körper zu entfesseln und Fluchtgeschwindigkeit zu erreichen.

Hast du auch manchmal so ein Bedürfnis? Dein Leben ist so anders als meins. Die Großartigkeit der Welt, der realen Welt, der ganzen Welt, ist dir nicht fremd. Und du brauchst keine Botschaften, weil du so viel von der amerikanischen Galaxie und ihren Bewohnern – ihre Häuser, ihre Hobbys – aus eigener Anschauung kennst. Ich weiß nicht, wie es ist, mit einem schwarzen Präsidenten aufzuwachsen, mit sozialen Netzwerken, allgegenwärtigen Medien und schwarzen Frauen, die sich ihre Haare nicht glätten. Ich weiß nur, dass du, als sie den Mörder von Michael Brown laufenließen, gesagt hast »ich muss los«. Und das tat mir weh, weil ich mich, so verschieden unsere Welten sein mögen, in deinem Alter genauso gefühlt habe. Und ich erinnere mich, dass ich mir selbst damals noch nicht ansatzweise die Gefahren vor Augen geführt hatte, die uns umgeben. Du glaubst immer noch, die Ungerechtigkeit beziehe sich auf Michael Brown. Die Mythen und Erzählungen deines Lebens sind noch intakt, du hast die Plünderungen rings um uns noch nicht entdeckt.

Bevor ich etwas entdecken, bevor ich fliehen konnte, musste ich überleben, und das konnte nur eine Konfrontation mit der Straße bedeuten, womit ich nicht nur die Häuserblocks meine und auch nicht bloß die Menschen, die dort hineingepfercht leben, sondern das Gemenge an tödlichen Rätseln und seltsamen Risiken, das vom Asphalt selbst aufzusteigen scheint. Die Straßen verwandeln jeden gewöhnlichen Tag in eine Kette von Fangfragen, und jede falsche Antwort kann Prügel, Schüsse oder eine Schwangerschaft nach sich ziehen.

Keiner kommt ungeschoren davon. Und doch geht von der ständigen Gefahr, von einem Leben als Nahtoderfahrung, auch eine berauschende Hitze aus. Das meinen Rapper, wenn sie sagen, sie seien süchtig nach den *streets* oder in das *game* verliebt. Wahrscheinlich spüren sie so etwas wie Fallschirmspringer, Bergsteiger, Basejumper oder andere, die freiwillig am Abgrund leben. Wobei wir dort nicht freiwillig leben. Und nie habe ich den Brüdern geglaubt, die vorgeben, die Stadt zu »beherrschen« oder gar zu »besitzen«. Wir haben die Straßen nicht entworfen. Wir finanzieren sie nicht. Wir erhalten sie nicht. Doch ich war da, und wie alle dort war ich damit betraut, meinen Körper zu schützen.

Die Crews, die jungen Männer, die ihre Angst in Wut umgewandelt hatten, waren die größte Gefahr. Sie zogen laut pöbelnd um die Blocks, weil sie nur durch ihre pöbelnde Lautstärke so was wie Sicherheit und Macht verspüren konnten. Sie brachen dir den Kiefer, zertraten dir das Gesicht oder schossen dich nieder, um diese Macht auszukosten, die Potenz ihrer eigenen Körper. Und die Drastik ihrer Taten ließ ihre Namen erklingen. Der Ruf wurde gefestigt, Gräuel machten die Runde. Und so wusste man in meinem Baltimore: Wenn die Crews aus Cherry Hill auftauchten, tauchte man besser ab; North und Pulaski war keine Kreuzung, sondern ein Orkan, der nur Splitter und Scherben hinterließ. Und so wurde die Sicherheit der Viertel zur Sicherheit der dort lebenden Körper. Man hielt sich zum Beispiel von Jo-Jo fern, weil man wusste, dass er ein Cousin – ob tatsächlich verwandt oder nicht – von Keon war, dem Paten der Murphy Homes. In anderen Städten, ja in anderen Baltimores hatten die Viertel andere Methoden und die Jungs andere Namen, aber ihre Mission war dieselbe: durch die Macht, Knie, Rippen und Arme zu brechen, die Unverwundbarkeit ihres Blocks, ihrer Körper zu beweisen. Diese

Praxis war so verbreitet, dass jeder Afroamerikaner, der in den Städten dieser Zeit aufgewachsen ist, einem bis heute sagen kann, welche Crew bei ihm welche Viertel kontrollierte, wer ihre Anführer waren, wer zum inneren Zirkel gehörte und mit welchen Husarenstücken sie sich ihren Namen gemacht hatten.

Um in dieser Umgebung zu überleben und meinen Körper zu schützen, eignete ich mir eine Sprache an, die daraus bestand, wie man jemandem zunickte oder ihm die Hand schüttelte. Ich wusste, welche Blocks tabu waren und wie es roch, wenn etwas in der Luft lag. Ich lernte, dass »Shorty, kann ich mal dein Fahrrad sehen?«, keine ernstgemeinte Frage war und dass es sich bei »Yo, du hast meinen Kumpel angemacht« weder um eine echte Anschuldigung noch um ein Missverständnis handelte. Das waren die Vorladungen, die man mit dem linken Fuß vorn, dem rechten hinten und den Händen vorm Gesicht, eine etwas tiefer als die andere und wie einen Hammer gewinkelt, beantwortete. Oder mit Ausbruch, ab durch die Gassen, quer durch die Höfe, rein durch die Tür und am kleinen Bruder vorbei ins eigene Zimmer, um das Ding aus dem Lammfell oder unter der Matratze hervor- oder aus dem Adidas-Karton zu holen, die eigenen »Cousins« anzurufen und noch am selben Tag zum selben Block zur selben Crew zurückzukehren und zu rufen: »Yeah, nigger, what's up now?« Das Lernen dieser Regeln steht mir deutlicher vor Augen als das Lernen des Abc, weil die Regeln für die Sicherheit meines Körpers unerlässlich waren.

Das empfinde ich als großen Unterschied zwischen uns beiden. Die alten Regeln sind dir nicht ganz fremd, aber sie sind für dich nicht so unerlässlich, wie sie für mich waren. Bestimmt weißt du, was es heißt, dich in der Subway oder im Park behaupten zu müssen, aber als ich in deinem Alter war,

war mein Gehirn jeden Tag zu einem vollen Drittel damit beschäftigt, mit wem ich zur Schule ging, wie viele wir waren, wie wir dabei wirkten, wie oft ich lächelte, wen oder was ich anlächelte, wer mir die Faust bot und wer nicht – mit anderen Worten, ich praktizierte die Kultur der Straße, eine Kultur, die in erster Linie der Sicherung des Körpers dient. Ich sehne mich nicht nach dieser Zeit. Ich habe kein Bedürfnis, dich »tough« oder »street« zu machen, vielleicht, weil ich mir meine »toughness« nach und nach nur widerwillig zugelegt habe. Ich glaube, der Preis dafür war mir immer irgendwie bewusst. Ich glaube, mir war klar, dass jenes Drittel meines Gehirns sich mit schöneren Dingen beschäftigen sollte. Ich glaube, mir war, als hätte irgendwas da draußen, irgendeine namenlose, gewaltige Macht mich beraubt. Mir was geraubt? Zeit? Erfahrung? Ich glaube, du hast einiges von dem kennengelernt, was dieses Drittel hätte tun können, und ich glaube, aus diesem Grund ist dein Fluchtbedürfnis noch ausgeprägter als meins damals. Du hast das wunderbare Leben oberhalb der Baumgrenze gesehen, gleichzeitig begreifst du, dass dich im Grunde nichts von Trayvon Martin trennt, deshalb erschreckt dich Trayvon Martin, wie er mich niemals erschrecken könnte. Du hast so viel mehr von dem gesehen, was verloren geht, wenn sie deinen Körper zerstören.

Die Straße war nicht mein einziges Problem. Fesselte sie mein rechtes Bein, fesselte die Schule mein linkes. Durchschaute man die Straße nicht, gab man seinen Körper gleich auf. Durchschaute man die Schule nicht, gab man seinen Körper später auf. Ich litt unter beiden, aber mein Groll gegen die Schule ist größer. Die Gesetze der Straße waren nicht heilig – sie waren amoralisch und praktisch. Man ging im Pulk zur Party, wie man im Schnee Stiefel trug oder im Regen den Schirm aufspannte. Das waren Regeln, die sich auf etwas Offensichtliches bezogen – die große Gefahr, die jeden Ausflug zum Shake & Bake überschattete, jede Busfahrt in die Stadt. Die Gesetze der Schule hingegen bezogen sich auf etwas Fernes, Vages. Was bedeutete es, wenn die Erwachsenen uns auftrugen, »etwas aus uns zu machen«? Und was genau hatte das mit einer Schulbildung zu tun, die auf Auswendiglernen setzte? In dem Baltimore, in dem ich zur Schule ging, bedeutete das, stets einen Bleistift Stärke 2 in Reserve mitzuführen und still zu arbeiten. Schulkinder liefen im Gänsemarsch auf der rechten Seite des Korridors, meldeten sich, wenn sie mal mussten, und trugen auf dem Weg zur Toilette eine Genehmigung bei sich. Schulkinder hatten keine Ausreden vorzubringen – und ganz gewiss nicht die Kindheit selbst. Die Welt hatte keine Zeit für die Kindheit schwarzer Jungs und Mädchen – wie dann die Schulen? Mathematik, Biologie und Englisch waren weniger Fächer als Gelegenheiten, den Körper zu disziplinieren, indem man ordentlich auf der Linie schrieb, die Aufgabenstellungen lesbar abschrieb und Lehrsätze auswendig lernte, die jener Welt entstammten. Das lag mir alles so fern. Ich weiß noch, wie ich in der siebten Klasse im Französischunterricht saß und keine Ahnung hatte, was ich dort sollte. Ich kannte keine Franzosen, und nichts deutete darauf hin, dass sich das jemals ändern würde. Frankreich war ein Felsbrocken in einer anderen Galaxie, der Runden um eine andere Sonne drehte, in einem anderen Himmel, den ich nie durchqueren würde. Was genau machte ich in diesem Klassenzimmer?

Die Frage wurde nie beantwortet. Ich war ein neugieriger Junge, aber die Schulen hatten es nicht so mit Neugier. Sie standen auf Fügsamkeit. Einige meiner Lehrer mochte ich. Doch ich kann nicht behaupten, dass ich auch nur einem von ihnen wirklich glaubte. Ein paar Jahre nach meinem Schulabschluss, nachdem ich das College abgebrochen hatte, kamen mir ein paar Zeilen von Nas unter, die mich innehalten ließen:

Ecstasy, coke, you say it's love, it is poison
Schools where I learn they should be burned, it is poison

Genauso habe ich das damals empfunden. Ich hatte das Gefühl, dass Schulen etwas verbergen, dass sie uns mit falscher Moral betäuben, damit wir nicht die Augen öffnen und fragen: Warum ist – für uns und nur für uns – die Kehrseite von freiem Willen und freiem Geist ein Angriff auf unseren Körper? Das ist keine überzogene Sorge. Die Erwachsenen priesen uns die Schule nicht als Ort der Bildung an, sondern als Chance, Tod und Massenverwahrung zu entgehen. Nicht weniger als sechzig Prozent aller schwarzen jungen Männer ohne Highschool-Abschluss landen im Gefängnis. Dies sollte das Land beschämen, doch das tut es nicht, und auch wenn ich damals weder Zahlen noch Historie parat hatte, so spürte ich, dass die Schule die Angst, die West Baltimore prägte, nicht erklären konnte. Schulen offenbarten keine Wahrheit, sie verbargen sie. Sie waren etwas, das man vielleicht niederbrennen sollte, um zum Kern der Sache vorzustoßen.

Da ich also – bis zu einem gewissen Grad mutwillig – für die Schule ungeeignet war und mir zugleich die Gerissenheit fehlte, um das Leben der Straße zu meistern, dachte ich, es gäbe keinen Ausweg für mich – oder, ehrlich gesagt, für irgendjemanden sonst, den ich kannte. Es gab jene furchtlosen, kampfbereiten Jungs und Mädchen mit ihren Crews und Cousins, die, wenn es hart auf hart kam, ihre Waffen zogen und die Straße gemeistert zu haben schienen. Doch ihre Gaben erschöpften sich mit siebzehn, wenn sie sich vom Elternhaus entfernten und feststellten, dass Amerika auch Cousins und

Waffen hat. Ich sah ihre Zukunft in den müden Gesichtern der Mütter, die sich zum Achtundzwanziger-Bus schleppten und ihre Dreijährigen schlugen und anschrien; ich sah ihre Zukunft in den Männern an der Ecke, die einer jungen Frau Obszönitäten nachriefen, weil sie nicht lächelte. Einige standen vor Schnapsläden und warteten auf ein paar Dollar für eine Flasche. Wir gaben ihnen Zwanziger und sagten ihnen, sie sollten den Rest behalten. Sie stürzten hinein und kamen mit Red Bull, Mad Dog oder Cicso heraus. Dann gingen wir zu jemandem nach Hause, dessen Mutter nachts arbeitete, hörten »Fuck tha Police« und tranken auf unsere Jugend. Wir konnten nicht raus. Der Boden unter unseren Füßen war mit Stolperdraht besetzt. Die Luft, die wir atmeten, war vergiftet. Das Wasser hemmte unser Wachstum. Wir kamen nicht raus.

Ein Jahr nachdem der Junge mit den schmalen Augen die Pistole gezogen hatte, schlug mich mein Vater, weil ich mich von einem anderen Jungen hatte beklauen lassen. Zwei Jahre später schlug er mich, weil ich meinem Lehrer in der Neunten gedroht hatte. Nicht gewalttätig genug zu sein konnte mich meinen Körper kosten. Zu gewalttätig zu sein konnte mich meinen Körper kosten. Wir kamen nicht raus. Ich war ein aufgeweckter Junge, intelligent, beliebt, aber durchdrungen von Angst. Und dass ein Kind für so ein Leben ausersehen, dass es gezwungen war, in Angst zu leben, fand ich auf unbestimmte Weise entsetzlich ungerecht. Und woher rührte diese Angst? Was verbarg sich hinter der Leinwand aus Straßen und Schulen? Und was bedeutete es, dass Reserve-Bleistifte, Konjugationen ohne Kontext, der Satz des Pythagoras, Händeschütteln und Kopfnicken den Unterschied ausmachten zwischen Leben und Tod, dass dies die Vorhänge waren, die sich zwischen mir und der Welt senkten?

Anders als so viele konnte ich mich nicht in die Kirche mit ihren Mysterien zurückziehen. Meine Eltern lehnten alle Dogmen ab. Wir verschmähten die Feiertage der Menschen, die weiß sein wollten. Wir erhoben uns nicht zu ihren Hymnen. Wir knieten nicht vor ihrem Gott. Und so hatte ich nicht das Gefühl, dass irgendein gerechter Gott auf meiner Seite war. »Die Sanftmütigen werden das Erdreich besitzen« sagte mir nichts. In West Baltimore wurden die Sanftmütigen verprügelt, in Walbrook Junction niedergewalzt, in Park Heights verdroschen und in Knastduschen vergewaltigt. Meine Vorstellung vom Universum war materiell; sein moralischer Bogen neigte sich zum Chaos und endete in einer Kiste. Das war die Botschaft des schmaläugigen Jungen, der die Knarre gezogen hatte – ein Kind mit Macht über Körper, das andere Kinder in die Erinnerung Hinterbliebener befördern konnte. Angst beherrschte alles um mich herum, und wie alle Schwarzen wusste ich, dass diese Angst mit dem Traum dort draußen verknüpft war, mit den unbesorgten Jungs, mit Blaubeerkuchen und Schmorgerichten, mit den weißen Zäunen und grünen Wiesen, die abends auf unseren Bildschirmen erstrahlten.

Aber wie? Die Religion konnte mir das nicht sagen. Die Schulen konnten mir das nicht sagen. Die Straßen konnten mir nicht helfen, über die tägliche Plackerei hinauszusehen. Und ich war so ein neugieriger Junge. So war ich erzogen. Deine Großmutter hatte mir schon mit vier das Lesen beigebracht. Sie hatte mir auch das Schreiben beigebracht, womit ich nicht einfach das Ordnen von Sätzen in Absätzen meine, sondern den Vorgang des Ordnens als ein Mittel der Erkenntnis. Wenn ich in der Schule Ärger hatte (was häufig vorkam), forderte sie mich auf, darüber zu schreiben. Dabei sollte ich eine Reihe von Fragen beantworten: Wieso habe ich das Bedürfnis, zur selben Zeit zu sprechen wie mein Lehrer? Wieso finde ich, dass meine Lehrerin keinen Respekt verdient? Wie soll sich meiner Meinung nach jemand verhalten, während ich rede? Was werde ich das nächste Mal tun, wenn ich das Bedürfnis habe, mich während des Unterrichts mit meinen Freunden zu unterhalten? Ich habe dir die gleichen Aufgaben gestellt. Nicht weil ich dachte, dass sie dich mäßigen würden – mich haben sie gewiss nicht gemäßigt –, sondern weil sie meine früheste Selbstbefragung darstellten, die ersten Versuche, mir über mich selbst klar zu werden. Deine Großmutter brachte mir nicht bei, mich im Klassenzimmer ordentlich zu benehmen. Sie brachte mir bei, rückhaltlos jenes Wesen zu befragen, das am meisten Mitleid hervorrief und die meisten Rechtfertigungen hervorbrachte – mich selbst. Die Lektion lautete: Ich bin nicht unschuldig. Mein Handeln speist sich nicht aus unfehlbarer Tugend. Und wenn ich so menschlich bin wie andere auch, gilt das dann nicht für alle Menschen? Wenn ich nicht unschuldig bin, sind auch sie nicht unschuldig. Und kann es dann nicht sein, dass die ambivalenten Motive ihres Handelns auch die Geschichten beeinflussen, die sie erzählen? Die Städte, die sie bauen? Das Land, das sie als Gottes Geschenk für sich beanspruchen?

Sie brannten mir auf der Seele, diese Fragen. Und um mich herum war Recherchematerial in Form von Büchern, die dein Großvater zusammengetragen hatte. Er arbeitete damals als wissenschaftlicher Bibliothekar an der Howard University im Moorland-Spingarn Research Center, einer der weltgrößten Sammlungen zur afroamerikanischen Kultur und Geschichte. Dein Großvater liebte Bücher und liebt sie immer noch, und sie waren überall im Haus; Bücher über Schwarze von Schwarzen für Schwarze quollen aus den Regalen und übers Wohnzimmer hinaus und wurden im Keller gelagert. Dad war Koordinator der Black Panther Party in Maryland, und ich las

seinen Stapel alter Parteizeitungen und alle Bücher über die Panther. Ich fühlte mich zu ihren Schusswaffen hingezogen, weil sie aufrichtig wirkten. Die Waffen waren Ausdruck dieses Landes, das die Straßen erfunden hatte, abgesichert mit Polizeiwillkür in ihrer Ursprache: Gewalt. Und ich verglich die Panther mit den Helden, die man mir in der Schule bot, Männern und Frauen, die mir lächerlich vorkamen und deren Geschichten unvereinbar waren mit meinen persönlichen Erfahrungen.

Jedes Jahr im Februar wurden meine Klassenkameraden und ich unter dem Banner des Black History Month zu einem rituellen Rückblick auf die Bürgerrechtsbewegung zusammengetrieben. Unsere Lehrer drängten uns die Freedom Riders und Freedom Summers der sechziger Jahre als Vorbilder auf, und man hatte den Eindruck, der Monat sei nicht vollständig ohne Filmvorführungen, die von der Herrlichkeit handelten, vor laufender Kamera verprügelt zu werden. Die Schwarzen in diesen Filmen schienen das Schlimmste im Leben zu lieben – die Hunde, die ihre Kinder zerfleischten, das Tränengas, das sich in ihre Lunge krallte, die Wasserwerfer, die ihnen die Kleider vom Leib rissen und sie auf die Straßen fegten. Sie schienen die Männer zu lieben, die sie vergewaltigten, die Frauen, die sie verfluchten, die Kinder, die sie bespuckten, die Terroristen, die sie bombardierten. *Warum zeigen sie uns das?* Wieso waren nur unsere Helden gewaltlos? Ich spreche nicht von der Ethik der Gewaltlosigkeit, sondern von der Annahme, dass Schwarze sie in besonderer Weise nötig haben. Damals konnte ich diese Freiheitsliebenden nur an meinen eigenen Erfahrungen messen. Also maß ich sie an Kindern, die auf dem Parkplatz des 7-Eleven Pistolen zogen, an Eltern, die Verlängerungsschnüre schwangen, und an »Yeah, nigger, what's up now?«. Ich urteilte über sie mit Blick auf das Land, das ich kannte, das sich den Grund und Boden durch Mord angeeignet und mit Sklaverei gezähmt hatte, mit Blick auf das Land, dessen Armeen in die Welt ausschwärmten, um sein Herrschaftsgebiet auszuweiten. Die Welt, die echte Welt, war eine mit barbarischen Mitteln gesicherte und beherrschte Zivilisation. Wie konnten die Schulen Männer und Frauen würdigen, deren Werte die Gesellschaft tatkräftig verhöhnte? Wie konnten sie uns sehenden Auges auf die Straßen von Baltimore hinausschicken und dann von Gewaltlosigkeit sprechen?

Nach und nach wurden die Straßen und die Schulen für mich zu Armen ein und derselben Bestie. Die Schulen genossen die offizielle Macht des Staates, die Straßen dessen implizite Billigung. Beide jedoch wurden mittels Angst und Gewalt regiert. Versagte man auf der Straße, erwischten einen die Crews und kassierten den Körper. Versagte man in der Schule, wurde man ausgeschlossen und auf jene Straßen zurückgeschickt, auf denen man einkassiert wurde. Und nach und nach erkannte ich das Zusammenspiel dieser beiden Arme – wer in der Schule versagte, rechtfertigte seinen Untergang auf der Straße. Die Gesellschaft konnte sagen: »Wäre er doch nur in der Schule geblieben«, und ihre Hände in Unschuld waschen.

Es spielt keine Rolle, dass die »Absichten« einzelner Pädagogen nobel waren. Vergiss die Absichten. Was eine Institution oder ihre ausführenden Organe für dich »beabsichtigen«, ist zweitrangig. Unsere Welt ist körperlich. Da zählt die Abwehr – Kopf ausschalten und immer den Körper im Blick behalten. Sehr wenige Amerikaner würden direkt dafür eintreten, Schwarze der Straße zu überlassen. Doch ein sehr großer Teil der Amerikaner wird alles daransetzen, den Traum zu wahren. Niemand trat direkt dafür ein, dass Schulen Versagen und Zerstörung fördern sollten. Doch unzählige Lehrer sprachen von »persönlicher Verantwortung« in einem Land, das in krimineller Verantwortungslosigkeit ersonnen wurde und erhalten wird. Diese Wortwahl – »Absicht« und »persönliche Verantwortung« – zielt auf flächendeckende Entlastung. Es wurden Fehler gemacht. Körper gingen kaputt. Menschen wurden versklavt. Wir haben es gut gemeint. Wir haben uns nach Kräften bemüht. »Gute Absichten« sind ein Passierschein durch die Geschichte, eine Schlaftablette für den ungefährdeten Traum.

Die Geschichten, die uns die Schulen erzählten, unablässig zu hinterfragen schien mir sehr wichtig. Es fühlte sich falsch an, nicht nach dem Warum zu fragen und noch mal zu fragen. Ich ging mit diesen Fragen zu meinem Vater, der sehr häufig die Antwort verweigerte und mich stattdessen auf noch mehr Bücher verwies. Meine Eltern hielten mich immer wieder davon ab, Antworten aus zweiter Hand zu akzeptieren – sogar solche, die sie selbst überzeugend fanden. Ich weiß nicht, ob ich jemals befriedigende Antworten auf meine Fragen gefunden habe. Doch sie werden genauer, je häufiger ich sie stelle. Dieses Hinterfragen ist das Wertvollste an dem, was die alte Garde als »politisches Bewusstsein« bezeichnete – es ist nicht nur etwas, was man tut, es ist eine Lebensweise, das ständige Hinterfragen als Ritual, als eine Erkundung mehr als eine Suche nach Gewissheit. Und etwas war mir klar: Die Gewalt im Fundament des Landes, die während der Black History Months so schamlos präsentiert wurde, und die intime Gewalt des »Yeah, nigger, what's up now?« – sie hatten etwas miteinander zu tun. Und sie war nicht magisch, diese Gewalt, sondern folgerichtig und intendiert.

Aber welcher Absicht folgte sie? Und wieso? Ich musste es wissen. Ich musste raus … Nur wo hinein? Ich verschlang die Bücher, denn sie waren die Lichtstrahlen, die durch den Türrahmen lugten, und vielleicht lag hinter der Tür eine andere Welt, jenseits der beklemmenden Angst im Fundament des Traums.

Mit meinem erblühenden Bewusstsein und meinem intensiven Hinterfragen war ich nicht allein. Die Saat, die in den sechziger Jahren ausgebracht und von vielen vergessen worden war, durchbrach den Boden und trug Früchte. Malcolm X, der seit fünfundzwanzig Jahren tot war, sprengte die Zirkel überlebender Apostel und kehrte in die Welt zurück. Hip-Hop-Künstler zitierten ihn in ihren Texten, legten seine Reden über die Breaks oder ließen sein Konterfei in ihren Videos aufblitzen. Das war in den frühen Neunzigern, als ich gerade noch bei meinen Eltern wohnte und mich fragte, wie mein Leben dort draußen aussehen würde. Hätte ich damals eine Flagge aussuchen können, sie hätte ein gesticktes Porträt von Malcolm X in seinem Business-Anzug mit baumelnder Krawatte getragen, eine Hand an der Jalousie, die andere am Gewehr. Das Porträt vermittelte alles, was ich sein wollte – beherrscht, intelligent und über die Angst erhaben. Bei Everyone's Place, einem schwarzen Buchladen in der North Avenue, kaufte ich Kassetten mit Malcolms Reden – »Message to the Grassroots«, »The Ballot or the Bullet« –, die ich auf meinem Walkman hörte. Hier war die ganze existenzielle Angst, die ich angesichts unserer Februarhelden empfand, verdichtet und zitierfertig. »Ihr sollt euer Leben nicht aufgeben, ihr sollt euer Leben bewahren«, sagte er. »Und wenn ihr es doch aufgeben müsst, seht zu, dass ihr quitt seid.« Das war keine Protzerei – es war ein Manifest der Gleichheit, die nicht in besseren Engeln oder einem ungreifbaren Geist wurzelte, sondern in der Unantastbarkeit des schwarzen Körpers. Man bewahrte sein Leben, weil das eigene Leben, der eigene Körper so gut waren wie alle anderen, weil das eigene Blut so kostbar war wie Juwelen und nicht aufgegeben werden sollte für Wunder und von einem unbekannten Jenseits inspirierte Spirituals. Man gibt seinen kostbaren Körper nicht den Schlagstöcken der Sheriffs von Birmingham preis oder der heimtückischen Schwerkraft der Straße. *Black is beautiful* – das heißt, der schwarze Körper ist schön, schwarzes Haar darf nicht der Tortur des Glättens und Laugens ausgesetzt, schwarze Haut muss vor dem Bleichen bewahrt, unsere Nasen und Münder sollen vor der modernen Chirurgie geschützt werden. Wir sind unsere schönen Körper und sollten uns niemals vor Barbaren niederwerfen, niemals unser eigentliches, unser einzigartiges Ich der Entweihung und Plünderung unterwerfen.

Ich liebte Malcolm, weil Malcolm niemals log, im Gegensatz zu den Schulen mit ihren moralischen Fassaden, zu den Straßen mit ihren Maulhelden, zu der Welt der Träumer. Ich liebte ihn, weil er geradeheraus war, nie mystisch oder esoterisch, weil seine Wissenschaft nicht den Taten von Geistern und Göttern entsprang, sondern dem Wirken der dinglichen Welt. Malcolm war der erste politische Pragmatiker, den ich kannte, der erste aufrichtige Mensch, den ich je gehört hatte. Er gab sich nicht damit ab, jenen Menschen, die sich für weiß hielten, ihre Überzeugungen zu erhalten. Wenn er wütend war, sprach er es aus. Wenn er Hass empfand, so empfand er ihn, weil der Hass des Sklaven auf den Sklavenhalter so menschlich war wie Prometheus' Hass auf die Vögel. Er hielt für dich nicht die andere Wange hin. Er wurde für dich kein besserer Mensch. Er war nicht dein Gewissen. Malcolm sprach wie ein freier Mann, wie ein Schwarzer, der über die Gesetze erhaben war, die unsere Phantasie erstickten. Ich identifizierte mich mit ihm. Ich wusste, dass er sich über die Schulen ereifert hatte und auf der Straße beinahe zugrunde gegangen wäre. Doch erst recht wusste ich, dass er im Gefängnis durch

Bücher zu sich selbst gefunden und, aus der Haft entlassen, eine uralte Kraft gewonnen hatte, die ihn sprechen ließ, als gehörte sein Körper ihm. »Wer schwarz ist, wurde im Gefängnis geboren«, sagte Malcolm. Und ich spürte diese Wahrheit in den Straßen, die ich meiden musste, in den Augenblicken, in denen ich mich auf dem Heimweg von der Schule nicht erwischen lassen durfte, in meiner fehlenden Kontrolle über meinen Körper. Vielleicht könnte auch ich frei leben. Vielleicht könnte auch ich diese alte Kraft nutzen, die unsere Vorfahren beseelte, die in Nat Turner lebte, in Harriet Tubman, Granny Nanny, Cudjoe und Malcolm X. Vielleicht könnte auch ich so sprechen – nein, handeln –, als gehörte mein Körper mir.

Wie Malcolm würde ich mich durch Bücher erneuern, durch eigene Lektüre und Erkundung. Vielleicht würde ich eines Tages etwas Bedeutendes schreiben. Schon immer hatte ich unabhängig von der Schule gelesen und geschrieben. Ich kritzelte schlechte Raptexte und schlechte Gedichte. Der Ruf nach einer Rückkehr lag in der Luft, zu etwas Altem, etwas Wesentlichem, einem Teil von uns, den wir zurückgelassen hatten, als wir Hals über Kopf aus der Vergangenheit heraus- und nach Amerika hineinwollten.

Diese Leerstelle, dieser Verlust erklärte die Jungs an der Ecke und die »Kinder, die Kinder kriegen«. Sie erklärte alles, von unseren Vätern auf Crack über HIV bis zur gebleichten Haut von Michael Jackson. Die Plünderung unserer Körper hatte mit diesem Verlust zu tun, die Tatsache, dass jeder Anspruch auf uns selbst, auf die Hände, die uns hielten, das Rückgrat, das uns stützte, und den Kopf, der uns führte, anfechtbar war. Das war 1993, zwei Jahre vor dem Million Man March. Fast täglich hörte ich Ice Cubes Album *Death Certificate*: »Let me live my life, if we can no longer live our life, then let us give our life for the liberation and salvation of the black

Basil Davidson
The African Genius
AND!

nation.« Immer wieder schaute ich mir die Black-Power-Episoden von *Eyes on the Prize* an. Die Schatten der Vätergeneration verfolgten mich, Fred Hampton und Mark Clark. Das leibliche Opfer von Malcolm verfolgte mich, der Attica Prison Riot und Stokely Carmichael. Sie verfolgten mich, weil ich glaubte, dass wir uns selbst dort gelassen hatten, aufgerieben durch FBI und COINTELPRO, durch schwarze Stadtflucht und Drogen, und dass wir jetzt, in der Crack-Ära, nur noch unsere Ängste hatten. Vielleicht sollten wir zurückkehren. Genau das hörte ich in der Aufforderung, uns selbst treu zu bleiben – »keep it real«. Vielleicht sollten wir zu uns selbst zurückkehren, zu den Straßen unserer eigenen Ursprünge, zu unserer eigenen Schroffheit und unserem eigenen urwüchsigen Haar. Vielleicht sollten wir nach Mekka zurückkehren.

Mein einziges Mekka war und ist, auf alle Zeit, die Howard University. Ich habe schon oft versucht, dir das zu erklären. Du sagst, es sei angekommen, du hättest es verstanden, doch ich bin mir nicht sicher, ob sich mein Mekka – *das* Mekka – in seiner ganzen Wucht überhaupt in deine neue, eklektische Sprache übertragen lässt. Ich bin mir nicht einmal sicher, ob das gut wäre. Meine Aufgabe ist es, dir meine Erfahrungen mit meinem speziellen Weg weiterzugeben und dich auf deinem Weg ziehen zu lassen. Du kannst nicht auf dieselbe Art schwarz sein, wie ich schwarz bin, so wie ich nicht auf dieselbe Weise schwarz sein konnte wie dein Großvater. Dennoch halte ich daran fest, dass selbst ein so kosmopolitischer Junge wie du dort noch etwas findet – ein Fundament, sogar in diesen modernen Zeiten, einen Hafen im amerikanischen Sturm. Natürlich bin ich voreingenommen durch Nostalgie und Tradition. Dein Großvater hat an der Howard University gearbeitet. Deine Onkel Damani und Menelik und deine Tanten Kris und Kelly haben dort ihre Abschlüsse gemacht. Ich habe deine Mutter dort kennengelernt, deinen Onkel Ben, deine Tante Kamilah und deine Tante Chana.

Ich wurde zur Howard University zugelassen, geformt und geprägt jedoch wurde ich vom Mekka. Die beiden Institutionen sind verwandt, aber nicht identisch. Howard University ist eine höhere Bildungseinrichtung mit Law School Admission Test, magna cum laude und Phi Beta Kappa. Das Mekka ist eine Maschine, die gebaut wurde, um die dunkle Energie aller afrikanischen Völker zu fassen, zu verdichten und der Studentenschaft zu verabreichen. Das Mekka zieht seine Kraft aus dem Erbe der Howard University, die in Zeiten von Rassentrennung und Jim Crow nahezu ein Monopol auf schwarze Talente besaß. Und während andere schwarze Unis wie Festungen in der großen Wildnis der alten Konföderation verstreut waren, stand Howard in Washington, D. C. – Chocolate City –, und somit in unmittelbarer Nähe der Staatsmacht wie unserer Macht, Black Power. Das Ergebnis war ein Feld aus Absolventen und Professoren, das sich über Genres und Generationen erstreckte: Charles Drew, Amiri Baraka, Thurgood Marshall, Ossie Davis, Doug Wilder, David Dinkins, Lucille Clifton, Toni Morrison, Kwame Touré. Die Geschichte, der Ort, die Absolventen, alles zusammen bildete das Mekka – den Knotenpunkt der schwarzen Diaspora.

Zum ersten Mal bekam ich diese Macht mitten auf dem Campus zu spüren, auf dem *Yard*, wo die Studenten zusammenkamen und ich mein mir bekanntes schwarzes Ich in scheinbar endlosen Variationen vervielfältigt sah. Sprösslinge der nigerianischen Aristokratie in Business-Anzügen stießen mit kahlschädeligen Verbindungsstudenten in lila Windjacken und beigen Timberlands die Fäuste aneinander. Die hellhäutige Nachkommenschaft von Predigern der African Methodist

Episcopal Church diskutierte über die Geistlichen von Ausar Auset. Als Muslimas wiedergeborene Kalifornierinnen liefen in Hidschab und langem Rock zwischen Ponzi-Spielern, Sektenchristen, Tabernacle-Eiferern und Mathe-Genies herum. Als würde man »Redemption Song« in hundert verschiedenen Versionen mit jeweils anderer Klangfarbe und Tonart hören. Zu alldem kam noch die Geschichte der Institution selbst. Ich wusste, dass ich buchstäblich in den Fußstapfen all der Toni Morrisons und Zora Neale Hurstons, all der Sterling Browns und Kenneth Clarks wandelte, die vor mir dagewesen waren. Das Mekka – das gesamte epische Spektrum schwarzer Menschen quer durch Raum und Zeit – war in einem zwanzigminütigen Spaziergang über den Campus zu erfahren. Ich sah es in den Studenten, die vor der Frederick Douglass Memorial Hall plauderten, wo Muhammad Ali in Auflehnung gegen den Vietnamkrieg zu ihren Vätern und Müttern gesprochen hatte. Ich sah es in den Studenten am Ira Aldridge Theater, wo Donny Hathaway einst gesungen, wo Donald Byrd seine Jünger versammelt hatte. Die Studenten kamen mit ihren Saxophonen, Trompeten und Trommeln raus und spielten »My Favorite Things« oder »Someday My Prince Will Come«. Andere saßen in den Farben ihrer Studentenverbindung im Gras vor der Alain Locke Hall und sangen, stampften, schmetterten, klatschten, tanzten. Wieder andere kamen mit Springseilen für Double Dutch vom Tubman Quadrangle. Manche kamen aus der Drew Hall, Mütze schräg, Rucksack über einer Schulter, und fingen phantastisch an zu freestylen, Beatbox und Reim. Studentinnen mit bell hooks und Sonia Sanchez in ihren Strohtaschen saßen unterm Fahnenmast. Junge Männer mit neuen Yoruba-Namen bezirzten diese Frauen mit Zitaten von Frantz Fanon. Einige von ihnen studierten Russisch. Andere arbeiteten im Knochenlabor. Sie waren Panamaer oder

Barbadier oder kamen aus Ländern, von denen ich noch nie gehört hatte. Sie waren toll und unglaublich und sogar exotisch, obwohl wir doch demselben Stamm entsprangen.

Die schwarze Welt wuchs vor meinen Augen, und ich sah, dass diese Welt mehr war als ein Negativ der Welt derjenigen, die sich für weiß halten. Das »weiße Amerika« ist ein Syndikat, errichtet zum Schutz ihrer exklusiven Macht, unsere Körper zu beherrschen und zu kontrollieren. Manchmal ist diese Macht direkt wie bei Lynchmorden, und manchmal ist sie hinterlistig wie beim *Redlining*: schwarze Viertel werden ausgeblutet, indem Dienstleistungen vorenthalten und Preise künstlich erhöht werden. Doch wie auch immer sie aussehen mag, Vorherrschaft und Ausgrenzung sind ein zentrales Motiv für den Glauben an das eigene Weißsein; ohne sie bräuchten »Weiße« nicht zu existieren. Es wird weiter Menschen mit glatten Haaren und blauen Augen geben, die hat es schließlich schon immer gegeben. Doch einige dieser glatthaarigen, blauäugigen Menschen waren einmal »schwarz«, und das deutet auf den großen Unterschied zwischen ihrer Welt und unserer hin. Wir haben unsere Zäune nicht hochgezogen. Sie wurden uns von Plantagenbesitzern aus Virginia aufgezwungen, die davon besessen waren, so viele Amerikaner wie möglich zu versklaven. Auf sie geht die »One-drop-rule« zurück, die »weiß« von »schwarz« durch den einen Tropfen Blut voneinander schied, auch wenn es bedeutete, dass ihre eigenen blauäugigen Söhne unter der Peitsche lebten. Das Ergebnis ist ein Volk, sind Schwarze, die alle physischen Varianten verkörpern und deren Lebensgeschichten dieses körperliche Spektrum spiegeln. Im Mekka begriff ich, dass wir innerhalb unseres separaten Gemeinwesens Kosmopoliten waren. Die schwarze Diaspora war nicht nur unsere eigene Welt, sondern in so vielfältiger Hinsicht auch die westliche Welt an sich.

Die Erben jener Plantagenbesitzer aus Virginia konnten dieses Vermächtnis nicht direkt anerkennen oder sich seine Kraft vor Augen führen. Deshalb kam die Schönheit, die Malcolm X uns zu schützen verpflichtete, die schwarze Schönheit, in Filmen, im Fernsehen oder in den Schulbüchern, die mir als Kind begegneten, nicht vor. Sie blieb ungepriesen. Jeder Mensch von Bedeutung, von Jesus bis George Washington, war weiß. Aus diesem Grund verbannten deine Großeltern Tarzan und den Lone Ranger und Puppen mit weißen Gesichtern aus dem Haus. Sie verweigerten sich den Geschichtsbüchern, die von Schwarzen immer nur in Verbindung mit anrührenden Premieren sprachen – erster Fünf-Sterne-General, erster schwarzer Kongressabgeordneter, erster schwarzer Bürgermeister –, stets dargebracht mit der Nonchalance einer Kategorie in Trivial Pursuit. Ernst zu nehmende Geschichte spielte sich im Westen ab, und der Westen war weiß. Dies fand ich in einem Zitat des Schriftstellers Saul Bellow verdichtet, das ich irgendwo gelesen hatte. Ich weiß nicht mehr, wo – nur, dass ich bereits an der Howard war. »Wer ist der Tolstoi der Zulus?«, stichelte Bellow. Tolstoi war »weiß«, also war er »relevant«, so wie alles, was weiß war, relevant war. Und diese Sicht war mit der Angst verknüpft, die wir Generation für Generation weitergaben, sie war mit dem Gefühl der Enteignung verknüpft. Wir waren schwarz, und das ging weit über Hautfarbe hinaus – unsere ganze Geschichte war minderwertig, weil wir minderwertig waren und damit unsere Körper, die unmöglich so viel Respekt verdient hatten wie die der Schöpfer der westlichen Kultur. Wäre es dann nicht besser, unsere Körper würden zivilisiert, reformiert und irgendeiner rechtmäßigen christlichen Verwendung zugeführt?

Als Gegengift zu dieser Theorie hatte ich Malcolm. Ich hatte meine Mutter und meinen Vater. Ich hatte meine Lektüre jeder einzelnen Ausgabe von *The Source* und *Vibe*. Die las ich nicht nur weil ich schwarze Musik liebte – das sowieso –, sondern auch wegen der Artikel an sich. Autoren wie Greg Tate, Jeff »Chairman« Mao, dream hampton – kaum älter als ich – schufen da draußen eine neue Sprache, die ich instinktiv verstand, mit der sie unsere Kunst und unsere Welt analysierten. Das allein war ein Argument für die Bedeutung und die Schönheit unserer Kultur, also unserer Körper. Und nun spürte ich jeden Tag auf dem Campus diese Bedeutung und sah diese Schönheit, nicht nur theoretisch, sondern als unwiderlegbare Realität. Und das, was mir da so offenkundig vor Augen stand, wollte ich der Welt unbedingt vermitteln, denn ich spürte – auch wenn es mir nicht völlig bewusst war –, dass die Auslöschung schwarzer Schönheit durch die Mehrheitskultur eng verbunden war mit der Zerstörung schwarzer Körper.

Wir brauchten eine neue Geschichte, eine Geschichte, die aus der Sicht unseres Kampfes erzählt wurde. Das hatte ich schon immer gewusst, hatte die Notwendigkeit einer neuen Geschichtsschreibung aus Malcolms Worten herausgehört, hatte sie in den Büchern meines Vaters gelesen. Sie lag in der Verheißung ihrer hochtrabenden Titel – *Children of the Sun, Wonderful Ethiopians of the Ancient Kushite Empire, The African Origins of Civilization*. Das war nicht nur unsere Geschichte, sondern die Geschichte der Welt, für unsere noblen Zwecke zur Waffe geschmiedet. Hier war der Urstoff unseres eigenen Traums – des Traums von einer »schwarzen Rasse«, von unserem eigenen Tolstoi, der tief in der afrikanischen Vergangenheit lebte, wo wir Opern geschrieben, geheime Algebra vorangetrieben, schmuckvolle Mauern hochgezogen, Pyramiden, Statuen, Straßen gebaut und all die Erfindungen gemacht hatten, die ich damals für geeignet hielt, unser Geschlecht in den Rang der Zivilisation zu erheben. Sie hatten ihre Meister, und irgendwo mussten wir unsere haben. Ich hatte Chancellor Williams gelesen, J. A. Roger und John Jackson – Schriftsteller, die wesentlich waren für den Kanon unserer neuen, noblen Geschichte. Durch sie hatte ich erfahren, dass Mansa Musa von Mali schwarz war und Schabaka von Ägypten schwarz war und Yaa Asantewaa der Aschanti schwarz war – und »die schwarze Rasse« war etwas, das in meiner Vorstellung seit unvordenklichen Zeiten existierte, real und relevant.

In meiner Anfangszeit an der Howard war Chancellor Williams' *Zerstörung der schwarzen Zivilisation* meine Bibel. Williams hatte selbst dort unterrichtet. Ich las ihn mit sechzehn, und er entwarf mit seinem Werk eine große Theorie europäischer Plünderung über die Jahrhunderte. Die Theorie ersparte mir einige irritierende Fragen – das ist der Sinn des Nationalismus – und schenkte mir meinen Tolstoi. Ich las über Nzinga von Matamba, die im sechzehnten Jahrhundert in Zentralafrika regiert und sich den Portugiesen widersetzt hatte. Ich las über ihre Verhandlungen mit den Niederländern. Als der niederländische Botschafter sie zu demütigen versuchte, indem er ihr einen Sitzplatz verweigerte, demonstrierte Nzinga ihre Macht, indem sie eine ihrer Beraterinnen auf alle viere hinunterkommandierte, wo sie ihr als menschlicher Hocker diente. Das war die Macht, die ich suchte, und die Geschichte unserer eigenen Könige wurde für mich zur Waffe. In meiner Arbeitstheorie waren alle Schwarzen exilierte Könige, eine Nation erster Menschen, abgeschnitten von ihren ursprünglichen Namen und ihrer erhabenen nubischen Kultur. Das war die Botschaft, die ich empfing, wenn ich auf die Campuswiese blickte. War je irgendwo ein Volk so unermesslich und so schön gewesen wie unseres?

Ich brauchte mehr Bücher. An der Howard University fand sich einer der umfassendsten Bestände im Moorland-

Spingarn Research Center, wo dein Großvater einmal gearbeitet hat. Moorland hatte Archive, Manuskripte, Editionen und praktisch jedes Buch, das jemals von Schwarzen oder über Schwarze geschrieben wurde. Einen Großteil meiner Zeit im Mekka widmete ich einem schlichten Ritual. Ich ging in den Moorland-Lesesaal und füllte drei Bestellscheine für drei verschiedene Werke aus. Dann setzte ich mich an einen der langen Tische. Holte meinen Stift heraus und eine meiner schwarzweißen Kladden. Schlug die Bücher auf, las und füllte dabei meine Kladden mit Notizen zu meiner Lektüre, neuem Vokabular und eigenen Sätzen. Ich traf morgens ein und forderte, drei Bestellscheine auf einmal, die Werke aller Autoren an, die mir in den Kursen oder auf dem Campus unterkamen: Larry Neal, Eric Williams, George Padmore, Sonia Sanchez, Stanley Crouch, Harold Cruse, Manning Marable, Addison Gayle, Carolyn Rodgers, Etheridge Knight, Sterling Brown. Damals glaubte ich, der Schlüssel zum Leben liege darin, den präzisen Unterschied zwischen der »schwarzen Ästhetik« und »Negritude« herauszuarbeiten. Wie genau hatte Europa Afrika unterentwickelt? Das musste ich herausfinden. Und wären die Pharaonen der achtzehnten Dynastie heute am Leben, würden sie in Harlem wohnen? Ich musste alle Buchseiten aufsaugen.

Ich ging an meine Forschungen mit der Vorstellung heran, dass die Geschichte eine geschlossene, widerspruchsfreie Erzählung sei, die, einmal offengelegt, schlicht alles bestätigen würde, was ich schon immer geahnt hatte. Der Schleier würde sich lüften. Und die Bösewichte mit ihrem Einfluss auf Schulen und Straßen würden demaskiert. Aber es gab so viel zu lernen – so viel Fläche abzudecken, Afrika, die Karibik, Nord-, Mittel-, Südamerika, die Vereinigten Staaten. Und all diese Gebiete hatten eine Geschichte, einen ausufernden literarischen Kanon, Feldforschung, Ethnographie. Wo sollte ich anfangen?

Die Schwierigkeiten zeigten sich prompt. Ich fand nicht die eine schlüssige, einträchtige Tradition, sondern Fraktionen und Unterfraktionen. Zora Neale Hurston bekämpfte Langston Hughes, W. E. B. Du Bois bekriegte sich mit Marcus Garvey, und Harold Cruse legte sich mit allen an. Ich fühlte mich wie auf der Brücke eines großen Schiffs, das ich nicht im Griff hatte, weil C. L. R. James eine große Welle war und Basil Davidson ein Stromwirbel, der mich hin und her warf. Was ich noch eine Woche zuvor geglaubt hatte, Gedanken, die ich einem Buch entnommen hatte, wurde von einem anderen zu Kleinholz verarbeitet. Hatten wir überhaupt etwas von unserem afrikanischen Erbe bewahrt? E. Franklin Frazier behauptet, alles sei zerstört worden und diese Zerstörung belege die Schrecklichkeit unserer Gefangenschaft. Melville J. Herskovits behauptet, es lebe weiter und das belege die Widerstandskraft unseres afrikanischen Geistes. In meinem zweiten Studienjahr gehörte es schon zu meinem Alltag, zwischen Frederick Douglass' Integration in die amerikanische Gesellschaft und Martin Delanys Flucht in den Nationalismus zu vermitteln. Vielleicht hatten sie beide recht. Ich hatte ein Defilee erwartet, eine Truppenparade der Meister, die geschlossen marschierten. Was ich bekam, waren zankende Vorfahren, eine Horde von Abweichlern, die mal im Gleichschritt gingen und dann wieder in entgegengesetzte Richtungen.

Ich legte Lektürepausen ein, ging an die Straßenstände und aß meinen Lunch auf der Wiese. Dabei stellte ich mir Malcolm vor, wie er, in der Zelle gefangen, seine Bücher las und seine menschlichen Augen gegen die Gabe des Fliegens eintauschte. Auch ich fühlte mich gefangen, von meiner Ignoranz, von den Fragen, die für mich damals noch nicht mehr waren als bloße Mittel zum Zweck, von meiner Begriffsstutzigkeit und von Howard an sich. Auch Howard war eben eine Schule. Ich wollte etwas erforschen, etwas erfahren, brachte aber die Aneignung von Wissen, die mir ganz selbstverständlich von der Hand ging, nicht mit den Erwartungen der Professoren zusammen. Das Streben nach Erkenntnis bedeutete für mich Freiheit, das Recht, die eigene Neugier zum Ausdruck zu bringen und mit allen möglichen Büchern zu befriedigen. Ich war für die Bibliothek gemacht, nicht fürs Klassenzimmer. Das Klassenzimmer war ein Gefängnis, das mich in den Interessen anderer Leute einsperrte. Die Bibliothek war offen, endlos, frei. Allmählich entdeckte ich mich selbst. Malcolms beste Seiten wiesen mir den Weg. Malcolm, der sich ständig wandelte, sich immer zu einer Wahrheit hin entwickelte, die letztlich außerhalb der Grenzen seines Lebens lag, seines Körpers. Ich war in Bewegung, bestrebt, meinen Körper ganz in Besitz zu nehmen, aber auf einem anderen Weg, den ich mir bis dahin nicht hätte vorstellen können.

Ich war bei meiner Suche nicht allein. Im Mekka lernte ich deinen Onkel Ben kennen. Er stammte wie ich aus einer jener Städte, in denen der Alltag so sehr vom Traum abwich, dass es nach einer Erklärung verlangte. Er war wie ich ins Mekka gekommen, um Wesen und Ursprung dieser Kluft zu ergründen. Ich teilte seinen gesunden Skeptizismus und den tiefen Glauben, dass wir lesend einen Ausweg finden könnten. Frauen liebten ihn, und was war das für ein Ort, um geliebt zu werden – denn es hieß, und selbstverständlich glaubten wir daran, dass es nirgendwo auf der Welt eine schönere Vielfalt von Frauen gab als auf dem Campus der Howard University. Und irgendwie gehörte selbst das zu unserer Suche – die Schönheit des schwarzen Körpers war für uns die Inkarnation der Schönheit der schwarzen Geschichte und Kultur. Dein Onkel

Ben wurde ein Weggefährte fürs Leben, und ich fand heraus, wie es war, meinen Weg gemeinsam mit anderen schwarzen Menschen zu gehen, die wussten, wie lang er war, weil auch sie ihn in Angriff genommen hatten.

Ich ging in die Stadt und fand dort weitere Suchende, bei Vorträgen, Signierstunden und Lyriklesungen. Ich schrieb noch immer schlechte Gedichte. Ich las diese schlechten Gedichte bei Open Mikes in Cafés, die hauptsächlich von anderen Dichtern bevölkert waren, die sich ebenso unsicher fühlten in ihrem Körper. Diese Dichter waren alle älter und klüger als ich, viele von ihnen belesen, und mit ihrer Erfahrung näherten sie sich mir und meiner Lyrik. Was meinte ich *genau* mit dem Verlust meines Körpers? Und wenn jeder schwarze Körper kostbar war, einzigartig, wenn Malcolm recht hatte und man sein Leben bewahren musste, wie konnte ich dann diese kostbaren Leben zu einer kollektiven Masse summieren, zum amorphen Überrest der Plünderung? Wie konnte ich das Spektrum schwarzer Energie dem individuellen Lichtstrahl vorziehen? Dies waren Anstöße zum Schreiben und somit auch zum Denken. Der Traum gedeiht, wenn wir verallgemeinern, die Anzahl möglicher Fragen beschränken, naheliegende Antworten vorziehen. Der Traum ist der Feind der Kunst, des mutigen Denkens, des aufrichtigen Schreibens. Und mir wurde klar, dass dies nicht nur für die Träume galt, die Amerika zu seiner Rechtfertigung entworfen hatte, sondern auch für die Träume, die ich heraufbeschworen hatte, um sie zu ersetzen. Ich hatte mir eingebildet, ich müsse die Außenwelt spiegeln, eine Negativ-Kopie weißer Ansprüche auf die Zivilisation erstellen. Nun fing ich an, die Logik dieses Anspruchs anzuzweifeln. Ich hatte die Selbstbefragungen vergessen, die mir meine Mutter aufgedrängt hatte, beziehungsweise ihre tiefere, lebenslange Bedeutung nicht erfasst. Ich fing gerade erst an, meiner eigenen Menschlichkeit zu misstrauen, meiner eigenen Verletztheit und Wut – ich begriff noch nicht, dass der Stiefel im Nacken einen Menschen zwar adeln, aber ebenso wahrscheinlich in den Wahn treiben kann.

Die Kunst, die ich schätzen lernte, lebte in diesem Niemandsland, in dem noch Ungewissen, im Schmerz, in der Frage. Die älteren Dichter machten mich mit Künstlern bekannt, die ihre Energie aus diesem Niemandsland zogen – Bubber Miley, Otis Redding, Sam und Dave, C. K. Williams, Carolyn Forché. Diese älteren Dichter waren Ethelbert Miller, Kenneth Carroll, Brian Gilmore. Ich muss dir ihre Namen nennen, damit du weißt, dass ich nichts je allein geschafft habe. Ich weiß noch, wie ich zusammen mit Joel Dias-Porter, der nicht an der Howard studiert hatte, den ich aber im Mekka kennenlernte, Zeile für Zeile Robert Haydens Gedicht »Middle Passage« analysierte. Und ich war verblüfft, wie viel Hayden sagte, scheinbar ohne etwas zu sagen – wie er es schaffte, Freude und Qual auszudrücken, ohne diese Wörter zu benutzen, so dass Bilder entstanden und keine Slogans. Hayden stellte sich die Versklavten während der transatlantischen Überfahrt aus Sicht der Sklavenfänger vor, das allein machte mich ganz wirr im Kopf; wieso sollten die Sklavenfänger sprechen dürfen? Doch Haydens Gedichte sprachen nicht. Sie beschworen:

You cannot stare that hatred down
or chain the fear that stalks the watches

Ich war nie auf einem Sklavenschiff gewesen. Oder vielleicht doch, denn so viele meiner Empfindungen von damals in Baltimore, der akute Hass, der unsterbliche Wunsch und zeitlose Wille, das alles fand ich in Haydens Werk. Und das hörte ich auch bei Malcolm, wenn auch nie so – leise, rein und schmucklos. Ich lernte die Fertigkeit der Poesie, eigentlich eine verdichtete Version dessen, was meine Mutter mir vor so vielen Jahren beigebracht hatte: die Fertigkeit des Schreibens als Kunst des Denkens. Lyrik strebt nach schlanker Wahrheit – lose und nutzlose Wörter müssen raus, und ich stellte fest, dass diese losen und nutzlosen Wörter nicht unabhängig waren von losen und nutzlosen Gedanken. Lyrik war nicht einfach nur die Niederschrift von Ideen – das ist ein sprachliches Kunstwerk selten. Ich wollte schreiben lernen, was im Grunde immer noch, wie meine Mutter mir beigebracht hatte, eine Auseinandersetzung mit meiner eigenen Unschuld war, meinen eigenen Rechtfertigungen. Lyrik war die Verfeinerung meiner Gedanken, bis die Schlacke der Rechtfertigung abfiel und nur die stahlkalten Wahrheiten des Lebens übrig blieben.

Diese Wahrheiten hörte ich in den Werken der anderen Dichter in der Stadt. Sie waren aus kleinen handfesten Details gemacht – Tanten und Onkeln, Rauchpausen nach dem Sex, Mädchen, die auf Eingangsstufen aus Einweckgläsern trinken. Diese Wahrheiten trugen den schwarzen Körper über Schlagwörter hinaus, gaben ihm Farbe und Textur und spiegelten das Spektrum, das ich draußen auf dem Yard sah, mehr als mein ganzes alliteratives Gerede von Waffen und Revolutionen oder Lobgesängen auf die verlorenen Dynastien aus afrikanischer Vorzeit. Nach den Lesungen folgte ich den Dichtern, wenn sie in der U Street standen oder sich in ein Café setzten und über alles diskutierten – Bücher, Politik, Boxkämpfe. Und ihre Argumente verstärkten den Eindruck der widersprüchlichen Tradition, die ich in Moorland vorgefunden hatte, und nach und nach betrachtete ich Widerspruch, Streit, Chaos, vielleicht sogar Angst als eine Art Macht. Ich lernte, in der Unruhe zu leben, die ich in der Bibliothek spürte, im Durcheinander meines Kopfes. Das bohrende Unbehagen, das Chaos, der intellektuelle Taumel waren kein Alarmzeichen. Sie waren ein Leuchtfeuer.

Mir wurde bewusst, dass der Sinn meiner Bildung in einem gewissen Unbehagen lag, in einem Prozess, der mir nicht meinen ganz speziellen eigenen Traum gewähren, sondern mit jeglichen Träumen brechen würde, mit all den tröstlichen Mythen von Afrika, Amerika und sonst wo, und mich nur mit der Menschheit in ihrer ganzen Schrecklichkeit zurücklassen würde. Und es geschah so viel Schreckliches da draußen, auch unter uns. Das musst du wissen.

Ich wusste zum Beispiel, dass es vor den Toren Washingtons eine große schwarze Enklave gab, deren Bewohner ganz selbstverständlich über ihre Körper zu bestimmen schienen. Diese Enklave hieß Prince George's County – »PG County« für die Einheimischen – und erschien mir sehr wohlhabend. Ihre Bewohner hatten die gleichen Häuser mit den gleichen Gärten und den gleichen Badezimmern, die ich in den Fernsehbotschaften gesehen hatte. Ihre Bewohner waren Schwarze, die ihre eigenen Politiker wählten, doch diese Politiker befehligten, wie ich erfuhr, eine Polizei, die genauso bösartig war wie überall sonst in Amerika. Jene Dichter, die mir die Welt geöffnet hatten, erzählten mir Geschichten über PG County. Sie versicherten mir, dass die Polizisten von PG County gar keine Polizisten seien, sondern Freibeuter, Gangster, Amokläufer, Plünderer, die unter dem Deckmantel des Gesetzes handelten. Das erzählten sie mir, weil sie meinen Körper schützen wollten. Doch ich lernte noch etwas anderes daraus: Schwarz und schön zu sein war nichts, womit man sich brüsten sollte. Schwarz zu sein machte uns nicht immun gegen die Logik der Geschichte oder die Verlockung des Traums. Ein Schriftsteller, und das wollte ich sein, muss jedem Traum und jeder Nation misstrauen, selbst seinen eigenen. Seinen eigenen vielleicht noch mehr als anderen, eben weil es die eigenen sind.

Um wirklich frei zu sein, das wurde mir immer klarer, brauchte ich mehr als eine Vitrine für Nationalpokale, und diese Einsicht verdanke ich dem Historischen Seminar der Howard University. Meine Geschichtsprofessoren hatten kein Problem damit, mir aufzuzeigen, dass meine Mythensuche zum Scheitern verurteilt war, dass die Geschichten, die ich mir selbst erzählen wollte, keinen Wahrheiten entsprachen. Ja, sie betrachteten es als ihre Pflicht, mich von meinem Irrtum zu befreien, die Geschichte als Waffe zu benutzen. Sie hatten schon so viele Malcolmites gesehen, sie waren gewappnet. Ihre Methode war schroff und direkt. War schwarze Haut wirklich ein Zeichen von Erhabenheit? Immer? *Ja*. Und die Schwarzen, die jahrhundertelang Sklavenhandel betrieben und Sklaven quer durch die Sahara und übers Meer verkauft hatten? *Opfer einer Täuschung*. Ach ja? Dieselben Könige, die alle Zivilisation hervorgebracht haben? Sie waren also entthronte Herrscher der Galaxie und zugleich leichtgläubige Marionetten? Und was meinte ich mit »schwarz«? *Na, schwarz halt*. Hielt ich das für eine zeitlose Kategorie, die sich bis in die tiefste Vergangenheit erstreckte? *Ja?* Durfte man davon ausgehen, dass Hautfarbe schon immer wichtig war, nur weil sie mir wichtig war?

Ich erinnere mich an ein Einführungsseminar über Zentralafrika. Meine Professorin Linda Heywood war grazil, trug eine Brille und hatte einen Trinidad-Singsang in der Stimme, den sie wie einen Hammer gegen junge Studenten wie mich einsetzte, die Agitprop mit ernsthaftem Studium verwechselten. Ihr Afrika hatte nichts Romantisches an sich, jedenfalls entsprach es nicht meiner Vorstellung von Romantik. Sie ging mit uns zurück bis zum Vermächtnis von Königin Nzinga – meiner Tolstoi, jener Nzinga, deren Leben ich in meine Pokalvitrine stellen wollte. Doch so, wie meine Professorin die Geschichte der Verhandlungen erzählte, die Nzinga auf dem Rücken der Frau führte, klang sie nicht glanzvoll und triumphal, und es traf mich wie ein Fausthieb: Wenn ich mir die Menschen in jenem Verhandlungsraum vorstellte, dann ähnelte mein eigener Körper, nach Belieben zerbrechlich, auf der Straße gefährdet, in der Schule ängstlich, nicht dem von Nzinga, sondern dem ihrer Beraterin, der zu einem Hocker heruntergebrochen worden war, damit eine Königin, Erbin aller Dinge, die sie je gesehen hatte, sitzen konnte.

Ich belegte einen Einführungskurs zum Thema Europa nach 1800. Ich sah Schwarze durch »weiße« Augen, wie ich noch keine zuvor gesehen hatte – die Schwarzen sahen majestätisch und menschlich aus. Ich erinnere mich an das weiche Gesicht von Alessandro de' Medici, die königliche Haltung von Hieronymus Boschs schwarzem Weisen aus dem Morgenland. Diese Bilder aus dem sechzehnten und siebzehnten Jahrhundert wurden denen gegenübergestellt, die zur Zeit der Sklaverei entstanden waren, jenen Sambo-Karikaturen, die mir zeit meines Lebens vertraut waren. Wo lag der Unterschied? In einem Seminar über amerikanische Geschichte hatte ich Porträts von Iren gesehen, die genauso gierig, lüstern und affenartig gezeichnet waren. Vielleicht hatte es noch andere Körper gegeben, verhöhnt, verschreckt und verunsichert. Vielleicht hatten die Iren auch einst ihre Körper verloren. Vielleicht hatte das Etikett »schwarz« damit gar nichts zu tun; vielleicht war »schwarz« einfach nur das Etikett für jemanden ganz unten, einen Menschen, der in ein Objekt verwandelt, ein Objekt, das in einen Unberührbaren verwandelt worden war.

Diese Erkenntnisse wogen schwer. Sie taten mir körperlich weh und erschöpften mich. Natürlich genoss ich irgendwann den Schwindel, den Taumel, der wohl jede Odyssee begleitet. Anfangs jedoch machten mich die unaufhörlichen Widersprüche trübsinnig. In meiner Haut war nichts Heiliges oder Besonderes; ich war schwarz aufgrund von Geschichte und Überlieferung. Zu straucheln, unfrei zu sein, unterdrückt zu leben hatte nichts Erhabenes, und schwarzes Blut hatte keine Bedeutung an sich. Schwarzes Blut war auch nicht schwarz; nicht einmal schwarze *Haut* war schwarz. Und nun blickte ich zurück auf mein Bedürfnis nach einer Pokalvitrine, meinem Wunsch, nach den Maßstäben von Saul Bellow zu leben, und empfand dieses Bedürfnis nicht als Flucht, sondern ebenfalls als Ausdruck von Angst – Angst, dass »sie«, die angeblichen Autoren und Erben des Universums, recht hatten. Und diese Angst saß so tief, dass wir deren Maßstäbe von Zivilisation und Menschheit übernahmen.

Aber das galt nicht für uns alle. Etwa um diese Zeit entdeckte ich einen Aufsatz von Ralph Wiley, in dem er auf Bellows Spruch einging. »Tolstoi ist der Tolstoi der Zulus«, schrieb Wiley. »Es sei denn, man hat etwas davon, Allgemeingut der Menschheit in exklusiven Stammesparzellen für sich zu beanspruchen.« Das war es. Ich hatte Bellows Prämisse geschluckt. Dabei war Bellow Tolstoi nicht näher als ich Nzinga. Und wenn ich ihr näher war, dann weil ich es wollte, nicht weil es meiner DNA eingeschrieben war. Mein großer Irrtum bestand nicht darin, einen fremden Traum akzeptiert zu haben, sondern Träume an sich, die Notwendigkeit der Flucht und die Fabrikation von Rasse.

Und trotzdem wusste ich, dass wir etwas waren, dass wir ein Stamm waren – erfunden, gemacht, aber deshalb nicht weniger wirklich. Die Wirklichkeit war da draußen auf dem Campus, am ersten warmen Frühlingstag, an dem man das Gefühl bekam, dass jede Ecke, jeder Bezirk, jede Gemeinde, jeder Kreis und Winkel der großen Diaspora ein Mitglied zur großen Weltparty entsandt hatte. In meiner Erinnerung ist diese Zeit wie ein Song von OutKast, gemalt mit Freude und Lust. Ein Glatzkopf mit Sonnenbrille und Tanktop steht vor dem Blackburn Student Center, eine lange Boa um die muskulösen Schultern. Eine Frau in Stonewash und mit Dreads beäugt ihn und lacht. Ich stehe vor der Bibliothek und debattiere über die Übernahme des Kongresses durch die Republikaner oder die Verortung des Wu-Tang Clan im Kanon. Ein Typ im TribeVibe-T-Shirt kommt, faustet mich an, wir sprechen über die schwarzen Gelage der Saison – Freaknik, Daytona, Virginia Beach – und fragen uns, ob wir wohl dieses Jahr mal hinfahren. Nein. Denn alles, was wir brauchen, ist hier auf dem Campus. Wir sind benommen, weil wir uns an die heißen Städte erinnern, in denen wir geboren wurden, in denen die ersten Frühlingstage durchsetzt waren von Angst. Und jetzt, hier im Mekka, sind wir von Angst befreit, wir sind das sichtbare dunkle Spektrum.

Es war meine erste Zeit als Erwachsener. Ich wohnte allein, kochte selbst, konnte kommen und gehen, wie es mir passte, und ich hatte mein eigenes Zimmer, in das ich, vielleicht, mit einer der schönen Frauen zurückkehrte, die mich nun überall umgaben. In meinem zweiten Jahr an der Howard verliebte ich mich heftig in eine bezaubernde Frau aus Kalifornien, die in langem Rock und Turban über den Campus schwebte. Ich erinnere mich an ihre großen braunen Augen, ihren breiten Mund und ihre kühle Stimme. Wenn ich sie in diesen Frühlingstagen auf dem Campus sah, rief ich ihren Namen und warf die Hände in die Luft, als wollte ich einen Touchdown andeuten, aber breiter – wie das W in »What up?«. So war das damals. Ihr Vater stammte aus Bangalore, und wo war das? Was herrschten dort für Gesetze? Ich begriff die Tragweite meiner eigenen Fragen noch nicht. Ich erinnere mich nur an meine Ignoranz. Daran, dass ich sie mit den Händen essen sah und mir mit meiner Gabel total unkultiviert vorkam. Daran, dass ich mich fragte, wieso sie so viele Schals trug. Daran, dass sie in den Frühjahrsferien nach Indien flog und mit einem Bindi auf der Stirn und Fotos von ihren lächelnden indischen Cousins und Cousinen zurückkehrte. Ich sagte zu ihr: »Nigga, you black«, weil ich sonst nichts parat hatte damals. Doch ihre Schönheit und ihre Ruhe brachten mich aus dem Gleichgewicht. In meiner kleinen Wohnung küsste sie mich, und der Boden tat sich auf, verschluckte mich, begrub mich an Ort und Stelle. Wie viele grauenhafte Gedichte schrieb ich, während ich an sie dachte? Ich weiß jetzt, was sie für mich war – der erste flüchtige Blick auf eine Raumbrücke, ein Wurmloch, ein galaktisches Portal hinaus aus diesem gebundenen, blinden Planeten. Sie hatte andere Welten gesehen, und sie barg auf wundersame Weise Linien anderer Welten in ihrem schwarzen Körper.

Ich verliebte mich erneut, kurz darauf und ähnlich heftig, in eine großgewachsene Frau mit fließenden Dreadlocks. Sie war bei ihrer jüdischen Mutter in einer kleinen, überwiegend weißen Stadt in Pennsylvania aufgewachsen und pendelte nun hier zwischen Männern und Frauen, und das nicht nur mit Stolz, sondern als wäre es normal, *als wäre sie normal.* Ich weiß, für dich ist das nichts Besonderes, aber wo ich herkam – Amerika –, war Grausamkeit gegen Menschen, die so liebten, wie ihre innersten Instinkte es ihnen eingaben, eine Art Gesetz. Ich war baff. So was machten Schwarze? Ja. Und noch so vieles mehr. Die Frau mit den langen Dreads wohnte in einem Haus mit einem Mann, einem Howard-Professor, der mit einer Weißen verheiratet war. Der Professor schlief mit Männern. Seine Frau schlief mit Frauen. Und sie schliefen mitein-

ander. Sie hatten einen kleinen Sohn, der jetzt bestimmt schon auf dem College ist. »Schwuchtel« war ein Wort, das ich mein ganzes Leben lang benutzt hatte. Und hier waren sie nun, die Kabale, der Hexenzirkel, die anderen, die Monster, die Außenseiter, die Schwuchteln, die Lesben in ihren Menschenklamotten. Ich bin schwarz und wurde ausgeplündert und habe meinen Körper verloren. Aber vielleicht steckte auch in mir ein Plünderer, vielleicht würde auch ich einen Körper stehlen, um mich in meiner Gemeinschaft zu behaupten. Vielleicht war das bereits geschehen. Hass stiftet Identität. Der Nigger, die Schwuchtel, die Nutte beleuchten die Grenze, beleuchten das, was wir vorgeblich nicht sind, beleuchten den Traum, weiß zu sein, ein Mann zu sein. Wir benennen die verhassten Fremden und bestätigen uns so in unserem Stamm. Aber mein Stamm war gerade dabei, zu zerbrechen und sich neu zu formieren. Ich war oft mit diesen Menschen zusammen, weil sie für jemanden, den ich liebte, die Familie waren. Ihre alltäglichen Momente – Tür öffnen, in der Küche kochen, zu Adina Howard tanzen – attackierten mich und erweiterten meine Vorstellung vom menschlichen Spektrum. Ich saß im Wohnzimmer dieses Hauses und lauschte ihren Insiderwitzen, während ein Teil von mir urteilte und der andere vor lauter Veränderungen ins Taumeln geriet.

Sie brachte mir bei, anders zu lieben. Zu Hause hatten deine Großeltern mit der Angstrute geherrscht. Ich habe versucht, mit dir anders umzugehen, und dieser Impuls stammt von den anderen Möglichkeiten der Liebe, die ich im Mekka erlebt habe. Und so hatte es angefangen: Eines Tages war ich mit leichten Kopfschmerzen aufgewacht. Stündlich wurden die Kopfschmerzen stärker. Ich war unterwegs zu meinem Job, als mir diese Frau auf dem Weg ins Seminar begegnete. Ich sah schrecklich aus, sie gab mir ein paar Tabletten und ging weiter. Am Nachmittag konnte ich mich kaum mehr auf den Beinen halten. Ich rief meinen Vorgesetzten an. Als er kam, legte ich mich in den Lagerraum, weil ich nicht wusste, was ich sonst tun sollte. Ich hatte Angst. Ich hatte keine Ahnung, was los war. Ich wusste nicht, wen ich anrufen sollte. Ich lag da, fieberte halb wach vor mich hin und hoffte, dass es vorüberging. Mein Vorgesetzter klopfte an die Tür. Da war jemand für mich. Sie. Die Frau mit den langen Dreads half mir auf die Straße. Sie winkte ein Taxi herbei. Auf halber Strecke machte ich die Tür auf und kotzte aus dem fahrenden Auto auf die Straße. Aber ich weiß noch, dass sie mich festhielt, damit ich nicht rausfiel, und dass sie mich weiter festhielt, als ich fertig war. Sie nahm mich mit in dieses Menschenhaus, das angefüllt war mit Liebe unterschiedlichster Art, brachte mich ins Bett, legte *Exodus* in den CD-Player und drehte die Lautstärke ganz weit runter. Sie stellte mir einen Eimer ans Bett. Ließ mir einen Krug Wasser da. Sie musste ins Seminar. Ich schlief. Als sie zurückkam, war ich wieder fit. Wir aßen. Die Frau mit den langen Dreads, die schlief, mit wem sie wollte, was ihre Art war, über ihren Körper zu bestimmen, war da. Ich war in einem Haus aufgewachsen, das hin- und hergerissen war zwischen Liebe und Angst. Für Sanftheit war kein Raum. Doch diese Frau mit den langen Dreads offenbarte mir etwas anderes – dass Liebe sanft und verständnisvoll sein kann; dass, sanft oder hart, Liebe eine Heldentat ist.

Und ich konnte nicht mehr voraussehen, wo ich meine Helden finden würde. Manchmal ging ich mit Freunden in die Clubs in der U Street. Es war die Zeit von Biggie und Bad Boy Records, »One More Chance« und »Hypnotize«. Ich tanzte praktisch nie, sosehr ich eigentlich wollte. Ich war zu gehemmt durch die kindliche Angst vor meinem eigenen Körper. Aber ich sah zu, wie schwarze Menschen sich bewegten, wie sie in diesen Clubs tanzten, als könnten ihre Körper alles, und ihre Körper wirkten so frei wie Malcolms Stimme. Nach außen hin bestimmten Schwarze gar nichts, am wenigsten das Schicksal ihrer Körper, die von der Polizei beschlagnahmt, von den so üppig kursierenden Schusswaffen ausgelöscht, die vergewaltigt, verprügelt und eingesperrt werden konnten. Doch in den Clubs, unter dem Einfluss von Rum-Cola – zwei für eine –, im Bann der gedämpften Lichter, gefangen vom Hip-Hop, bestimmten sie jeden Schritt, jedes Nicken und jede Drehung.

Von da an wollte ich nur noch eines: schreiben, wie sie tanzten, mit dieser Selbstbestimmung, Energie, Freude, Wärme. Meine Seminare besuchte ich nur noch sporadisch. Ich hatte das Gefühl, dass es Zeit war zu gehen, mich zum Absolventen des Mekka zu erklären, wenn auch nicht der Universität. Ich veröffentlichte Musikbesprechungen, Artikel und Aufsätze in alternativen Zeitschriften, und das bedeutete Kontakt zu noch mehr Menschen. Ich hatte Redakteure – noch mehr Lehrer –, und das waren die ersten Weißen, die ich wirklich persönlich kennenlernte. Sie trotzten meinen Vermutungen – sie hatten weder Angst um mich noch vor mir. Stattdessen sahen sie in meiner unbändigen Neugier und Sanftheit etwas, das es zu behüten und zu fördern galt. Und sie schenkten mir die Kunst des Journalismus, ein machtvolles Verfahren für Suchende. Ich schrieb Lokalberichte über D. C. und stellte fest, dass Menschen mir gegenüber auskunftsfreudig waren, dass dieselbe Sanftheit, die mich einst zur Zielscheibe gemacht hatte, Menschen bewog, mir ihre Geschichten anzuvertrauen. Das war unglaublich. Ich war kaum raus aus dem Nebel der Kindheit, wo die Fragen einfach in meinem Kopf gestorben waren. Jetzt konnte ich Menschen anrufen und fragen, wieso ein beliebter Laden schließen musste, weshalb ein Konzert abgesagt wurde, warum es so viele Kirchen und so wenig Supermärkte gab. Der Journalismus war für mich ein weiteres Werkzeug der Erkundung, eine weitere Möglichkeit, jene Gesetze zu enthüllen, die meinen Körper fesselten. Allmählich fügte es sich zusammen – auch wenn ich noch nicht erkennen konnte, was »es« war.

In Moorland konnte ich Geschichte und Traditionen erforschen. Auf der Campuswiese sah ich die Entfaltung dieser Traditionen. Und als Journalist konnte ich Menschen direkt nach beidem fragen – und allem, was mich sonst noch beschäftigte. So viel in meinem Leben war von Nichtwissen geprägt. Wieso lebte ich in einer Welt, in der Teenager auf einem 7-Eleven-Parkplatz ihre Knarre zückten? Weshalb war es normal, dass mein Vater und alle Eltern, die ich kannte, nach dem Gürtel griffen? Und warum war das Leben dort draußen so anders, in dieser anderen Welt jenseits der Asteroiden? Was hatten die Menschen, deren Bilder einst in meinem Wohnzimmer flimmerten, was ich nicht hatte?

Die Frau mit den langen Dreads, die mich verändert hat, die ich so sehr lieben wollte, liebte einen jungen Mann, an den ich täglich denke und wohl bis an mein Lebensende täglich denken werde. Manchmal halte ich ihn für eine Erfindung, und in gewisser Weise war er das auch, denn wenn junge Menschen sterben, werden sie durch das, was möglich gewesen wäre, was geraubt wurde, verklärt. Aber ich weiß, dass ich für diesen jungen Mann, Prince Jones, Liebe empfand, dass ich lächelte, wann immer ich ihn sah, dass ich ein warmes Gefühl hatte in seiner Gegenwart und immer ein bisschen traurig war, wenn wir unsere Fäuste aneinanderstießen, um uns zu verabschieden. Um dir ein Bild von Prince Jones zu machen, stell dir vor, dass er seinem Vornamen alle Ehre machte. Er war schön. Er war groß und braun, schlank und stark wie ein Wide Receiver. Er war der Sohn einer weithin geachteten Ärztin. Er war ein Wiedergeborener, nichts für mich, aber ich respektierte das. Er war freundlich. Er strahlte Großzügigkeit aus, und er schien mit allem und jedem auszukommen. So etwas ist immer eine Illusion, aber es gibt Menschen, die sie mühelos vermitteln, und zu denen gehörte Prince. Ich kann nur sagen, was ich sah, was ich fühlte. Und es gibt Menschen, die wir nicht allzu gut kennen, die aber einen warmen Platz in uns einnehmen, und wenn sie geraubt werden, wenn sie ihren Körper verlieren und die dunkle Energie sich zerstreut, wird dieser Platz zur Wunde.

Ich verliebte mich ein letztes Mal im Mekka. Im Bann einer Frau aus Chicago verlor ich erst mein Gleichgewicht und dann meine ganze jugendliche Verwirrung. Diese Frau war deine Mutter. Ich sehe uns mit Freunden im Wohnzimmer ihres Hauses stehen. Ich hielt einen Blunt in einer Hand und ein Bier in der anderen. Ich nahm einen tiefen Zug und reichte ihn weiter an diese Frau aus Chicago, und als ich ihre eleganten langen Finger streifte, erschauerte ich ein wenig, so heftig war das. Sie nahm den Blunt zwischen ihre pflaumenroten Lippen, zog, atmete aus und sog den Rauch wieder ein. Eine Woche zuvor hatte ich sie geküsst, und als ich nun dieses Schauspiel von Rauch und Feuer betrachtete (und bereits die Wirkung spürte), war ich verloren und weg und fragte mich, wie es wohl wäre, sie zu umfangen, von ihr ausgeatmet zu werden, zu ihr zurückzukehren und sie high zu verlassen.

Sie hatte ihren Vater nie kennengelernt, womit sie nach meiner Erfahrung in breiter Gesellschaft war. Damals empfand ich diese Männer – diese »Väter« – als die größten Feiglinge überhaupt. Allerdings fand ich auch, dass die Galaxie mit gezinkten Würfeln spielte, die für einen Überschuss an Feiglingen in unseren Reihen sorgten. Die Frau aus Chicago hatte das ebenfalls begriffen, und sie hatte noch mehr begriffen – dass nämlich nicht alle gleichermaßen ihres Körpers beraubt waren, dass weibliche Körper in einer Weise der Plünderung anheimgegeben waren, die ich nie ganz würde erfassen können. Sie war eine schwarze Frau, der man als Kind eingetrichtert hatte, sie tue gut daran, klug zu sein, denn ihre Schönheit werde sie nicht retten, und als junger Frau, sie sei wirklich hübsch für eine Dunkelhäutige. Und so umgab sie ein Wissen um kosmische Ungerechtigkeiten, dasselbe Wissen, das ich vor so langer Zeit erhascht hatte, wenn mein Vater nach seinem Gürtel griff, wenn die Vorstadtbotschaften in mein Wohnzimmer flimmerten, wenn die goldblonden Jungs mit ihren Spielzeuglastern und Footballkarten spielten und ich eine dumpfe Ahnung bekam von der massiven Schranke zwischen mir und der Welt.

Nichts zwischen uns war je geplant – nicht einmal du. Wir waren beide vierundzwanzig, als du geboren wurdest, ein normales Alter für die meisten Amerikaner, doch in der Schicht, in der wir uns bald wiederfanden, galten wir als Teenager-Eltern. Mit einem Anflug von Angst wurden wir oft gefragt, ob wir vorhätten zu heiraten. Die Ehe wurde uns angedient als Schutzschild gegen andere Frauen, andere Männer und als nötiger Zusammenhalt in der zersetzenden Eintönigkeit von schmutzigen Socken und Geschirrspülen. Doch deine Mutter und ich kannten zu viele Leute, die geheiratet und einander aus geringeren Gründen verlassen hatten. Zwischen uns war immer klar, dass du unser Ring bist. Wir haben dich aus uns in die Welt beordert, ohne dich auch nur zu fragen. Schon allein aus diesem Grund hast du jeden Schutz verdient, den wir dir bieten können. Alles andere war zweitrangig. Das soll nicht nach einer Bürde klingen. In Wahrheit schulde ich dir alles, was ich habe. Vor dir hatte ich meine Fragen, aber nichts, was über meine eigene Haut hinausging, und im Grunde war das gar nichts, denn ich war ein junger Mann und durchschaute meine eigenen menschlichen Verletzlichkeiten noch nicht. Ich wurde geerdet und gezähmt durch die schlichte Tatsache, dass ich, wenn ich jetzt unterging, nicht alleine unterging.

Jedenfalls redete ich mir das ein. Zu glauben, dass das Schicksal meines Körpers und der Körper meiner Familie in meiner Hand lag, war tröstlich. »Du musst deinen Mann stehen«, sagen wir zu unseren Söhnen. »Ein Kind zeugen kann jeder, zum Vater braucht es einen Mann.« Das hat man mir mein Leben lang eingetrimmt. Es war die Sprache des Überlebens, ein Mythos, der uns half, mit dem Opfer klarzukommen, das wir als Menschen bringen müssen, wie auch immer man seinen Mann stand. Als hätten unsere Hände jemals uns gehört. Als läge die Plünderung dunkler Energie nicht im Herzen unserer Galaxie. Und die Plünderungen geschahen, man musste nur die Augen aufmachen.

Einen Sommer besuchte ich deine Mutter in Chicago. Mit Freunden fuhr ich den Dan Ryan Expressway hinauf und sah zum ersten Mal den State Street Corridor – vier Meilen heruntergekommener Public-Housing-Gebäudekomplexe. In allen Teilen von Baltimore gab es Sozialbauten, aber nicht so flächendeckend wie hier. Auf mich wirkten die Häuser wie eine moralische Katastrophe nicht nur für die Bewohner, sondern für die ganze Region, die Metropole von Pendlern, die jeden Tag daran vorbeifuhren und so etwas stillschweigend duldeten. Doch in diesen Housing Projects steckte noch so viel mehr, als ich, meiner ganzen Neugier zum Trotz, sehen mochte.

Deine Großmutter mütterlicherseits besuchte uns einmal im Laufe der Schwangerschaft. Sie muss entsetzt gewesen sein. Wir wohnten damals in Delaware. Wir hatten fast keine Möbel. Ich hatte Howard ohne Abschluss verlassen und lebte von den mageren Löhnen eines freien Journalisten. Am letzten Tag ihres Besuchs fuhr ich deine Großmutter zum Flughafen. Deine Mutter war ihr einziges Kind, so wie du mein einziges Kind bist. Und da ich dich habe aufwachsen sehen, weiß ich, dass ihr nichts kostbarer war. Sie sagte zu mir: »Pass mir auf meine Tochter auf.« Als sie ausstieg, hatte sich meine Welt verschoben. Mir war, als hätte ich eine Schwelle überschritten, aus der Vorhalle meines Lebens ins Wohnzimmer. Alles, was in der Vergangenheit lag, schien zu einem anderen Leben zu gehören. Es gab vor dir und danach, und in diesem Danach warst du der Gott, den ich nie hatte. Ich beugte mich deinen Bedürfnissen, und ich wusste nun, dass ich um mehr als nur um des reinen Überlebens willen überleben musste. Und zwar für dich.

Du wurdest im August geboren. Ich dachte an das große Spektrum im Mekka – Schwarze aus Belize, Schwarze mit jüdischen Müttern, Schwarze mit Vätern aus Bangalore, Schwarze aus Toronto und Kingston, Schwarze, die Russisch sprachen, die Spanisch sprachen, die Mongo Santamaría spielten, die Mathematik beherrschten und in Knochenlaboren saßen und die Geheimnisse der Sklaven zutage förderten. Es gab mehr da draußen, als ich mir je erhofft hatte, und es sollte dir gehören. Du solltest wissen, dass die Welt in ihrer Gesamtheit nicht allein in Schulen zu finden ist, nicht auf der Straße und auch nicht in der Pokalvitrine. Du solltest die ganze Welt beanspruchen, so wie sie ist. »Tolstoi ist der Tolstoi der Zulus« – das sollte dir unmittelbar einleuchten. Doch selbst in diesem kosmopolitischen Wunsch spürte ich die alte Macht der Ahnen, denn meine Erleuchtung hatte ich im Mekka gefunden, das meine Vorfahren geschaffen hatten, und ich fühlte mich dem Mekka durch den Kampf verpflichtet, den sie gefochten hatten.

Der Kampf steckt in deinem Namen, Samori – du bist nach Samori Touré benannt, der gegen die französischen Kolonialisten um das Recht an seinem eigenen schwarzen Körper stritt. Er starb in Gefangenschaft, doch wir profitieren von seinem und ähnlichen Kämpfen, auch wenn das Ziel unseres Kampfes sich so oft unserem Zugriff entzieht. Das weiß ich, weil ich in einem Volk groß geworden bin, das ich mir nicht ausgesucht hätte, denn die Vorzüge des Schwarzseins liegen nicht immer auf der Hand. Wir sind, wie Derrick Bell einst schrieb, die »Gesichter am Grund des Brunnens«. Aber hier unten findet sich viel Weisheit, und dieser Weisheit erwächst fast alles Gute in meinem Leben. Und meinem Leben hier unten erwächst du.

Auch auf der Straße gab es Weisheit. Ich denke jetzt an die alte Regel, die besagte, dass wenn ein Junge in einem heiklen Viertel angegriffen wurde, seine Freunde ihm zur Seite stehen und die Prügel gemeinsam mit ihm einstecken. Ich weiß jetzt, dass in diesem Gebot der Schlüssel zu allem Leben lag. Keiner von uns konnte davon ausgehen, den Kampf aufrecht zu beenden, mit zum Himmel gereckten Fäusten. Wir bestimmten weder die Zahl unserer Feinde noch ihre Stärke noch ihre Waffen. Manchmal zog man einfach den Kürzeren. Doch ob man kämpfte oder wegrannte, man tat es gemeinsam, denn darüber konnten wir bestimmen. Ausgeschlossen war, den eigenen Körper oder den der Freunde mutwillig preiszugeben. Das war die Weisheit: Wir wussten, wir legten nicht die Richtung der Straße fest, dennoch konnten – und mussten – wir uns entscheiden, wie wir sie beschritten. Und darin liegt die tiefere Bedeutung deines Namens – dass der Kampf an sich bedeutsam ist.

Diese Weisheit beschränkt sich nicht auf unser Volk, hat aber doch wohl besondere Bedeutung für jene, die aus einer

Massenvergewaltigung hervorgegangen sind, deren Vorfahren verschleppt und in Aktien und Policen aufgeteilt wurden. Ich habe dich dazu erzogen, jeden Menschen als einzigartig zu respektieren, und denselben Respekt musst du der Vergangenheit zollen. Die Sklaverei ist keine undefinierbare Fleischmasse. Sie ist eine ganz bestimmte versklavte Frau, deren Verstand so wach ist wie deiner, deren Gefühlsspektrum so breit ist wie dein eigenes; der es gefällt, wie das Licht an einer bestimmten Stelle in den Wald fällt, die gern im Fluss angeln geht, dort, wo das Wasser einen Strudel bildet, die auf ihre verquere Weise ihre Mutter liebt und findet, dass ihre Schwester zu laut redet, die eine Lieblingscousine hat und eine liebste Jahreszeit, die wunderbar Kleider nähen kann und die in sich die Gewissheit trägt, dass sie so klug und begabt ist wie andere Menschen. »Sklaverei« ist diese Frau, hineingeboren in eine Welt, die laut ihre Liebe zur Freiheit kundtut und diese Liebe wichtigen Texten einschreibt, eine Welt, in der die Verfasser dieser Texte die Frau als Sklavin halten, ihre Mutter als Sklavin halten, ihren Vater und ihre Tochter als Sklavin halten, und wenn diese Frau auf die Generationen zurückblickt, sieht sie nur Sklaven. Sie kann auf mehr hoffen. Sie kann sich eine Zukunft für ihre Enkelkinder ausmalen. Doch wenn sie stirbt, endet die Welt – und es ist die einzige Welt, die sie je kennenlernt. Für diese Frau ist die Sklaverei keine Parabel. Sie ist die Verdammnis. Sie ist die nicht enden wollende Nacht. Und die Nacht ist so lang wie der größte Teil unserer Geschichte. Vergiss nie, dass wir in diesem Land länger versklavt gewesen sind als frei. Vergiss nie, dass Schwarze zweihundertfünfzig Jahre lang in Ketten geboren wurden – ganze Generationen gefolgt von noch mehr Generationen, die nichts kannten als Ketten.

Du musst darum kämpfen, dich an diese Vergangenheit in all ihren Nuancen und Irrungen und all ihrer Menschlichkeit zu erinnern. Du musst dem verbreiteten Verlangen nach dem tröstlichen Mythos von göttlichem Recht widerstehen, nach Märchen von unbezähmbarer Gerechtigkeit. Die Sklaven waren keine Pflastersteine auf deinem Weg, und ihre Leben waren keine Kapitel in deiner Erlösungsgeschichte. Es waren Menschen, die für die Maschine Amerika in Treibstoff verwandelt wurden. Der Sklaverei war das Ende nicht vorherbestimmt, und es ist falsch zu behaupten, durch die jetzigen Zustände – sosehr sie sich gebessert haben – seien die Leben jener Menschen gesühnt, die nie um den posthumen, unantastbaren Ruhm gebeten haben, für ihre Kinder zu sterben. Unsere Errungenschaften können das niemals aufwiegen. Vielleicht geht es nicht mal um Errungenschaften. Vielleicht haben wir nur den Kampf, weil der Gott der Geschichte Atheist ist und nichts in seiner Welt vorgesehen ist. Also musst du jeden Morgen in dem Wissen aufwachen, dass kein Versprechen unverbrüchlich ist, am wenigsten das Versprechen, überhaupt aufzuwachen. Das ist keine Verzweiflung. Es sind die Vorlieben des Universums: Verben statt Substantive, Taten statt Zustände, Kampf statt Hoffnung.

Die Geburt einer besseren Welt obliegt letztlich nicht dir, auch wenn ich weiß, dass täglich erwachsene Männer und Frauen dir etwas anderes erzählen. Aufgrund der Taten genau dieser Männer und Frauen hat die Welt Rettung nötig. Ich bin kein Zyniker. Ich liebe dich, und ich liebe die Welt, und ich liebe sie mehr mit jedem neu entdeckten Zentimeter. Aber du bist ein schwarzer Junge, und du bist zwangsläufig auf eine Weise für deinen Körper verantwortlich, die andere Jungs nicht erahnen können. Du bist sogar für die schlimmsten Taten anderer schwarzer Körper verantwortlich, die dir irgendwie immer zugeschrieben werden. Und du bist für die Körper der Mächtigen verantwortlich – der Polizist, der dich mit seinem Schlagstock prügelt, findet schnell seine Rechtfertigung in deinen verstohlenen Bewegungen. Und das ist nicht auf dich beschränkt – die Frauen um dich herum tragen auf eine Weise Verantwortung für ihre Körper, die du nie kennen wirst. Du musst dich mit dem Chaos aussöhnen, nur lügen darfst du nicht. Du darfst nicht vergessen, wie viel sie dir genommen haben und wie sie unsere Körper in Zucker umwandelten, in Tabak, Baumwolle und Gold.

II

Unsere Welt ist voller Klang
Unsere Welt ist wunderbarer als die der anderen
obwohl wir leiden, und einander töten
und manchmal daran scheitern, leichtfüßig
unseren Weg zu gehen

Wir sind schöne Menschen
mit afrikanischen Träumen
voller Masken und Tänze und wogender Gesänge

mit afrikanischen Augen, und Nasen, und Armen,
doch liegen wir in grauen Ketten an einem Ort
voller Winter, wo alles, was wir wollen, Sonne ist.

AMIRI BARAKA

Kurz vor deiner Geburt wurde ich von der Polizei in PG County angehalten, von derselben Polizei, vor der mich die Dichter in D.C. gewarnt hatten. Sie näherten sich von beiden Seiten und leuchteten mit ihren Taschenlampen durch die Fenster. Sie nahmen meinen Führerschein mit zum Streifenwagen. Ich wartete panisch. Inzwischen hatte ich den Warnungen meiner Lehrer hinzugefügt, was ich durch eigene Reportagen und Zeitungslektüre über PG County erfahren hatte. Also wusste ich, dass die Polizei von PG County Elmer Clay Newman getötet und anschließend behauptet hatte, er habe seinen Kopf gegen die Wand einer Gefängniszelle gerammt. Und ich wusste, dass sie Gary Hopkins erschossen und dann behauptet hatten, er habe nach der Waffe eines Polizisten gegriffen. Und ich wusste, dass sie Freddie McCollum halb blind geprügelt und dann einem brüchigen Fußboden die Schuld gegeben hatten. In Berichten hatte ich gelesen, wie diese Polizisten Mechaniker gewürgt, Bauarbeiter angeschossen, Verdächtige durch Glastüren von Shopping-Malls geschleudert hatten. Und ich wusste, dass sie dies regelmäßig taten, wie angetrieben von einer unsichtbaren kosmischen Uhr. Ich wusste, dass sie auf fahrende Autos schossen, auf Unbewaffnete schossen, Männern in den Rücken schossen und behaupteten, sie selbst hätten unter Beschuss gestanden. Die Fälle wurden untersucht, die Schützen wurden entlastet und kehrten umgehend auf die Straße zurück, wo sie, entsprechend bestärkt, weiterschossen. Zum damaligen Zeitpunkt in der amerikanischen Geschichte gab es in keinem Revier des Landes Polizeibeamte, die häufiger von ihren Schusswaffen Gebrauch machten als die in Prince George's County. Das FBI leitete Untersuchungen ein – manchmal mehrere binnen einer Woche. Der Polizeichef bekam eine Gehaltserhöhung. All das ging mir durch den Kopf, als ich in meinem Auto saß, in ihren Fängen. Besser, in Baltimore erschossen zu werden, wo es das Gesetz der Straße gab und jemand den Mord sühnen würde. Doch diese Polizisten hatten meinen Körper, sie konnten damit machen, was sie wollten, und sollte ich noch in der Lage sein zu schildern, was sie damit angestellt hatten, würde die Beschwerde nichts bringen. Der Polizist kehrte zurück. Gab mir meinen Führerschein wieder. Keine Erklärung, wieso sie mich angehalten hatten.

Im September desselben Jahres las ich dann in der *Washington Post*, dass die Polizei von PG County erneut getötet hatte. Unwillkürlich dachte ich, das hätte auch ich sein können, und dachte, mit dir auf dem Arm – du warst mittlerweile einen Monat alt –, solch ein Verlust wäre nun nicht mehr nur meiner. Ich überflog die Schlagzeile – ihre Gräueltaten erschienen damals so alltäglich. Die Geschichte zog sich in den nächsten Tag, und als ich etwas mehr las, erfuhr ich, dass es sich bei dem Opfer um einen Howard-Studenten handelte. Ich dachte, vielleicht kenne ich ihn, ging dem aber nicht weiter nach. Am dritten Tag erschien ein Foto zu der Geschichte, ich warf erst einen flüchtigen Blick darauf, sah mir dann das Porträt genauer an. Und erkannte ihn. Er war fein angezogen wie zum Schulabschlussball und in ewiger Jugend erstarrt. Sein Gesicht war hager, braun und schön, und es hatte das entspannte offene Lachen von Prince Carmen Jones.

Ich weiß nicht mehr, was dann geschah. Ich glaube, ich stolperte rückwärts. Ich glaube, ich erzählte deiner Mutter, was ich gelesen hatte. Ich glaube, ich rief die Frau mit den langen Dreads an und fragte sie, ob das sein konnte. Ich glaube, sie schrie. Genau weiß ich nur noch, was ich empfand: Wut und die Schwerkraft von West Baltimore, die Schwerkraft, die mich zu den Schulen, den Straßen, dem Niemandsland verdammt hatte. Prince Jones hatte es hinter sich gelassen, und es hatte ihn trotzdem eingeholt. Und obwohl ich bereits wusste, dass ich sowieso keinem Bericht glauben würde, der diese Tat rechtfertigte, setzte ich mich hin, um die Geschichte zu lesen. Es gab wenig Details. Er war von einem Polizisten von PG County erschossen worden, nicht in PG County, nicht mal in D. C., sondern irgendwo im Norden Virginias. Prince war zu seiner Verlobten unterwegs gewesen. Er war wenige Meter von ihrem Haus entfernt getötet worden. Der einzige Zeuge des Mordes an Prince Jones war der Mörder selbst. Der Polizist behauptete, Prince Jones habe versucht, ihn mit seinem Jeep zu überfahren, und ich wusste, die Staatsanwaltschaft würde ihm glauben.

Tage später setzten wir dich ins Auto, fuhren nach Washington, gaben dich bei deiner Tante Kamilah ab und gingen zur Trauerfeier für Prince in der Rankin Chapel auf dem Howard-Campus, wo ich einst über das Defilee von Aktivisten und Intellektuellen gestaunt hatte – Joseph Loery, Cornel West, Calvin Butts –, die von dieser Kanzel gepredigt hatten. Wahrscheinlich bin ich dort einer Menge alter Freunde begegnet, aber wem genau, das weiß ich nicht mehr. Erinnern kann ich mich an die Menschen, die über Prince' festen Glauben sprachen, dass Jesus mit ihm sei. Und daran, dass der Präsident der Universität aufstand und weinte. Ich erinnere mich, dass Dr. Mabel Jones, Prince' Mutter, in ihrer Rede den Tod ihres Sohnes als Aufforderung begriff, aus ihrem bequemen Vorstadtleben herauszutreten und politisch aktiv zu werden. Ich hörte mehrmals die Bitte um Vergebung für den Polizisten, der Prince Jones erschossen hatte. Nur vage erinnere ich mich an meine Eindrücke von alledem. Aber ich weiß, dass mir die Trauerrituale meines Volkes schon immer sehr fern waren, und das muss ich zu dem Zeitpunkt stark empfunden haben. Das Bedürfnis, dem Polizisten zu vergeben, hätte mich nicht umgetrieben, weil ich schon damals auf unbestimmte Weise wusste, dass Prince nicht von einem einzelnen Polizisten getötet wurde, sondern von seinem Land und den Ängsten, die es von Anbeginn geprägt haben.

Momentan ist das Wort »Polizeireform« in Mode, und die Taten unserer öffentlich bestellten Hüter erregen Aufmerksamkeit, bis hinauf zum Präsidenten. Du hast vielleicht gehört, dass Begriffe wie Vielfalt, Sensitivitätstraining und Körperkameras kursieren. Die sind schön und nützlich, zielen allerdings viel zu kurz und gestatten den Bürgern dieses Landes die Illusion, zwischen ihrer Haltung und der Haltung jener, die uns beschützen sollen, gäbe es einen wesentlichen Unterschied. In Wahrheit ist es so, dass die Polizei ein Spiegel Amerikas mit all seinen Wünschen und Ängsten ist, und was auch immer wir vom Strafrecht dieses Landes halten, man kann nicht behaupten, es sei von einer repressiven Minderheit durchgedrückt worden. Der Missbrauch, der daraus erwachsen ist – eine wuchernde Gefängnislandschaft, die wahllose Festnahme von Schwarzen, die Folter von Verdächtigen –, ist das Produkt eines demokratischen Willens. Die Polizei in Frage zu stellen bedeutet also, das amerikanische Volk in Frage zu stellen, das sie, bewaffnet mit den gleichen selbsterzeugten Ängsten, die jene Menschen, die sich für weiß halten, aus den Städten heraus- und in den Traum hineingetrieben haben, in die Ghettos schickt. Das Problem mit der Polizei ist nicht, dass das alles faschistische Schweine sind, sondern dass unser Land von Mehrheitsschweinen regiert wird.

In Ansätzen war mir das schon damals in der Rankin Chapel klar, auch wenn ich es noch nicht so artikulieren konnte. Aber es wäre mir müßig erschienen, dem Mörder von Prince Jones zu vergeben. Der Mörder war Repräsentant der Überzeugungen seines Landes. Dazu erzogen, die Wirklichkeit kritisch zu hinterfragen und den christlichen Gott abzulehnen, sah ich keinen höheren Sinn in Prince' Tod. Ich glaubte und glaube immer noch, dass wir unsere Körper sind, dass meine Seele die Spannung durch Neuronen und Nerven und mein Geist mein Fleisch ist. Prince Jones war einmalig, und sie hatten seinen Körper zerstört, seinen Rücken aufgerissen, Lunge, Niere und Leber zerfleischt. Ich saß da und fühlte mich wie ein Ketzer, weil ich nur an dieses einmalige Leben und den Körper glaubte. Und nicht an Vergebung für das Verbrechen, den Körper von Prince Jones zerstört zu haben. Als die versammelten Trauergäste zum Gebet die Köpfe senkten, war ich von ihnen abgeschnitten, weil ich aus dem Nichts keine Antworten erwartete.

Wochen verstrichen. Widerliche Details sickerten durch. Der Polizist war ein notorischer Lügner. Ein Jahr zuvor hatte er einen Mann aufgrund gefälschter Beweise verhaftet. Staatsanwälte konnten in Fällen, in die der Polizist verwickelt war, keine Anklage erheben. Er wurde degradiert, dann rehabilitiert und zurück auf die Straße geschickt, um seine Arbeit wiederaufzunehmen. Nun formte sich mit Hilfe weiterer Berichte allmählich ein Bild. Der Polizist war als Undercover-Drogendealer getarnt gewesen. Er war ausgesandt worden, um einen Mann aufzuspüren, der ein Meter fünfundsechzig groß war und hundertzwanzig Kilo wog. Wir wissen von einem Rechtsmediziner, dass Prince eins neunzig groß gewesen war und fünfundneunzig Kilo gewogen hatte. Wir wissen, dass der andere Mann später festgenommen wurde. Die Anschuldigungen gegen ihn wurden fallengelassen. Das alles spielte keine Rolle. Wir wissen, dass der Polizist Prince auf Weisung seiner Vorgesetzten von Maryland durch Washington, D. C., bis nach Virginia gefolgt war, wo er ihn mit mehreren Schüssen tötete. Wir wissen, dass der Polizist Prince mit gezückter Waffe und ohne Polizeimarke entgegengetreten war. Wir wissen, dass der Polizist behauptete, Prince habe ihn mit seinem Jeep zu überfahren versucht. Wir wissen, dass die Behörden, die damit beauftragt waren, den Vorfall zu untersuchen, wenig unternahmen, um den Polizisten zu untersuchen, und alles in ihrer Macht Stehende taten, um Prince Jones zu untersuchen. Die Untersuchung ergab nichts, was erklären würde, weshalb Prince Jones seine Ambitionen weg vom College auf das Töten von Cops gerichtet haben sollte. Der Polizist, ausgestattet mit maximaler Macht, trug minimale Verantwortung. Nichts wurde ihm angelastet. Niemand hat ihn bestraft. Er wurde auf seinen Posten zurückgeschickt.

Es gab Zeiten, da stellte ich mir vor, ich würde wie Prince von einem Mann im Verbrecherkostüm durch viele Zuständigkeitsbereiche verfolgt. Und es entsetzte mich, denn ich weiß, was ich getan hätte, wenn so ein Mann sich wenige Meter von meinem Zuhause mit gezückter Waffe vor mich gestellt hätte. *Pass auf meine Tochter auf*, hatte deine Großmutter gesagt, und das hieß: *Pass auf deine neue Familie auf*. Doch jetzt kannte ich die Grenzen meiner Obhut, die Reichweite meiner Macht, ausradiert von einem Feind so alt wie Virginia. Ich dachte an die schönen schwarzen Menschen im Mekka, an ihre Frisuren, ihre Sprachen, ihre Geschichten und Herkunftsorte, an ihre ganze verblüffende Menschlichkeit, und nichts davon konnte sie vor dem Mal der Plünderung und der Schwerkraft dieser unserer Welt retten. Und es dämmerte mir, dass auch du nicht entkommen würdest, dass es schreckliche Menschen gab, die etwas mit dir vorhatten, und ich konnte sie nicht aufhalten. Prince Jones war der Gipfel all meiner Ängste. Wenn er, ein guter Christ, Spross einer aufstrebenden Schicht, Schutzheiliger der Doppeltsoguten, auf ewig gefangen sein konnte, wer war dann noch ausgenommen? Und die Plünderung betraf nicht nur Prince. Denk an die Liebe, die ihm geschenkt worden war. An die Kosten für Montessori und Musikstunden. An den verbrauchten Sprit und die abgenutzten Reifenprofile von all den Fahrten zu Footballspielen, Basketballturnieren und Little League Baseball. Denk an die Organisation von Übernachtungspartys. An Überraschungsfeiern zum Geburtstag, an Tagesbetreuung und die Überprüfung von Babysitter-Kandidaten. Denk an die *World Book Encyclopedia* und an *Childcraft*. An Schecks für Familienfotos. Kreditkartenabrechnungen für den Urlaub. An Fußbälle, Experimentierkästen, Chemielabore, Rennstrecken und Modelleisenbahnen. Denk an all die Umarmungen, Insiderwitze, Gewohnheiten, Grüße, Namen, Träume, all das gemeinsame Wissen und Können einer schwarzen Familie, das in dieses Gefäß aus Fleisch und Knochen geflossen war. Und denk daran, wie dieses Gefäß entwendet und auf den Asphalt geschmettert worden war mit seinem ganzen heiligen Inhalt, allem, was hineingeflossen war und nun zurück in die Erde sickerte. Denk an deine Mutter, die keinen Vater hatte. Und an deine Großmutter, die von ihrem Vater verlassen wurde. Und deinen Großvater, den der Vater zurückließ. Und denk daran, dass Prince' Tochter einberufen wurde in diese ernste Riege und ihr Geburtsrecht verlor – das Gefäß, das überquoll von dem, womit es in fünfundzwanzig Jahren der Liebe gefüllt worden war, das der ganze Einsatz ihrer Großeltern war und ihr Vermächtnis werden sollte.

Wenn ich dich fortan abends im Arm hielt, packte mich eine große Angst, so umfassend wie all unsere amerikanischen

Generationen. Jetzt begriff ich meinen Vater und sein altes Mantra – »Entweder ich schlage ihn oder die Polizei«. Ich begriff alles – den Kabeldraht, die Verlängerungsschnüre, den rituellen Schalter. Schwarze lieben ihre Kinder mit einer gewissen Besessenheit. Ihr seid alles, was wir haben, und ihr kommt gefährdet zu uns. Ich glaube, wir würden euch lieber eigenhändig töten, als zuzusehen, wie euch die Straßen töten, die Amerika gemacht hat. Das ist eine Philosophie der Entleibten, eines Volkes, das nichts bestimmt, nichts beschützen kann, das Angst haben muss nicht nur vor den Verbrechern in den eigenen Reihen, sondern auch vor der Polizei, die mit der moralischen Autorität von Schutzgelderpressern über sie gebietet. Erst seit es dich gibt, verstehe ich diese Liebe, verstehe ich den festen Griff von Mutters Hand. Sie wusste, dass die Galaxie mich töten konnte, dass ich ganz und gar zerschmettert werden und ihr ganzes Vermächtnis wie Pennerwein in den Rinnstein fließen konnte. Und keiner würde für diese Zerstörung zur Rechenschaft gezogen, weil an meinem Tod kein Mensch schuld wäre, sondern das unglückliche, aber unveränderliche Faktum von »Rasse«, das einem unschuldigen Land durch das unergründliche Urteil unsichtbarer Götter auferlegt wurde. Ein Erdbeben kann man nicht vorladen. Der Taifun wird sich der Anklage nicht beugen. Sie haben den Mörder von Prince Jones auf seinen Posten zurückgeschickt, weil er gar kein Mörder war. Er war eine Naturgewalt, der hilflose Hebel der Naturgesetze unserer Welt.

Die Geschehnisse verwandelten meine Angst in eine Wut, die noch heute in mir lodert und mich wahrscheinlich bis ans Ende meiner Tage befeuern wird. Zu meinem Glück hatte ich noch den Journalismus. Mein Impuls in diesem Augenblick war, zu schreiben. Die meisten von uns sind gezwungen, den Wahnwitz lächelnd wegzutrinken. Ich schrieb über die Geschichte der Polizei von Prince George's County. Nichts war mir je so wichtig erschienen. Folgendes wusste ich bereits: Der Polizist, der Prince Jones getötet hatte, war schwarz. Die Politiker, die diesen Polizisten ermächtigt hatten zu töten, waren schwarz. Viele von ihnen gehörten zu denen, die immer doppelt so gut sein mussten, um dorthin zu kommen, dennoch wirkten sie unbekümmert. Wie war das möglich? Ich fühlte mich ins Moorland-Spingarn Research Center zurückversetzt, getrieben von Mysterien. Doch inzwischen brauchte ich keine Bestellscheine mehr; das Internet war zu einem Instrument der Recherche erblüht. Das kommt dir bestimmt seltsam vor. Du bist es von klein auf gewohnt, deine Fragen in die Tastatur zu tippen, zuzusehen, wie sie in einem Rechteck mit angrenzendem Firmenlogo erscheinen, und binnen Sekunden in einer Flut möglicher Antworten zu schwelgen. Ich hingegen erinnere mich, dass Schreibmaschinen mal zu etwas gut waren, dass irgendwann der Commodore 64 aufkam und dass es mal eine Zeit gab, als neue Lieblingssongs eine Weile im Radio gespielt wurden und dann einfach verschwanden. Es vergingen bestimmt fünf Jahre, bis ich die Mary Jane Girls wieder »All Night Long« singen hörte. Für einen jungen Mann wie mich war die Erfindung des Internets wie die Erfindung der Raumfahrt.

Im Fall von Prince Jones öffnete mir meine Neugier eine Welt von Zeitungsausschnitten, von historischen und soziologischen Hintergründen. Ich rief Politiker an und stellte ihnen Fragen. Ich bekam zu hören, dass mehr Bürger um Polizeischutz bäten als über Brutalität klagten. Ich bekam zu hören, dass sich die schwarzen Bürger von PG County wohlfühlten und »wenig Toleranz« für Kriminalität aufbrächten. Ich kannte diese Argumente schon von früheren Lektüren in Moorland über Auseinandersetzungen innerhalb und außerhalb der schwarzen Communities. Ich wusste, dass mit Hilfe dieser Theorien, die auch von Schwarzen vertreten wurden, die überall aus dem Boden schießenden Gefängnisse gerechtfertigt, Ghettos und Projects begründet und die Zerstörung schwarzer Körper als beiläufige Folge der notwendigen Ordnung entschuldigt wurden. In dieser Logik war »Sicherheit« mehr wert als Gerechtigkeit, mehr wert als vielleicht alles andere. Ich verstand das. Was hätte ich darum gegeben, wenn damals in Baltimore Polizeibeamte im Auftrag meines Landes und meiner Gemeinde meinen Schulweg beaufsichtigt hätten! Doch da waren weit und breit keine Beamten, und wenn ich welche sah, bedeutete dies, dass bereits etwas schiefgelaufen war. Schon damals wusste ich, dass es Menschen gab – die Menschen, die den Traum lebten –, für die sich die Sache anders darstellte. Ihre »Sicherheit« lag in Schulen, Wertpapieren und Wolkenkratzern. Unsere bei Männern mit Pistolen, die uns nur mit derselben Verachtung betrachten konnten wie die Gesellschaft, die sie geschickt hatte.

Und fehlende Sicherheit begrenzt zwangsläufig die eigene Galaxie. Es war mir zum Beispiel nie in den Sinn gekommen, dass ich in New York leben könnte – oder das auch nur wollen könnte. Ich mochte Baltimore. Ich mochte Charley Rudo Sports und die Straßenverkäufe in Mondawmin. Ich saß gern mit deinem Onkel Damani auf der Veranda und wartete darauf, dass Frank Ski »Fresh Is the Word« spielte. Ich dachte immer, ich würde nach dem College auf jeden Fall nach Hause zurückkehren – aber nicht nur weil ich gern zu Hause war, sondern weil ich mir gar nichts anderes vorstellen konnte. Diese verkümmerte Phantasie verdanke ich meinen Ketten. Und doch bekommen einige von uns mehr zu sehen.

Viele von ihnen lernte ich im Mekka kennen – wie deinen Onkel Ben, der in New York aufgewachsen und dadurch gezwungen war, sich als Afroamerikaner in Interaktion mit Haitianern, Jamaikanern, chassidischen Juden und Italienern zu begreifen. Und es gab andere wie ihn, die, angestupst von einem Lehrer, einer Tante, einem älteren Bruder, als Kinder über den Tellerrand geblickt und sich als Erwachsene entschlossen hatten, das Gesamtbild zu betrachten. Diese Schwarzen fühlten wie ich, dass ihre Körper ihnen entrissen werden konnten, doch die Angst, die das in ihnen weckte, war eine andere als meine: Sie beförderte sie ins Universum hinaus. Sie verbrachten Semester im Ausland. Ich hatte keine Ahnung, was sie da machten oder warum. Doch vielleicht habe ich immer gespürt, dass ich zu schnell aufgab. Vielleicht erklärt das die Frauen, die ich geliebt habe, denn jede von ihnen war eine Brücke in ein Anderswo. Deine Mutter, die so viel mehr von der Welt wusste als ich, hatte sich durch die Kultur in New York verliebt, durch *Crossing Delancey*, *Breakfast at Tiffany's*, *Working Girl*, Nas und Wu-Tang. Deine Mutter bekam eine Stelle, und ich folgte ihr, mehr oder weniger als blinder Passagier, denn damals bezahlte mich keiner in New York dafür, dass ich irgendetwas schrieb. Meine kümmerlichen Einnahmen von Besprechungen eines Albums oder eines Buches deckten ungefähr zwei Stromrechnungen pro Jahr.

Wir kamen zwei Monate vor dem 11. September 2001. Vermutlich hat jeder, der damals in New York war, eine Geschichte zu erzählen. Meine geht so: Am Abend jenes Tages stand ich mit deiner Mutter, deiner Tante Chana und ihrem Freund Jamal auf dem Dach eines Mietshauses. Wir standen da und starrten auf die riesigen Rauchschwaden, die Manhattan Island zudeckten. Jeder kannte jemanden, der jemanden kannte, der vermisst wurde. Ich aber betrachtete die Ruinen von Amerika mit kaltem Herzen. Ich hatte meine eigenen Katastrophen. Der Polizist, der Prince Jones getötet hatte, war, wie alle Polizisten, die uns misstrauisch beäugen, das Schwert der amerikanischen Bevölkerung. Kein amerikanischer Bürger würde in meinen Augen je rein sein. Ich fühlte mich nicht im Einklang mit der Stadt. Ich dachte fortwährend daran, dass das südliche Manhattan für uns schon immer Ground Zero gewesen war. Dort hatten sie unsere Körper versteigert, in diesem verwüsteten, passend benannten Finanzviertel. Und einst gab es dort einen Friedhof für die Versteigerten. Auf einem Teil davon hatten sie ein Kaufhaus errichtet und dann versucht, über einem anderen ein Regierungsgebäude hochzuziehen. Nur eine Gruppe klarsichtiger schwarzer Bürger hielt sie davon ab. Für mich hatte sich das alles noch nicht zu einer schlüssigen Theorie zusammengefügt, doch ich wusste, dass Bin Laden nicht der Erste war, der in diesem Teil der Stadt Terror ausübte. Das habe ich nie vergessen. Und du solltest es auch nicht vergessen. In den Tagen danach schaute ich mir die lächerlichen Flaggenumzüge an, den Machismo der Feuerwehrmänner, die überstrapazierten Slogans. Verflucht noch mal. Prince Jones war tot. Und zur Hölle mit denen, die uns auffordern, doppelt so gut zu sein, und uns dann trotzdem erschießen. Zur Hölle mit der Urangst, die schwarze Eltern in Panik versetzt. Und zur Hölle mit denen, die das heilige Gefäß zerschmettern.

Ich konnte keinen Unterschied erkennen zwischen dem Polizisten, der Prince Jones getötet hatte, und den Polizisten und Feuerwehrmännern, die gestorben waren. Für mich waren sie nicht menschlich. Schwarz, weiß, was auch immer, sie waren wie Naturkatastrophen; sie waren das Feuer, der Komet, der Sturm, die – ohne Rechtfertigung – meinen Körper zerschmettern konnten.

Ich sah Prince Jones ein letztes Mal, lebendig und unversehrt. Er stand vor mir. Wir waren in einem Museum. In diesem Moment war es, als sei sein Tod nur ein schrecklicher Traum gewesen. Nein, eine Vorahnung. Aber ich hatte eine Chance. Ich würde ihn warnen. Ich ging zu ihm, gab ihm die Faust und spürte die Hitze des Spektrums, die Wärme des Mekkas. Ich wollte ihm etwas sagen. Ich wollte sagen: Hüte dich vor dem Plünderer. Doch als ich den Mund aufmachte, schüttelte er nur den Kopf und ging weg.

Wir wohnten in einer Kellerwohnung in Brooklyn, an die du dich wahrscheinlich nicht erinnerst, die Straße runter von Uncle Ben und seiner Frau, deiner Tante Janai. Das waren keine tollen Zeiten. Ich weiß noch, wie ich mir von Ben zweihundert Dollar lieh und es sich anfühlte wie eine Million. Ich weiß noch, wie dein Großvater nach New York kam und mich zum Äthiopier einlud und wie wir hinterher zur Subway an der West Fourth Street gingen. Wir verabschiedeten uns. Er rief mich zurück. Er hatte etwas vergessen. Er reichte mir einen Scheck über einhundertzwanzig Dollar. Das erzähle ich dir, weil du verstehen sollst, egal, worüber wir reden: Ich hatte nicht immer Dinge, aber ich hatte immer Menschen – *ich hatte immer Menschen*. Ich hatte eine Mutter und einen Vater, die sich an allen anderen messen konnten. Ich hatte einen Bruder, der während meines Studiums immer ein Auge auf mich hatte. Ich hatte das Mekka zur Orientierung. Ich hatte Freunde, die sich für mich vor einen Bus werfen würden. Du musst wissen, dass ich geliebt wurde, dass ich bei allem Mangel an religiösen Gefühlen immer mein Volk geliebt habe und diese umfassende Liebe unmittelbar mit der besonderen Liebe verbunden ist, die ich für dich empfinde. Ich erinnere mich, wie wir freitagabends bei Ben auf den Stufen vor dem Haus saßen, Jack Daniel's tranken und über den Bürgermeister-Wahlkampf diskutierten oder die Eile, mit der unser Land in den

Krieg zog. Meine Wochen verstrichen irgendwie ziellos. Ich versuchte vergeblich, bei verschiedenen Zeitschriften zu landen. Deine Tante Chana lieh mir weitere zweihundert Dollar, die ich einer falschen Barkeeperschule in den Rachen warf. Ich fuhr für einen kleinen Sandwichladen in Park Slope Essen aus. In New York will jeder wissen, was du beruflich machst. Ich sagte immer, ich »versuche mich als Schriftsteller«.

Manchmal nahm ich die Subway nach Manhattan. Es gab so viel Geld überall, Geld, das aus den Bistros und Cafés floss, Geld, das die Menschen in unglaublichem Tempo die breiten Avenues hinaufschob, Geld, das intergalaktischen Verkehr über den Times Square zog, Geld in den Limestone- und Brownstone-Häusern, Geld auf dem West Broadway, wo Weiße mit schwappenden Gläsern und ohne Polizei aus Weinbars quollen. Im Club sah ich diese Menschen betrunken und lachend Breakdancer zum Battle herausfordern. Sie wurden in Grund und Boden gedemütigt, aber hinterher hielten sie ihre Faust hin, lachten und bestellten sich noch ein Bier. Sie waren vollkommen angstfrei. Das verstand ich erst, als ich auf die Straße blickte. Dort sah ich weiße Eltern in T-Shirts und Jogging-Shorts Kinderwagen über gentrifizierte Harlemer Boulevards schieben. Ich sah eine Mutter und einen Vater, vertieft in ihre Unterhaltung, während ihre Söhne mit ihren Dreirädern ganze Gehsteige beherrschten. Die Galaxie gehörte ihnen, und während unseren Kindern Schrecken eingeimpft wurde, war es bei ihnen Überlegenheit.

Ich erinnere mich daran, wie ich dich in deinem Kinderwagen durch andere Stadtteile schob, das West Village zum Beispiel, aus instinktiver Überzeugung, dass du mehr sehen solltest; ich erinnere mich daran, wie unbehaglich ich mich fühlte, als hätte ich ein fremdes Erbstück geborgt, als würde ich unter falschem Namen reisen. Derweil sammeltest du stetig Wörter und Gefühle; mein schöner brauner Junge, der du bald eingeweiht werden und die Verordnungen deiner Galaxie begreifen würdest, all die Gelegenheiten zur Auslöschung, die auf dich warteten.

Eines Tages wärst du ein Mann, und ich würde dich nicht vor der unüberbrückbaren Distanz zwischen dir und deinen zukünftigen Kameraden und Kollegen retten können, die möglicherweise versuchen würden, dich zu überzeugen, dass alles, was ich weiß, all das, was ich dir hier mitteile, eine Illusion ist oder ein Phänomen aus ferner Vergangenheit, das keiner Diskussion bedarf. Ich würde dich nicht vor der Polizei retten können, vor ihren Scheinwerfern, ihren Händen, ihren Schlagstöcken, ihren Pistolen. Prince Jones, der von Männern getötet wurde, die seine Hüter sein sollten, ist immer bei mir, und ich wusste, bald würde er auch bei dir sein.

Wenn ich in jenen Tagen aus dem Haus trat und in die Flatbush Avenue einbog, wurde mein Gesicht starr wie die Maske eines mexikanischen Wrestlers, meine Augen schossen von einem Augenwinkel zum anderen, meine Arme waren locker, geschmeidig und bereit. Diese Notwendigkeit, immer auf der Hut zu sein, war ein maßloser Energieaufwand, ein langsames Absaugen der Substanz. Es trug zum schnellen Zusammenbruch unserer Körper bei. Daher fürchte ich nicht nur die Gewalt dieser Welt, sondern auch die Regeln, die dich davor schützen sollen, die Regeln, nach denen du deinen Körper verrenkst, um der Straße zu begegnen, erneut verrenkst, um von Kollegen ernst genommen zu werden, und nochmals verrenkst, um der Polizei keinen Vorwand zu liefern. Mein ganzes Leben lang höre ich schon, wie schwarzen Jungen und Mädchen eingetrichtert wird, »doppelt so gut« zu sein, was letztlich bedeutet, dass sie sich mit halb so viel zufriedengeben sollen. Diese Worte werden mit einem Anflug religiöser Erhabenheit geäußert, als bezeugten sie eine unausgesprochene Tugend, eine unentdeckte Tapferkeit, während sie in Wahrheit nur die Pistole bezeugen, die auf unseren Kopf gerichtet ist, und die Hand, die in unsere Tasche greift. Und so verlieren wir unsere Sanftheit. So stehlen sie unser Recht zu lächeln. Niemand hat diese kleinen weißen Kinder mit ihren Dreirädern aufgefordert, doppelt so gut zu sein. Ich stellte mir vor, dass ihre Eltern ihnen mitgegeben hatten, doppelt so viel für sich zu beanspruchen. Mir schien, dass unsere eigenen Regeln die Plünderer noch ermutigten. Vielleicht wird die auferlegte Mitgliedschaft in der schwarzen Rasse durch nichts besser charakterisiert als durch den unausweichlichen Zeitraub – all die Augenblicke, die wir damit zubringen, unsere Masken zu richten oder uns darauf einzustellen, uns mit halb so viel zufriedenzugeben, und die wir nie zurückbekommen. Der Zeitraub wird nicht in Lebensdauer gemessen, sondern in Augenblicken. Er ist die letzte Flasche Wein, die du entkorkt hast, aber keine Zeit hast zu trinken. Er ist der Kuss, für den du keine Zeit findest, bevor sie aus deinem Leben verschwindet. Er ist das Floß aus zweiten Chancen für die anderen und Dreiundzwanzig-Stunden-Tage für uns.

Eines Nachmittags gingen deine Mutter und ich mit dir zur Besichtigung einer Vorschule. Wir wurden in eine große Turnhalle mit einem brodelnden Ethnokessel voller New Yorker Kinder geführt. Die Kinder rannten, hüpften und purzelten durcheinander. Du warfst einen Blick auf das Getümmel, machtest dich los und ranntest mitten hinein. Du hattest noch nie Angst vor Menschen, vor Zurückweisung, und ich habe dich immer dafür bewundert und zugleich Angst um dich gehabt. Ich sah dich mit diesen gerade noch fremden Kindern laufen und lachen, und in mir fiel eine Klappe, ich hätte dich am liebsten am Arm gepackt, rausgezogen und gesagt: »Wir kennen diese Leute nicht! Sachte!« Ich hab's nicht getan. Ich war dabei zu lernen, und wenn ich meine Qualen auch nicht recht benennen konnte, so wusste ich doch, dass sie nicht rühmlich waren. Heute begreife ich, wie schwerwiegend mein Impuls war – dass ein vierjähriges Kind wachsam, vorsichtig und gewieft sein solle, dass ich dein Glück beschneide, dass auch du dir deine Zeit stehlen lässt. Und wenn ich diese Angst an der Forschheit messe, die die Herren der Galaxie ihren Kindern vermitteln, schäme ich mich.

New York war ein ganz eigenes Spektrum, die große Vielfalt, die ich unter schwarzen Menschen an der Howard erlebt hatte, erstreckte sich jetzt auf eine ganze Metropole. Hinter jeder Ecke erwartete einen etwas anderes. Da waren die afrikanischen Trommler am Union Square. Da waren die toten Bürotürme, die abends von tief darin vergrabenen Restaurants zum Leben erweckt wurden, in denen es Bier vom Fass und koreanisches Brathuhn gab. Da waren schwarze Mädchen mit weißen Jungs und schwarze Jungs mit chinesisch-amerikanischen Mädchen und chinesisch-amerikanische Mädchen mit dominikanischen Jungs und dominikanische Jungs mit jamaikanischen Jungs und jede erdenkliche Kombination. Wenn ich durchs West Village ging, staunte ich über Restaurants in Wohnzimmergröße und sah, dass die Winzigkeit dieser Lokale den Wirten eine Art gelehrte Coolness verlieh, als lachten sie über einen Witz, den der Rest der Welt erst in zehn Jahren begreifen würde. Der Sommer in der Stadt war unwirklich – ganze Areale der Stadt verwandelten sich in Modenschauen, und die Avenues dienten der Jugend als Laufsteg. Es herrschte eine Hitze, wie ich sie noch nie erlebt hatte, eine Hitze, die von den hohen Gebäuden abstrahlte, sich in Millionen von

Menschen ballte, dicht gedrängt in Subways, Bars, besagten kleinen Esslokalen und Cafés. Ich hatte noch nie so viel Leben gesehen. Und ich hätte mir nie vorstellen können, dass derartiges Leben in so vielen verschiedenen Varianten existiert. Für jeden ein spezielles Mekka, in eine einzigartige Stadt gepackt.

Wenn ich allerdings aus der Bahn stieg und in mein Viertel zurückkehrte, in meine Flatbush Avenue oder mein Harlem, war die Angst noch da. Es waren dieselben Jungs, derselbe Gang, derselbe eisige Blick und derselbe Code, den ich schon mein ganzes Leben kannte. Mit dem Unterschied, dass wir in New York mit den Puerto Ricanern und Dominikanern noch hellhäutige Cousins hatten. Doch ihre Rituale waren so ähnlich – wie sie gingen und sich anfausteten, es war mir vertraut. Und so war jeder Tag eine Reise durch mehrere New Yorks – dynamisch, brutal, wohlhabend, manchmal alles auf einmal.

Vielleicht erinnerst du dich, wie wir uns einmal an der Upper West Side *Howl's Moving Castle* angesehen haben. Das war kurz vor deinem fünften Geburtstag. Das Kino war voll, und als wir rauskamen, fuhren wir mit der Rolltreppe ins Erdgeschoss. Unten gingst du im Bummeltempo eines kleinen Kindes weiter. Eine weiße Frau schob dich von hinten und sagte »Mach schon!«. Und da passierte vieles auf einmal. Zunächst die typische Reaktion jedes Menschen, wenn ein Fremder Hand an den Körper seines Kindes legt. Dann die Zweifel an meiner Fähigkeit, deinen schwarzen Körper zu schützen. Und noch mehr: mein Gefühl, dass diese Frau ihre Vormachtstellung herauskehrte. Ich wusste, dass sie in meinem Teil von Flatbush kein schwarzes Kind geschubst hätte, weil sie dort Angst gehabt und geahnt, wenn nicht gewusst hätte, dass eine solche Aktion bestraft wird. Aber ich war nicht in meinem Teil von Flatbush. Und ich war nicht in West Baltimore. Und ich war weit weg vom Mekka. All das vergaß ich. Mir war nur bewusst, dass sich jemand ein Recht angemaßt hatte, über den Körper meines Sohnes zu bestimmen. Ich drehte mich um und richtete Worte an diese Frau, in denen der ganze Augenblick und meine gesamte Geschichte aufloderten. Sie zuckte entsetzt zusammen. Ein Weißer, der danebenstand, verteidigte sie. Auf mich wirkte das wie der Versuch, die verfolgte Unschuld vor der Bestie zu retten. Meinem Sohn war er zuvor nicht beigesprungen. Wir wurden umringt, andere Weiße ergriffen für die Frau Partei. Der Mann kam näher. Er wurde lauter. Ich schob ihn weg. Er sagte: »Ich könnte Sie verhaften lassen!« Das war mir egal, das sagte ich ihm auch, und das Verlangen, noch viel mehr zu tun, brannte mir in der Kehle. Dieses Verlangen ließ sich nur beherrschen, weil mir einfiel, dass abseits jemand stand, der mich gerade so rasend erlebte wie noch nie zuvor – du.

Aufgewühlt kam ich nach Hause. Es war eine Mischung aus Scham darüber, dass ich zum Gesetz der Straße zurückgekehrt war, und Wut – »Ich könnte Sie verhaften lassen!«. Mit anderen Worten: »Ich könnte Ihnen Ihren Körper wegnehmen.«

Ich habe diese Geschichte schon oft erzählt, nicht aus Angeberei, sondern aus einem Bedürfnis nach Absolution. Ich neige nicht zu Gewalt. Selbst als ich jung war und mich an die Regeln der Straße hielt, wussten alle, die mich kannten, dass es eigentlich nicht zu mir passte. Ich war nie von dem Stolz erfüllt, der einen bei rechtmäßiger Selbstverteidigung und gerechtfertigter Gewalt ergreifen soll. Wann immer ich die Oberhand hatte, wie groß auch immer meine Wut in dem Moment, hinterher fühlte ich mich elend – ich hatte mich auf die niedrigste Stufe der Kommunikation herabgelassen. Malcolm leuchtete mir nicht deshalb ein, weil ich Gewalt für erstrebenswert hielt, sondern weil nichts in meinem Leben mich darauf vorbereitet hatte, wie die Märtyrer der Bürgerrechtsbewegung Tränengas als Erlösung zu begreifen. Größer als jede Scham über meinen Ausbruch war jedoch mein Kummer darüber, dass ich dich im Bemühen, dich zu verteidigen, in Gefahr gebracht hatte.

»Ich könnte Sie verhaften lassen«, hatte der Mann gesagt. Mit anderen Worten: »Es wird zu den frühesten Erinnerungen Ihres Sohnes gehören, wie die Männer, die Abner Louima vergewaltigt und Anthony Baez erwürgt haben, Sie mit Handschellen, Schlagstock und Elektroschocker misshandeln und fertigmachen.« Ich hatte die Regeln vergessen, ein Fehler, der an der Upper West Side von Manhattan so gefährlich war wie an der Westside von Baltimore. Fehler werden bestraft, da gibt es kein Vertun. Immer schön im Gänsemarsch. Still arbeiten. Einen Bleistift Stärke 2 in Reserve.

Aber du bist ein Mensch, und du wirst Fehler machen. In deinen Urteilen danebenliegen. Du wirst brüllen. Du wirst zu viel trinken. Du wirst mit den falschen Leuten abhängen. Wir können nicht alle ständig Jackie Robinson sein – nicht mal Jackie Robinson war ständig Jackie Robinson. Doch du zahlst einen höheren Preis für Fehler als deine Landsleute, und damit Amerika sich rechtfertigen kann, wird die Geschichte eines zerstörten schwarzen Körpers immer mit einem Fehler beginnen, wahr oder erfunden – mit Eric Garners Wut, Trayvon Martins mythischen Worten (»Du wirst heute Abend sterben«), Sean Bells Umgang mit den falschen Leuten und damit, dass ich zu nah an dem Jungen mit den schmalen Augen stand, der eine Knarre zog.

Eine Gesellschaft beginnt beinahe zwangsläufig jede Erfolgsgeschichte mit dem Kapitel, das sie im besten Licht zeigt, und in Amerika werden diese konstituierenden Kapitel fast immer als herausragende Tat außergewöhnlicher Individuen präsentiert. »Ein Mensch allein kann etwas bewirken« bekommst du oft zu hören. Das ist noch so ein Mythos. Vielleicht kann ein Mensch allein etwas bewirken, aber nicht, dass dein Körper genauso viel gilt wie die deiner Landsleute.

Die Geschichte hat gezeigt, dass Schwarze ihre Befreiung nicht allein durch eigene Bemühungen erreicht haben – wahrscheinlich hat das kein Volk je geschafft. Bei jedem großen Wandel im Leben von Afroamerikanern sehen wir Ereignisse am Werk, die sich unserer individuellen Kontrolle entzogen, Ereignisse, die nicht nur positiv waren. Man kann unsere Befreiung in den Kolonien des Nordens so wenig vom Blutvergießen im Unabhängigkeitskrieg abkoppeln wie unsere Befreiung von der Sklaverei im Süden von den Beinhäusern des Bürgerkriegs und unsere Befreiung von der Jim-Crow-Gesetzgebung von den Völkermorden des Zweiten Weltkriegs. Die Geschichte liegt nicht vollständig in unserer Hand. Dennoch sind wir zum Kampf aufgerufen, nicht weil er uns den Sieg bescheren wird, sondern ein ehrenvolles und gesundes Leben. Ich schäme mich für mein Benehmen an dem Tag, schäme mich dafür, dass ich deinen Körper in Gefahr gebracht habe. Ich schäme mich aber nicht, weil ich ein schlechter Vater bin, ein schlechter Mensch oder ein Rüpel. Ich schäme mich, weil ich einen Fehler gemacht habe, wohl wissend, dass wir für Fehler immer teurer bezahlen als andere.

Das ist das Erbe unserer Geschichte, auch wenn wenige es wahrhaben wollen. Hätte ich dieser Frau erklärt, dass sie, indem sie meinen Sohn schubst, einer Tradition folgt, die schwarze Körper geringer achtet, hätte sie vermutlich gesagt: »Ich bin doch keine Rassistin.« Vielleicht auch nicht. Aber nach meiner Erfahrung mit dieser Welt sind die Menschen, die sich für weiß halten, besessen davon, sich selbst zu entlasten. Das Wort *Rassist* beschwört für sie, wenn nicht einen tabakspeienden Honk, dann doch etwas ähnlich Entlegenes herauf – einen Ork, einen Troll, einen Gorgo. »Ich bin kein Rassist«, beteuerte einmal ein Entertainer, den man dabei gefilmt hatte, wie er einen Zwischenrufer wiederholt anbrüllte: »He's a nigger! He's a nigger!« Über den Senator Strom Thurmond, Befürworter der Rassentrennung, befand Richard Nixon: »Strom ist kein Rassist.« Es gibt keine Rassisten in Amerika, jedenfalls keine, die die Menschen, die das Bedürfnis haben, weiß zu sein, persönlich kennen. In der Ära der massenhaften Lynchmorde war es so schwer zu ermitteln, wer die Verbrechen tatsächlich verübt hatte, dass die Presse häufig von Todesfällen »durch Unbekannte« berichtete. 1957 stritten die weißen Bewohner von Levittown, Pennsylvania, für ihr Recht, die Segregation in ihrer Stadt aufrechtzuerhalten. »Als unbescholtene, rechtgläubige, gesetzestreue Bürger«, schrieben sie, »hegen wir den vorurteilsfreien, unvoreingenommenen Wunsch, unsere Gemeinde als geschlossene Gemeinde zu erhalten.« Das war der Versuch, vollkommen ungestraft eine schändliche Tat zu begehen, und ich erwähne das, um dir vor Augen zu führen, dass es keine goldene Ära gegeben hat, in der Übeltäter offen zu ihren Taten standen.

»Lieber würden wir behaupten, dass solche Menschen nicht existieren, dass es sie nicht gibt«, schreibt Solschenizyn. »Um Böses zu tun, muss der Mensch es zuallererst als Gutes begreifen oder als eine bewusste Tat in Übereinstimmung mit dem Naturrecht.« Das ist das Fundament des Traums – seine Anhänger müssen nicht nur daran glauben, sie müssen auch glauben, der Traum sei gerecht und ihre Teilhabe daran das natürliche Ergebnis von Tapferkeit, ehrenvollem Verhalten und guten Taten. Beiläufig beklagt man ein wenig die schlechten alten Tage, die ja im Übrigen nicht so schlecht waren, dass sie unsere Gegenwart nachhaltig beeinflussen würden. Der

Eifer, der nötig ist, um über das Grauen unseres Strafvollzugs hinwegzusehen, über die Verwandlung der Polizei in eine Armee, über den langen Krieg gegen den schwarzen Körper – dieser Eifer entsteht nicht über Nacht. Er verdankt sich der habituellen Praxis, sich zu prügeln und anschließend das Werk der eigenen Hände zu vergessen. Das Grauen anzuerkennen hieße, sich von der glorreichen Erfolgsgeschichte abzuwenden, die dein Land sich selbst geschrieben hat, und etwas zuzulassen, das düsterer ist und unbekannt. Das fällt den meisten Amerikanern immer noch zu schwer. Das steht dir noch bevor. Und sei es nur, um deinen Verstand zu wahren.

Der Mythos dieses Landes läuft der Wahrheit deiner Identität zuwider. Ich denke an jenen Sommer, an den du dich höchstwahrscheinlich noch erinnerst, als ich dich und deinen Cousin Christopher auf die Rückbank eines Mietwagens setzte und losfuhr, um zu sehen, was von Petersburg, der Shirley Plantation und der Wilderness geblieben war. Ich war besessen vom Bürgerkrieg, weil sechshunderttausend Menschen darin umgekommen sind. Trotzdem war er in meiner Schulzeit immer beschönigt worden, und in populären Darstellungen wirkten der Krieg und seine Ursachen eher nebulös. Ich wusste, dass wir 1859 Sklaven waren und 1865 nicht mehr, und was in diesen Jahren mit uns geschehen war, schien mir doch von einiger Bedeutung. Doch wann immer ich eines der Schlachtfelder aufsuchte, fühlte ich mich wie ein neugieriger Buchhalter, der eine Rechnungsprüfung durchführt, weshalb man noch schnell die Bücher verstecken muss.

Ich weiß nicht, ob du dich noch an das Ende des Films erinnerst, den wir am Schlachtfeld von Petersburg gesehen haben, in dem die Niederlage der Alliierten als Tragödie dargestellt ist und nicht als ein Anlass zum Jubel. Ich bezweifle,

V 26
BATTLE OF
NEW MARKET HEIGHTS
On 28 September 1864, elements of Maj. Gen. Benjamin F. Butler's Army of the James crossed the James River to assault the Confederate defenses of Richmond. At dawn on 29 September, 6 regiments of U. S. Colored Troops fought with exceptional valor during their attack along New Market Road. Despite heavy casualties, they carried the earthworks there and succeeded in capturing New Market Heights, north of the road. Of the 16 Medals of Honor awarded to "Negro" soldiers during the Civil War, 14 were bestowed for this battle. Butler wrote that "the capacity of the negro race for soldiers had then and there been fully settled forever."

dass du dich noch an unsere Führung erinnerst, an den Mann in der grauen Wolle der Konföderierten und all die Besucher, die sich in erster Linie für Seitenmanöver, Hartkekse, Glattrohrgewehre, Kartätschen und Panzerschiffe interessierten, aber so gut wie gar nicht dafür, was all die Technik, all die Erfindungsgabe bewirken sollte. Du warst erst zehn. Aber selbst damals wusste ich, dass ich dich aufstören und auch in Räume führen muss, in denen man deine Intelligenz beleidigt, in denen Diebe dich zum Komplizen deines eigenen Raubs zu machen versuchen und ihr Plündern und Brandschatzen als christliche Wohltätigkeit tarnen. Doch es ist nun mal Raub, immer gewesen.

Zu Beginn des Bürgerkriegs waren unsere gestohlenen Körper vier Milliarden Dollar wert, mehr als die gesamte amerikanische Industrie, alle amerikanischen Eisenbahnen, Werkstätten und Fabriken zusammen, und das wichtigste Produkt, das unsere gestohlenen Körper hervorbrachten – Baumwolle –, war Amerikas Exportgut Nummer eins. Die reichsten Männer Amerikas lebten im Mississippi River Valley, und sie erwirtschafteten ihren Reichtum mit unseren gestohlenen Körpern. Unsere Körper wurden von den frühen Präsidenten in Gefangenschaft gehalten. Unsere Körper wurden von James K. Polk im Weißen Haus gehandelt. Unsere Körper haben das Kapitol und die National Mall errichtet. Der erste Schuss des Bürgerkriegs wurde in South Carolina abgegeben, wo unsere Körper die Mehrheit menschlicher Körper im Staat ausmachten. Und damit haben wir das Motiv für den großen Krieg. Es ist kein Geheimnis. Wir können sogar den Banditen sein Verbrechen gestehen lassen: »Unsere Lage ist aufs Engste verknüpft mit der Institution der Sklaverei«, verkündete Mississippi beim Austritt aus der Union, »dem größten materiellen Gut der Welt.«

Weißt du noch, wie du bei einem unserer Ausflüge nach Gettysburg mit deiner Mutter und mir vor dem Haus von Abraham Brian standst? Ein junger Mann war mit uns da, der sich viel mit der Geschichte der Schwarzen in Gettysburg beschäftigt hatte. Er erklärte uns, Brian Farm habe ganz am Ende der Reihe gestanden, die am letzten Tag der Schlacht von George Pickett angegriffen wurde. Brian war Schwarzer und Gettysburg die Heimat einer freien schwarzen Gemeinde, und aus Angst, ihre Körper an die vorrückende Sklavenarmee zu verlieren, angeführt vom ehrenwerten, heiligen Konföderiertengeneral Robert E. Lee, dessen Armee damals Schwarze kidnappte – die ihre Körper ihren Besitzern entwendete – und in den Süden verkaufte, floh Brian mit seiner Familie. George Pickett und seine Männer wurden von der Unionsarmee zurückgeschlagen. Anderthalb Jahrhunderte später stand ich dort und dachte an die berühmte Feststellung einer Figur von William Faulkner, wie sehr diese Niederlage alle Jungs aus dem Süden quäle: »Alles steht auf dem Spiel, noch ist nichts passiert, es hat nicht mal begonnen …« Faulkners Südstaatenjungs waren alle weiß. Doch ich sah dort auf der Farm eines Schwarzen, der mit seiner Familie vor dem Süden und der Unfreiheit geflohen war, Picketts Soldaten durch die Geschichte stürmen und verzweifelt ihrem seltsamen Geburtsrecht hinterherjagen – dem Recht, den schwarzen Körper zu schlagen, zu vergewaltigen, zu rauben und zu plündern. Nur das stand *auf dem Spiel*, das ist der verrottete, unaussprechliche Kern dieser nostalgischen Anwandlung.

Doch die amerikanische Wiedervereinigung fußte auf einem bequemen Mythos, der aus der Sklaverei eine Wohltätigkeit machte, aus Leibesdieben weiße Ritter und aus dem Massenschlachten des Krieges einen Sport, der den Schluss zuließ, dass beide Seiten ihre Sache mit Bravour, Ehre und

Elan ausgefochten hatten. Diese Lüge des Bürgerkriegs ist die Lüge der Unschuld – der Traum. Historiker haben den Traum beschworen. Hollywood hat ihn untermauert. Der Traum wurde von Romanen und Abenteuergeschichten verbrämt. John Carter entkommt aus der geschlagenen Konföderation und flieht auf den Mars. Wir sollen uns nicht fragen, wovor genau er eigentlich geflohen ist. Wie jedes Kind liebte ich *Ein Duke kommt selten allein*. Allerdings hätte ich gut daran getan, mich zu fragen, wieso zwei Outlaws, die ein Auto namens General Lee fahren, unbedingt als »just some good ol' boys, never meanin' no harm« charakterisiert werden müssen – ein perfektes Mantra für die Träumer. Nur ob man etwas böse »meint« oder nicht, ist weder wichtig noch von Belang. Man muss nicht zwangsläufig glauben, dass der Polizist, der Eric Garner erwürgt hat, an dem Tag auszog, um einen Körper zu zerstören. Man muss nur begreifen, dass der Polizist die Ermächtigung des amerikanischen Staates hat und das Vermächtnis Amerikas trägt; beides zusammen führt zwangsläufig dazu, dass von den jährlich zerstörten Körpern eine wahnwitzig und unverhältnismäßig hohe Zahl schwarz ist.

Ich möchte, dass du Folgendes weißt: In Amerika ist es Tradition, den schwarzen Körper zu zerstören – *es ist sein Erbe*. Sklaverei war kein keimfreies Borgen von Arbeitskraft – so einfach bringt man einen Menschen nicht dazu, gegen sein ureigenes Interesse seinen Körper zur Verfügung zu stellen. Also bedeutete Sklaverei wohl sorglose Gewalt und willkürliche Verstümmelung, bedeutete gespaltene Schädel und über den Fluss verspritztes Hirn, wenn ein Körper zu fliehen versuchte. Bedeutete Vergewaltigung in derartiger Regelmäßigkeit, dass man schon von industriell sprechen kann. Das lässt sich nicht erbaulich verpacken. Ich habe keine Lobeshymnen oder Negro Spirituals parat. Der Geist und die Seele sind der

Körper und das Gehirn, und die lassen sich zerstören – genau deshalb sind sie ja so kostbar. Die Seele ist nicht entkommen. Der Geist ist nicht auf Gospelschwingen auf und davon. Die Seele war der Körper, der den Tabak fütterte, und der Geist war das Blut, das die Baumwolle wässerte, und sie schufen die ersten Früchte des amerikanischen Gartens. Und die Früchte wurden gesichert, indem Kinder mit Brennholz geprügelt und Haut mit heißen Eisen abgeschält wurde wie Hülsen vom Mais.

Es bedeutete Blut. Zungen, durch die Nägel getrieben, Ohren, die weggeschnitten wurden. »Leichter Ungehorsam«, schrieb eine Südstaatenherrin. »Viel Trägheit, Missmut, Schlamperei … Rute eingesetzt.« Es bedeutete Küchenhilfen, die verdroschen wurden, weil sie zu gemächlich gebuttert hatten. Frauen, die »mit dreißig Hieben letzten Sonnabend und ebenso vielen nächsten Dienstag« bedacht wurden. Es bedeutete den Einsatz von Kutschgerten, Zangen, Schüreisen, Handsägen, Steinen, Briefbeschwerern oder was immer griffbereit war, um den schwarzen Körper zu brechen, die schwarze Familie, die schwarze Gemeinde, die schwarze Nation. Die Körper wurden zu Aktien pulverisiert und versichert. Und die Körper waren begehrt, einträglich wie Indianerland, eine Veranda, eine schöne Gattin oder eine Sommerresidenz in den Bergen. Für die Männer, die sich für weiß halten mussten, waren die Körper der Schlüssel zur Gesellschaft, war das Recht, die Körper zu brechen, das Signum von Zivilisation. »Die Gesellschaft teilt sich nicht in Reich und Arm, sondern in Weiß und Schwarz«, sagte der große Senator von South Carolina John C. Calhoun. »Und alle Erstgenannten, ob arm oder reich, gehören der Oberklasse an, werden als gleich angesehen und behandelt.« Und da ist es – das Recht, den schwarzen Körper zu brechen, als sinnstiftende Grundlage ihrer heiligen Gleichheit. Dieses Recht war für sie schon immer sinnstiftend, es hat immer bedeutet, dass dort unten im Tal jemand ist, denn ein Berg ist kein Berg, wenn es kein Unten gibt.*

Du und ich, mein Sohn, wir sind dieses »Unten«. Das galt 1776. Das gilt auch heute. Es gibt kein sie ohne dich, und ohne das Recht, dich zu brechen, fallen sie zwangsläufig vom Berg, verlieren ihre Göttlichkeit und purzeln aus dem Traum. Und dann müssten sie sich überlegen, wie sie ihre Vorstädte auf etwas anderem bauen als auf menschlichen Knochen, wie sie ihre Gefängnisse nach etwas anderem ausrichten als einem menschlichen Viehhof, wie sie eine Demokratie unabhängig von Kannibalismus begründen. Doch weil sie sich für weiß halten, sehen sie sich lieber an, wie ein Mann unter ihrem Gesetz vor laufender Kamera erwürgt wird. Und lieber schlucken sie das Märchen, dass Trayvon Martin, der schlaksige Teenager mit den Händen voller Süßigkeiten und Brause, sich in eine mörderische Dampfwalze verwandelt hatte. Und lieber haben sie es, wenn Prince Jones von einem üblen Cop durch drei Countys verfolgt und niedergeschossen wird, weil er sich wie ein Mensch verhalten hat. Und lieber schubsen sie mit ihrem ganzen Verstand meinen vierjährigen Sohn, als wäre er bloß ein Hindernis in ihrem ach so wichtigen Tag.

Ich war da, Samori. Nein. Ich war wieder in Baltimore, umringt von den Jungs. Ich saß auf dem Wohnzimmerfußboden meiner Eltern und starrte in die ferne, für mich undurchdringliche Welt. Ich war in der ganzen Wut meiner Jahre. Ich war dort, wo Eric Garner in seinen letzten Augenblicken gewesen sein muss. »Heute ist Schluss«, sagte er und starb. Ich spürte die kosmische Ungerechtigkeit, auch wenn ich sie nicht ganz begriff. Ich war noch nicht in Gettysburg gewesen. Ich

* Thavolia Glymph, *Out of the House of Bondage*, Cambridge u. a. 2008.

hatte Thavolia Glymph noch nicht gelesen. Ich hatte lediglich mein Gefühl, diese Schwere, die ich noch nicht begriff und bis heute nicht vollständig begreife. Allerdings weiß ich, dass es eine Bürde ist, inmitten der Träumer zu leben, und eine zusätzliche Bürde, wenn dein Land dir weismacht, der Traum sei gerecht, nobel und wahr und du seist verrückt, weil du Fäulnis siehst und Schwefel riechst. Um ihrer Unschuld willen negieren sie deine Wut, deine Angst, bis du kommst und gehst und unversehens gegen dich selbst eiferst – »Schwarze sind die Einzigen, die …« – und dabei eigentlich gegen deine Menschlichkeit eiferst und gegen die Verbrechen in deinem Ghetto wütest, weil du machtlos bist im Angesicht des großen Verbrechens, das die Ghettos hervorgebracht hat.

Es ist entsetzlich, sich selbst als das elementare Unten seines Landes zu begreifen. Das macht so viel von dem kaputt, was wir gern von uns denken würden, von unserem Leben, der Welt, durch die wir uns bewegen, und den Menschen, die uns umgeben. Der Kampf ums Verstehen ist unser einziger Vorsprung vor diesem Wahnsinn. Als ich endlich die Schlachtfelder aufsuchte, wusste ich, dass sie als Bühne für eine große Täuschung umgerüstet worden waren, und das war meine einzige Sicherheit, denn sie konnten mich nicht mehr durch eine Lüge beleidigen. Ich wusste es – und vor allem, und das ist das Wichtigste, wusste ich, dass sie es irgendwo tief drinnen auch wussten. Ich bilde mir gern ein, das Wissen könnte mich davon abhalten, dich in Gefahr zu bringen, ich hätte die Wut, nachdem ich sie einmal begriffen und akzeptiert habe, im Griff. Ich bilde mir gern ein, das Wissen hätte mir gestattet, jener Frau die nötigen Worte zu sagen und wegzugehen. Das bilde ich mir gern ein, aber versprechen kann ich es nicht. Der Kampf ist im Grunde das Einzige, was ich dir anbieten kann, denn er ist der einzige Teil der Welt, den du bestimmst.

Es tut mir leid, dass ich es nicht gutmachen kann. Es tut mir leid, dass ich dich nicht retten kann – aber so sehr auch wieder nicht. Denn andererseits glaube ich, dass es gerade deine Verwundbarkeit ist, die dich dem Sinn des Lebens näherbringt, so wie das Bestreben, sich für weiß zu halten, die anderen davon entfernt. Schließlich ist ihr Leben all ihren Träumen zum Trotz auch nicht unantastbar. Wenn ihre eigene Verwundbarkeit sich bewahrheitet – wenn es der Polizei beliebt, die für das Ghetto gedachte Taktik auszuweiten, wenn ihre bewaffnete Gesellschaft ihre Kinder niederschießt, wenn die Natur Orkane auf ihre Städte hetzt –, dann sind sie auf eine Weise entsetzt, wie wir, die wir von Haus aus Ursache und Wirkung durchschauen, es niemals sein können. Und ich wünsche mir nicht, dass du lebst wie sie. Du bist in ein Volk hineingeworfen, das immer Gegenwind im Gesicht und Hunde an den Hacken hat. Das gilt mehr oder weniger für jedes Leben. Der Unterschied besteht darin, dass du nicht das Privileg genießt, diese Grundbedingung zu ignorieren.

Ich rede mit dir, wie ich immer mit dir geredet habe – als der besonnene Mensch, zu dem ich dich gern erziehen möchte, der sich nicht für seine menschlichen Gefühle entschuldigt, für seine Größe, für seine langen Arme und sein wunderschönes Lächeln. Du wirst langsam erwachsen, und ich wünsche mir, dass du dich nicht bemüßigt fühlst, dich einzuschränken, damit andere sich wohlfühlen. An den Tatsachen ändert das sowieso nichts. Ich wollte nie, dass du doppelt so gut bist wie sie, ich wollte immer, dass du jeden Tag deines kurzen schönen Lebens kämpferisch angehst. Die Menschen, die sich für weiß halten müssen, können nicht als Maßstab herhalten. Ich will nicht, dass du in deinen eigenen Traum hinabsteigst. Ich will, dass du ein bewusster Bürger dieser schrecklichen, wunderschönen Welt bist.

Einmal war ich in Chicago, um über die Geschichte der Rassentrennung im urbanen Norden zu berichten und wie sie mit Hilfe von Regierungsverordnungen durchgesetzt wurde. Ich habe einige Mitarbeiter des County Sheriffs auf ihren Runden begleitet. An einem Tag bekam ich mit, wie ein Schwarzer sein Zuhause verlor. Ich folgte den Polizisten ins Haus, wo einige von ihnen mit der Ehefrau sprachen, die sich um ihre beiden Kinder zu kümmern versuchte. Sie war ganz offensichtlich überrumpelt von den Ereignissen, wobei ich an der Haltung des Mannes irgendwie merkte, dass er Bescheid gewusst hatte. Der Blick der Frau verriet zugleich Entsetzen über die Situation, Wut auf die Beamten und Wut auf ihren Mann. Die Beamten standen im Wohnzimmer und erklärten dem Mann, was als Nächstes zu passieren habe. Draußen standen Männer, die angeheuert waren, das Hab und Gut der Familie abzutransportieren. Der Mann war gedemütigt, und ich stellte mir vor, dass er seit geraumer Zeit allein in seinem Kopf all das herumgetragen hatte, was seine Familie bedrohte, sich aber nicht dazu hatte durchringen können, es vor sich selbst oder seiner Frau einzugestehen. Jetzt wandelte er die ganze Energie in Wut um und richtete sie gegen die Polizisten. Er fluchte. Er schrie. Er gestikulierte wild. Das zuständige Revier war fortschrittlicher als die meisten. Es wollte Menschen nicht einfach wegsperren. Oft nahmen die Polizisten einen Sozialarbeiter mit zu den Wohnungsräumungen. Doch das hatte nichts mit der zugrundeliegenden, gnadenlosen Logik der Welt zu tun, in der dieser Mann lebte, einer Logik, die auf Gesetzen gründete, die auf einer Geschichte gründeten, die auf Verachtung gründete für diesen Mann, seine Familie und deren Schicksal.

Der Mann wütete weiter. Als die Polizisten sich abwandten, wütete er gegen die Gruppe schwarzer Männer, die angeheuert war, um seine Familie auf die Straße zu setzen. Er verhielt sich wie alle machtlosen Schwarzen, die ich je gekannt habe, mit einem Aufbäumen des Körpers, um eine elementare Plünderung zu verbergen, die sie nicht verhindern konnten.

Ich hatte die Woche damit zugebracht, die Stadt zu erkunden, über Baugelände zu laufen, den ziellosen Jungs zuzusehen, in den Bänken der strebsamen Kirchen zu sitzen, vor Wandgemälden für die Toten zu wanken. Und von Zeit zu Zeit saß ich in den bescheidenen Behausungen von Schwarzen, die in die zehnte Dekade ihres Lebens eintraten. Diese Menschen hatten etwas zu erzählen. Ihre Räume waren angefüllt mit den Emblemen eines rechtschaffenen Lebens – Auszeichnungen für soziales Engagement, Porträts verstorbener Ehemänner und Ehefrauen, mehrere Generationen von Kindern mit Bachelorhut. All das hatten sie erarbeitet, indem sie in Bretterbuden in Alabama lebten und in großen Häusern putzten. Indem sie, nach ihrer Übersiedlung in die Stadt, durchgehalten hatten, obwohl sich diese Stadt, in der sie eigentlich verschnaufen sollten, als lediglich subtilerer Schauplatz der Plünderung entpuppte. Sie hatten zwei oder drei Jobs gleichzeitig bewältigt, Kinder durch Highschool und College gebracht und sich um ihre Gemeinde verdient gemacht. Ich bewunderte sie, war mir aber die ganze Zeit bewusst, dass ich lediglich die Überlebenden vor mir hatte, jene, die die Banken und ihre stoische Verachtung erduldet hatten, die Immobilienmakler und ihr gespieltes Mitleid – »Bedauere, aber dieses Haus ist gestern verkauft worden« –, die Immobilienmakler, die sie in Ghettoblocks zurückschickten oder Blocks, die für künftige Ghettos vorgesehen waren, und die Kreditgeber, die diese Klasse von Knechten aufspürten und sie nach Strich und Faden auszunehmen versuchten. In jenen Häusern sah ich unsere Besten, doch hinter ihnen wusste ich Abermillionen von Untergegangenen.

Und ich wusste, dass Kinder in diesen Käfigvierteln an der Westside geboren wurden, in diesen Ghettos, die so geplant waren wie jede andere Wohnsiedlung. Sie sind ein eleganter Akt des Rassismus, staatlich verordnete Schlachtfelder, auf denen wir erneut unserer Würde, unserer Familien, unseres Wohlstands und unserer Leben beraubt werden. Und es besteht kein Unterschied zwischen dem Mord an Prince Jones und den Morden in diesen Vierteln, denn beide wurzeln in der Annahme, Schwarze seien keine Menschen. Ein Vermächtnis der Plünderung, ein Netzwerk aus Gesetzen und Traditionen, ein Erbe ein Traum – das ist es, was Prince Jones umbrachte, so sicher, wie es mit beängstigender Regelmäßigkeit Schwarze in North Lawndale umbringt. »Black-on-black crime« ist der dazugehörige Jargon, der Akt der Gewalt gegen die Sprache, der jene wegzaubert, die die Abkommen besiegelten, die Kredite abschlossen, die Siedlungen planten, die Straßen bauten und bergeweise Schulden abluden. Und das sollte uns nicht überraschen. Schwarze Leben zu plündern wurde diesem Land von Kindesbeinen an eingetrichtert und im Lauf seiner Geschichte bekräftigt, so dass die Plünderung zu einem Erbstück geworden ist, einer geistigen Begabung, einer Empfindung, einer grundlegenden Konfiguration, zu der wir, wahrscheinlich bis ans Ende unserer Tage, beständig zurückkehren müssen.

Die Schlachtfelder von Chicago, von Baltimore, von Detroit wurden auf Weisung der Träumer geschaffen, doch die Last, die Schande ruht einzig und allein auf jenen, die dort sterben. Darin liegt eine große Täuschung. »Black-on-black crime« zu brüllen bedeutet, einen Menschen zu erschießen und ihn dann für seine Wunden zu schmähen. Und die Voraussetzung für diese Schlachtfelder – die Herabsetzung des schwarzen Körpers – ist dieselbe wie die, die zum Mord an

Prince Jones geführt hat. Der Traum, weiß zu handeln, weiß zu reden, weiß zu sein, hat Prince Jones getötet, so sicher, wie dieser Traum mit beängstigender Regelmäßigkeit Schwarze in Chicago tötet. Schluck diese Lüge nicht. Trink nicht das Gift. Dieselben Hände, die rote Linien um das Leben von Prince Jones gezogen haben, zogen rote Linien ums Ghetto, um seine legalisierte Plünderung zu planen.

Ich wollte dich nicht in Furcht oder falscher Erinnerung aufziehen. Ich wollte nicht, dass du gezwungen bist, deine Freuden zu tarnen und deine Augen zu verbinden. Ich wollte, dass du bewusst durchs Leben gehst. Ich beschloss, nichts vor dir zu verbergen.

Weißt du noch, wie ich dich zum ersten Mal mit zur Arbeit nahm, als du dreizehn warst? Ich ging zur Mutter eines toten schwarzen Jungen. Der Junge hatte sich mit einem weißen Mann einen heftigen Wortwechsel geliefert und war getötet worden, weil er sich geweigert hatte, seine Musik leiser zu stellen. Nachdem der Mörder seine Pistole leergefeuert hatte, fuhr er seine Freundin in ein Hotel. Sie tranken etwas. Sie bestellten sich Pizza. Und am nächsten Tag stellte sich der Mann in aller Ruhe. Er behauptete, er habe ein Gewehr gesehen. Er behauptete, er habe um sein Leben gefürchtet und allein durch gerechte Gewalt die Oberhand behalten. »Ich war Opfer und Sieger«, beteuerte er, so wie Generationen von amerikanischen Plünderern vor ihm. Ein Gewehr wurde nie gefunden. Gleichwohl beeinflusste die Behauptung die Jury, und der Mörder wurde nicht für den Mord an dem Jungen verurteilt, sondern dafür, dass er wiederholt geschossen hatte, als die Freunde des Jungen sich zurückzuziehen versuchten. Den schwarzen Körper zu zerstören war zulässig – nur effizienter wäre besser gewesen.

Die Mutter des ermordeten schwarzen Jungen ging mit ihrer Geschichte daraufhin zu Journalisten und Schriftstellern. Wir trafen uns im Foyer ihres Hotels am Times Square. Sie war mittelgroß, hatte braune Haut, und die Haare fielen ihr auf die Schultern. Seit dem Urteilsspruch war nicht mal eine Woche vergangen, aber sie war sehr gefasst. Sie schimpfte nicht über den Mörder, sondern schlug sich mit der Frage herum, ob die Regeln, die sie ihrem Sohn vermittelt hatte, ausreichend gewesen waren. Sie hatte gewollt, dass ihr Sohn für seine Überzeugungen einstand und respektvoll mit anderen umging. Und er war gestorben, weil er überzeugt gewesen war, dass seine Freunde das Recht hatten, laute Musik zu hören, amerikanische Teenager zu sein. Dennoch gehen ihr die Fragen nicht aus dem Kopf: »Immer wieder denke ich: ›Wäre er noch da, wenn er keine Widerworte gegeben hätte, wenn er still gewesen wäre?‹«

Sie würde ihren unvergleichlichen Sohn nicht vergessen, sein einzigartiges Leben. Sie würde nicht vergessen, dass er einen Vater hatte, der ihn liebte, der ihn zu sich genommen hatte, als sie gegen den Krebs kämpfte. Sie würde nicht vergessen, wie unterhaltsam er war, dass er immer neue Freunde mit nach Hause brachte, die sie in ihrer Familienkutsche beförderte. Und er würde in ihrer Arbeit weiterleben. Ich sagte ihr, das Urteil habe mich aufgebracht. Ich sagte ihr, die Vorstellung, ein Jurymitglied habe die Existenz einer Waffe plausibel gefunden, sei verstörend. Sie sagte, auch sie sei verstört und ich solle aus ihren gefassten Fragen nicht schließen, dass sie nicht wütend sei. Doch Gott habe ihre Wut von Rache auf Erlösung gelenkt, sagte sie. Gott habe zu ihr gesprochen und sie zu neuem Engagement verpflichtet. Dann stand die Mutter des ermordeten Jungen auf, wandte sich dir zu und sagte: »Du existierst. Du bist wichtig. Du bist wertvoll. Du hast jedes

Recht, dein Hoodie zu tragen und deine Musik so laut zu spielen, wie du willst. Du hast das Recht, du selbst zu sein. Und niemand sollte dich davon abbringen. Du musst du selbst sein. Und du darfst nie Angst haben, du selbst zu sein.«

Ich war froh, dass sie das sagte. Dasselbe habe auch ich dir zu sagen versucht, und wenn es bei mir nicht so klar und deutlich rauskam, dann, ehrlich gesagt, weil ich Angst habe. Und ich habe keinen Gott, der mir Kraft gibt. Ich glaube, wenn sie den Körper zerschmettern, zerschmettern sie alles, und ich wusste, dass wir alle – Christen, Muslime, Atheisten – in Angst vor dieser Wahrheit leben. Entleibung ist eine Art Terrorismus, die Bedrohung verändert die Umlaufbahn unserer Leben, und wie beim Terrorismus ist diese Verzerrung gewollt. Entleibung. Der Drache, der die Jungs, mit denen ich aufwuchs, zu ihrer Travestie von Kontrolle trieb. Entleibung. Der Dämon, der schwarze Überlebende der Mittelschicht in aggressive Passivität drängte, unsere Unterhaltungen in der Öffentlichkeit dämpfte, uns beste Umgangsformen auferlegte, ein gesittetes Auftreten, das heißen soll: »Ich mache keine plötzlichen Bewegungen.« Entleibung. Die Schlange der Schulzeit, die verlangte, dass ich doppelt so gut sei, obwohl ich einfach nur ein Junge war. Wir waren umringt von Mord, und tief im Innern, in einem stillen Winkel, wussten wir, dass der Drahtzieher dieser Morde sich unserem Zugriff entzog, dass er anderen in die Hände spielte. Wir hatten recht.

So messe ich meinen Fortschritt im Leben: Ich denke an den kleinen Jungen in West Baltimore, der ich war, der sich um North und Pulaski herumdrückte und die Murphy Homes mied, voller Angst vor der Schule und der Straße, und ich stelle mir vor, was dieser verlorene Junge sagen würde, wenn ich ihm ein Bild meines jetzigen Lebens zeigte und ihn fragte, was er davon hält. Nur einmal – in den beiden Jahren nach deiner Geburt, den ersten beiden Runden im Kampf meines Lebens – glaubte ich, er wäre enttäuscht. Ich schreibe dir an der Schwelle zu meinem vierzigsten Lebensjahr, zu einem Zeitpunkt in meinem Leben, an dem ich zwar keine herausragende Bedeutung erlangt, aber so viel mehr erreicht habe, als der Junge sich je hätte vorstellen können. Ich bin an der Straße gescheitert, weil ich die Körpersprache nicht schnell genug lesen konnte. Ich bin an der Schule gescheitert, weil ich nicht sehen konnte, worauf das alles hinauslaufen sollte. Aber ich bin nicht auf der Strecke geblieben. Ich habe meine Familie. Ich habe meine Arbeit. Ich bin nicht mehr gezwungen, auf Partys den Kopf zu senken und Leuten zu erklären, »ich versuche mich als Schriftsteller«. Und obwohl ich gottlos bin, staune ich noch immer ehrfürchtig darüber, ein Mensch zu sein, die Gabe des Ergründens zu besitzen, herausgehoben aus all der Materie, die im Universum schwebt.

Ich habe den Großteil meines Studiums damit zugebracht, den Schlüssel zu suchen zum Verständnis der Kluft zwischen mir und der Welt. Ich habe keine Zeit darauf verwendet, das Problem der »Rasse« zu ergründen – »Rasse« ist lediglich eine Umformulierung und Verkürzung des Problems. Das sieht man immer dann, wenn wieder mal irgendein Esel – der sich in der Regel für weiß hält – meint, der Weg führe über eine große Orgie von Schwarz und Weiß und ende erst, wenn wir alle beige seien, also Angehörige derselben »Rasse«. Nur ist ein großer Teil der »Schwarzen« bereits beige. Und die Geschichte der Zivilisation ist gespickt mit toten »Rassen« (Franken, Italienern, Deutschen, Iren), die später verworfen wurden, weil sie ihrem Zweck nicht mehr dienten – Völker unter den Schirm des Rechts zu stellen oder außerhalb.

Wäre mein Leben heute zu Ende, würde ich dir sagen, es

war ein glückliches Leben. Ich würde dir sagen, dass ich viel Freude aus dem Erforschen und Nachdenken gezogen habe, aus dem Kampf, zu dem ich dich jetzt ermuntern will. Du hast gehört, wie der Kampf mich mehrmals aufgebrochen und erneuert hat – in Baltimore, im Mekka, in der Vaterschaft, in New York. Die Veränderungen haben mir die Art von Euphorie beschert, die sich nur einstellt, wenn man sich nicht mehr belügen lässt, wenn man den Traum verworfen hat. Doch mehr noch, die Veränderungen haben mich gelehrt, die Gabe des Ergründens optimal einzusetzen und immer wieder aufs Neue zu hinterfragen, was ich sehe, denn die Fragen sind – mindestens – so wichtig wie die Antworten.

Aber ach, meine Augen. Kein Teil meines Körpers hat in den ersten Jahren meines Lebens so sehr gelitten wie meine Augen. Und wenn ich nach den Maßstäben der Kindheit erfolgreich gewesen bin, so muss man hinzufügen, dass die Maßstäbe davon beschnitten waren, wie wenig ein Junge aus meiner geknechteten Klasse überhaupt sehen konnte. Der Traum erschien damals als Gipfel des Erreichbaren – reich zu werden und in einem dieser freistehenden Häuser weit draußen zu wohnen, in einer dieser kleinen Gemeinden, in einer dieser Sackgassen mit den leicht geschwungenen Straßen, wo Teeniefilme gedreht wurden und Kinder Baumhäuser bauten und Teenager sich in dem letzten verlorenen Jahr vor dem College in Autos am See liebten. Der Traum wirkte auf mich wie das Ende der Welt, das Nonplusultra amerikanischer Ambitionen. Was sollte es über die Botschaften, über die Vorstädte hinaus noch geben?

Deine Mutter wusste es. Vielleicht, weil sie innerhalb eines solchen Ortes aufgewachsen war, weil sie in unmittelbarer Nähe zu den Träumern gelebt hatte. Vielleicht, weil ihr die Menschen, die sich für weiß hielten, gesagt hatten, sie sei klug, um dann hinzuzufügen, sie sei nicht wirklich schwarz, und das als Kompliment meinten. Vielleicht wegen der Jungs da draußen, die schwarz waren und ihr sagten, sie sei »hübsch für eine Dunkelhäutige«. Deine Mutter hat sich dort nie wohlgefühlt, das machte die Möglichkeit eines anderen Ortes unerlässlich und trieb sie ins Mekka, trieb sie nach New York und dann noch weiter. An ihrem dreißigsten Geburtstag reiste sie nach Paris. Ich weiß nicht recht, ob du dich daran erinnerst. Du warst erst sechs. Wir beide haben eine Woche lang Bratfisch zum Frühstück und abends Kuchen gegessen, ließen Unterwäsche auf der Anrichte liegen und drehten Ghostface Killah auf volle Lautstärke. Mir war nie in den Sinn gekommen, Amerika zu verlassen – nicht mal vorübergehend. Meine Augen. Mein Freund Jelani, der so aufgewachsen ist wie ich, hat einmal gesagt, er hätte Reisen früher als unsinnigen Luxus empfunden, als würde man seine Miete für einen rosa Anzug verpulvern. Und so ging es mir damals auch. Die Paris-Träume deiner Mutter irritierten mich. Ich verstand sie nicht – und fand das auch nicht nötig. Ein Teil von mir war noch jener Siebtklässler im Französischunterricht, der nur an die unmittelbare Sicherheit seines Körpers dachte und für den Frankreich so etwas war wie der Jupiter.

Aber nun war deine Mutter dort hingefahren, und als sie zurückkehrte, tanzten ihre Augen vor all den Möglichkeiten, die es dort gab, nicht nur für sie, sondern auch für dich und für mich. Es war irre, wie dieses Gefühl um sich griff. Es war wie beim Verlieben – die Dinge, die einen packen, sind so klein, die Dinge, die einen nachts wach halten, sind so speziell, dass ein Außenstehender, wenn man sie zu erklären versucht, wirklich nur tumb und höflich nicken kann. Deine Mutter hatte kreuz und quer durch Paris Fotos von Türen gemacht, von riesigen Türen – tiefblauen, ebenholzschwarzen, türkis-

grünen und flammend roten Türen. Ich studierte die Fotos dieser riesigen Türen in unserer kleinen Harlemer Wohnung. So etwas hatte ich noch nie gesehen. Es war mir nicht mal in den Sinn gekommen, dass es solche riesigen Türen überhaupt geben könnte, dass sie in einem Teil der Welt so normal sein könnten und in einem anderen gar nicht vorhanden. Und während ich deiner Mutter lauschte, dämmerte mir, dass Frankreich nicht bloß ein Gedankenexperiment war, sondern ein echter Ort voller echter Menschen, deren Traditionen anders waren, deren Leben anders waren, deren Sinn für Schönheit ein anderer war.

Rückblickend weiß ich, dass mir diese Erkenntnis damals von überall her eingeflüstert wurde. Unter meinen Freunden gab es inzwischen viele, die Bindungen zu anderen Welten hatten. »Sei ein Stolz deiner Rasse«, pflegten die Alten zu sagen. Inzwischen wusste ich aber, dass ich nicht so sehr an eine biologische »Rasse« als an eine Gruppe von Menschen gebunden war, und diese Menschen waren nicht aufgrund einer einheitlichen Farbe oder einheitlicher körperlicher Merkmale schwarz. Sie waren verbunden, weil sie unter dem Druck des Traums litten, und sie waren durch all die schönen Dinge verbunden, die Sprache und die Eigenheiten, das Essen und die Musik, die Literatur und Philosophie, diese ganze gemeinsame Sprache, die sie unter dem Druck des Traums wie Diamanten geformt hatten. Vor kurzem stand ich im Flughafen am Gepäckband. Ich stieß einen jungen Schwarzen an und entschuldigte mich: »My bad.« Ohne hochzusehen, antwortete er: »You straight.« Und in diesem Austausch steckte so viel private Übereinstimmung, wie es sie nur zwischen zwei Fremden dieses einen Stammes geben kann, den wir schwarz nennen. Mit anderen Worten, ich war Teil einer Welt. Und dann hatte ich Freunde, die zugleich Teil anderer Welten waren – der Welt der Juden oder der New Yorker, der Welt der Südstaatler oder der schwulen Männer, der Immigranten oder Kalifornier oder amerikanischen Ureinwohner oder einer beliebigen Kombination – Welten, die wie ein Flickenteppich in Welten gewebt waren. Und auch wenn ich persönlich niemals ein ursprünglicher Bewohner dieser Welten sein kann, so wusste ich doch, dass nichts so Essenzialistisches wie »Rasse« zwischen uns stand. Dazu hatte ich mittlerweile zu viel gelesen. Und meine Augen – meine schönen, kostbaren Augen – wurden von Tag zu Tag besser. Ich sah, dass das, was mich von der Welt trennte, nicht als Merkmal in uns steckte, sondern dass es eine Verletzung war, zugefügt von Menschen, die uns benennen wollten, die glauben wollten, dass dieses Etikett wichtiger sei als alles, was wir jemals tun können. In Amerika besteht die Verletzung nicht darin, mit dunklerer Haut geboren zu sein, mit volleren Lippen oder einer breiteren Nase, sondern in allem, was daraus folgt. Bei der Begegnung mit dem jungen Mann sprach ich die persönliche Sprache meines Volkes. Es war eine flüchtige Nähe, doch sie fing die Schönheit meiner schwarzen Welt ein – die Entspanntheit zwischen deiner Mutter und mir, das Wunder im Mekka, das Gefühl, in den Straßen von Harlem zu verschwinden. Dieses Gefühl »Rasse« zuzuschreiben hieße, die von unseren Vorfahren geformten Diamanten den Plünderern zu überreichen. Wir haben dieses Gefühl geschaffen, auch wenn es im Schatten der Ermordeten geschmiedet wurde, der Vergewaltigten, der Entleibten – dennoch, es stammt von uns. Das ist das Schöne, das ich mit eigenen Augen gesehen habe, und diese Perspektive hatte ich wohl gebraucht, bevor ich aufbrechen konnte. Die Gewissheit, dass ich von irgendwo her komme, dass mein Zuhause genauso schön ist wie andere.

Sieben Jahre nachdem ich die Fotos von den Türen gesehen hatte, bekam ich meinen ersten Reisepass. Ich wünschte, das wäre früher geschehen. Ich wünschte, ich hätte den Konjugationen, Verben und verschiedenen Artikeln damals im Französischunterricht eine größere Tragweite zugestanden. Ich wünschte, jemand hätte mir erzählt, was dieser Unterricht tatsächlich war – eine Pforte zu einer anderen, unbekannten Welt. Ich wollte diese Welt mit eigenen Augen sehen, die Türen und alles dahinter. Am Tag meiner Abreise saß ich mit deiner Mutter, die mir so viel gezeigt hatte, in einem Restaurant. Ich sagte zu ihr: »Ich habe Angst.« Ich beherrschte die Sprache nicht richtig. Ich kannte die Gepflogenheiten nicht. Ich würde allein sein. Sie hörte bloß zu und hielt meine Hand. Am Abend bestieg ich ein Raumschiff. Das Raumschiff stieß in die Nacht, stieß durch den Himmel, stieß vorbei an West Baltimore, stieß am Mekka vorbei, an New York vorbei, an jeder Sprache und jedem Spektrum, das ich je gekannt habe.

Mein Ticket brachte mich zunächst nach Genf. Alles passierte sehr schnell. Ich musste Geld wechseln. Ich musste einen Zug vom Flughafen in die Stadt finden und von dort einen anderen Zug nach Paris. Einige Monate zuvor hatte ich mit einer zaghaften Annäherung ans Französische begonnen. Jetzt befand ich mich mitten in einem Französisch-Sturm, einem Sturzregen, und konnte nur einzelne Tropfen auffangen – »wer«, »Euro«, »Sie«, »nach rechts«. Ich hatte immer noch große Angst.

Als ich den Fahrplan studierte, wurde mir bewusst, dass ich ein falsch gelöstes Ticket von Wien, Mailand oder irgendeinem Alpendorf entfernt war, von dem keiner, den ich kannte, je gehört hatte. Und da geschah es. Die Erkenntnis, ganz weit weg zu sein, die Angst, die unbekannten Möglichkeiten, alles – der Schrecken, das Staunen, die Freude – verschmolzen zu einem erotischen Schauder. Der Schauder war mir nicht völlig fremd. Er ähnelte der Woge, die mich in Moorland überkommen hatte. Er war verwandt mit der Betäubungsspritze, die mir der Anblick all der Menschen verpasst hatte, die mit ihren Weingläsern auf den West Broadway quollen. In dem Augenblick wurde mir klar, dass diese Veränderungen mitsamt der Qual, Peinlichkeit und Verwirrung, die sie mit sich brachten, das bestimmende Element in meinem Leben waren, und zum ersten Mal wusste ich, dass ich nicht nur lebendig war, dass ich tatsächlich forschte und beobachtete, sondern dass ich schon lange lebendig war – selbst damals in Baltimore. Ich war schon immer lebendig gewesen. Immer schon Übersetzer.

Ich traf in Paris ein. Ich quartierte mich in einem Hotel im sechsten Arrondissement ein. Ich hatte keine Ahnung von der Geschichte dieser Gegend. Ich dachte kaum an Baldwin oder Wright. Ich hatte weder Sartre noch Camus gelesen, und sollte ich am Café de Flore oder Les Deux Magots vorbeigegangen sein, dann schenkte ich dem keine besondere Beachtung. Das spielte alles keine Rolle. Es war Freitag, und eine große Rolle spielten die dichtgedrängten Straßen voller Menschen in erstaunlichen Zusammensetzungen. Teenager zusammen in Cafés. Schulkinder, die ihre Rucksäcke abgelegt hatten und auf der Straße Fußball spielten. Ältere Paare in wehenden Mänteln, wehenden Schals und Blazern. Mittzwanziger, die sich aus allen möglichen Etablissements herauslehnten, schön und cool. Es erinnerte an New York, aber ohne die unterschwellige, allgegenwärtige Angst. Die Menschen trugen keine Rüstungen, jedenfalls keine, die ich erkennen konnte. Seitenstraßen und Gassen platzten aus den Nähten vor Bars, Restaurants und Cafés. Alles spazierte. Wer nicht spazierte, umarmte sich. Ich fühlte mich jedes Naturrechts enthoben. Mein Haarschnitt war geometrisch, mein Auftritt scharf wie ein Schwert. Ich war draußen und schmolz in die Stadt hinein wie Butter im Schmortopf. Im Kopf hörte ich Big Boi:

I'm just a playa like that, my jeans was sharply creased.
I got a fresh white T-shirt and my cap is slightly pointed east.

Ich ging mit einem Freund essen. Das Restaurant war so groß wie zwei geräumige Wohnzimmer. Die Tische klebten aneinander, und die Kellnerin platzierte die Gäste mit einer Art Zaubertrick, zog einen Tisch heraus und klemmte den Gast hinein wie ein Kind in einen Fütterstuhl. Um auf die Toilette zu gelangen, musste man sie rufen. Als es an die Bestellung ging, ruderte ich mit meinem katastrophalen Französisch herum. Sie nickte und lachte nicht. Keine falsche Höflichkeit. Wir tranken eine unglaubliche Flasche Wein. Ich aß Steak. Ich aß Baguette mit Knochenmark. Ich aß Leber. Ich trank Espresso und aß einen unaussprechlichen Nachtisch. All mein Französisch zusammenraffend, versuchte ich der Kellnerin zu sagen, das Essen sei phantastisch gewesen. Sie unterbrach mich auf Englisch: »Das beste, das Sie je hatten, stimmt's?« Ich stand auf, und obwohl ich die halbe Speisekarte inhaliert hatte, fühlte ich mich federleicht. Am nächsten Tag stand ich früh auf und wanderte durch die Stadt. Ich ging ins Musée Rodin. Ich kehrte in einem Bistro ein und bestellte mit der geballten Angst eines Jungen, der sich auf einer Party einem hübschen Mädchen nähert, Bier und einen Burger. Ich ging in den Jardin du Luxembourg. Es war vier Uhr nachmittags. Ich setzte mich. Der Park war voller Menschen, in all ihrer Fremdheit. In dem Moment überkam mich eine seltsame Einsamkeit. Vielleicht, weil ich den ganzen Tag noch kein Wort Englisch gesprochen hatte. Vielleicht, weil ich noch nie in einem öffentlichen Garten gesessen und nicht mal gewusst hatte, dass ich so etwas wollen könnte. Und um mich herum lauter Menschen, die das regelmäßig taten.

Ich befand mich also tatsächlich in einem fremden Land, zugleich aber, notgedrungen, außerhalb dieses Landes. In Amerika war ich Teil einer Gleichung – wenn auch ein Teil, den ich nicht gerade schätzte. Ich war derjenige, den die Polizei mitten an einem Werktag in der dreiundzwanzigsten Straße anhielt. Ich war derjenige, der ins Mekka getrieben wurde. Ich war nicht nur ein Vater, sondern der Vater eines schwarzen Jungen. Ich war nicht nur ein Ehemann, sondern der Ehemann einer schwarzen Frau. Ich war ein belastetes Symbol schwarzer Liebe. Dort in dem Garten aber war ich zum ersten Mal ein Fremder, ich war ein Seemann – landlos und abgeschnitten. Und ich bedauerte, nie zuvor diese Form der Einsamkeit gespürt zu haben – mich noch nie so fern des Traums gefühlt zu haben, der nicht meiner war. Jetzt spürte ich die tiefere Last meiner überlieferten Ketten – eines Körpers, der durch Geschichte und Gesetze auf bestimmte Zonen beschränkt blieb. Einige von uns kommen da raus. Doch das Spiel wird mit gezinkten Würfeln gespielt. Ich wünschte, ich hätte mehr gewusst, ich wünschte, ich hätte es früher gewusst. Ich erinnere mich, wie ich an dem Abend den Teenagern auf dem Leinpfad an der Seine beim Teenagersein zusah. Und wie ich dachte, wie wahnsinnig gern ich so ein Leben, wie gern ich eine Vergangenheit ohne Angst gehabt hätte. Ich hatte sie nicht, und ich hatte keine solche Erinnerung. Doch ich hatte dich.

Noch im Sommer flogen wir zusammen nach Paris, weil deine Mutter die Stadt liebte und weil ich die Sprache liebte, aber vor allem deinetwegen.

Ich wollte, dass du dein eigenes Leben hast, fern der Angst – sogar fern von mir. Ich bin verwundet. Ich bin gezeichnet von alten Codes, die mich in einer Welt abschirmten und in der nächsten anketteten. Mir fällt ein, wie deine Großmutter einmal am Telefon bemerkte, wie schnell du doch wächst und dass du mich eines Tages »herausfordern« würdest. Und ich antwortete, dieser Tag, wenn er denn käme, wäre für mich das komplette Vaterversagen, denn wenn mir nur noch meine Hände blieben, um dich zu halten, dann bliebe mir eigentlich gar nichts. Doch, verzeih mir, mein Sohn, ich wusste, was sie meinte, und als du jünger warst, dachte ich genauso. Jetzt schäme ich mich für den Gedanken, für meine Angst, für die Fesseln meiner Generation, die ich dir anlegen wollte. Wir nähern uns den letzten gemeinsamen Jahren, und ich wünschte, ich wäre weicher gewesen. Deine Mutter musste mir beibringen, dich zu lieben – dich jeden Abend zu küssen und dir zu sagen, dass ich dich liebe. Selbst jetzt fühlt es sich noch nicht ganz natürlich an, eher wie ein Ritual. Und das kommt daher, dass ich verwundet bin. Dass ich den alten Gewohnheiten verhaftet bin, die ich aus einem strengen Haus mitgenommen habe. Es war ein liebevolles Haus, wenngleich belagert von seinem Land, aber streng war es. Und nicht mal in Paris konnte ich die alten Gewohnheiten abschütteln, den Instinkt, mich andauernd abzusichern und immer bereit zu sein.

Nach ein paar Wochen dort freundete ich mich mit jemandem an, der sein Englisch aufpolieren wollte so wie ich mein Französisch. Wir trafen uns in der Menschenmenge vor Notre Dame. Wir gingen ins Quartier Latin. Wir gingen zu einer Weinstube. Dort konnte man draußen sitzen. Wir setzten uns und tranken Rotwein. Man servierte uns haufenweise Fleisch, Brot und Käse. War das ein Abendessen? Machte man das hier so? Ich hätte mir das vorher nicht mal ausmalen können. Und vor allem, war das ein ausgeklügeltes Ritual, um mich in Sicherheit zu wiegen? Mein Freund zahlte. Ich dankte ihm. Doch als wir das Lokal verließen, sorgte ich dafür, dass er vor mir ging. Er wollte mir so ein altes Gebäude zeigen, wie es sie in dieser Stadt an jeder Ecke zu geben scheint. Und die ganze Zeit, während er mir den Weg wies, war ich überzeugt davon, dass er blitzschnell in eine Seitengasse abbiegen würde, wo ein paar Kerle darauf warteten, mich … was genau? Doch mein neuer Freund zeigte mir bloß das Gebäude, gab mir die Hand, wünschte mir eine *bonne soirée* und verschwand in die weit offene Nacht. Und während ich ihm nachsah, hatte ich das Gefühl, den Abend nur zum Teil mitbekommen zu haben, wegen meiner Augen, weil meine Augen in Baltimore gemacht, weil meine Augen von Angst verbunden waren.

Ich wollte dich unbedingt so fern wie möglich von dieser verblendenden Angst halten. Ich wollte, dass du unterschiedliche Menschen siehst, die nach unterschiedlichen Regeln leben. Ich wollte, dass du die Paare siehst, die nebeneinander in den Cafés sitzen und auf die Straße blicken, die Frauen, die auf ihren alten Fahrrädern die Straßen hochradeln, ohne Helm, in langen weißen Kleidern, die Frauen, die in Hotpants auf rosa Rollerskates vorbeisausen. Ich wollte, dass du die Männer in lachsfarbenen Hosen und weißen Leinensakkos und bunten Pullovern über den Schultern siehst, die Männer, die in Luxus-Cabrios um die Ecke verschwinden und wieder heranrollen und ihr Leben genießen. Allesamt rauchend. Allesamt im Wissen darum, dass hinter der nächsten Ecke entweder ein grausiger Tod oder eine Orgie auf sie wartet. Weißt du noch, wie deine Augen lichterloh strahlten, als wir in Saint-Germain-des-Prés standen? Dieser Blick, für den lebte ich.

Und selbst da wollte ich, dass du wach und kritisch bist und verstehst, dass du selbst fern der Angst, wie flüchtig auch immer, nicht aus dem Kampf ausreisen kannst. Wir werden immer schwarz sein, du und ich, auch wenn das an verschiedenen Orten Verschiedenes bedeutet. Frankreich ist auf seinem eigenen Traum erbaut, auf seinen eigenen Körpern, und immerhin bist du nach einem Mann benannt, der sich Frankreich und seinem nationalen Projekt des Diebstahls durch Kolonisierung entgegengestellt hat. Es stimmt, dass unsere Hautfarbe dort weniger bestimmend war als unsere amerikanische Herkunft, die sich vor allem in unserem unbeholfenen Französisch bemerkbar machte. Und es stimmt, dass in der Art, wie uns die Amerikaner betrachten, die sich für weiß halten, etwas ganz Bestimmtes liegt – etwas Sexuelles, Obszönes. Wir waren keine Sklaven gewesen in Frankreich. Wir waren weder ihr spezielles »Problem« noch ihre nationale Schuld. Wir sind nicht deren Nigger. Wenn das ein Trost ist, dann jedenfalls keiner, in dem ich mich allzu behaglich einrichten würde. Denk immer an deinen Namen. Denk immer daran, dass du und ich Brüder sind, Kinder einer transatlantischen Vergewaltigung. Denk an das Bewusstsein, das damit einhergeht. Und denk daran, dass dieses Bewusstsein letztlich nie mit Rasse zu tun haben darf, sondern universell sein muss. Denk an die Roma, die hier mit ihren Kindern auf der Straße betteln, und den gehässigen Umgang mit ihnen. Denk an den algerischen Taxifahrer, der offen über seinen Hass auf Paris sprach und schließlich deine Mutter und mich ansah, darauf beharrend, dass wir alle in Afrika vereint sind. Denk an das Grollen, das wir unter der Schönheit von Paris gespürt haben, als wäre die Stadt in schwebender Erwartung von Pompeji gebaut worden. Denk an das Gefühl, dass die großen Gärten, die langen Mittagessen, alles durch eine den Regeln und Berechnungen unseres eigenen Landes verwandte Physik, die wir nicht ganz und gar begreifen, zunichtegemacht werden könnte.

Es war schön, dass dein Onkel Ben und deine Tante Janai mit uns dort waren – Gefährten, die ebenfalls die Ehrfurcht vor dem, was diese Menschen gebaut haben, gegen die Tatsache abwägen mussten, worauf sie einen Großteil davon gebaut haben; die auch erst als Erwachsene das Reisen gelernt haben; Menschen wie wir, die in Amerika schwarz und in erster Linie um die Sicherheit ihrer Körper besorgt waren. Und uns allen war bewusst, dass die Kräfte, die unsere Körper zu Hause in Schach hielten, nicht unabhängig waren von denen, die Frankreich seinen Reichtum beschert haben. Wir waren uns bewusst, dass ein Großteil seiner Errungenschaften auf der Plünderung haitianischer Körper, der Plünderung von Wolof-Körpern, auf der Zerstörung der Tukulor, auf der Einnahme von Bissandougou errichtet wurde.

Es war der Sommer, in dem der Mörder von Trayvon Martin freigesprochen wurde, der Sommer, in dem ich mich bewusst damit abfand, dass es keine Fluchtgeschwindigkeit gibt. Unser Land würde uns in jeder Sprache finden. Erinnerst du dich, wie wir den Zug zur Place de la Nation nahmen, um mit Janai und Ben und den Kindern deinen Geburtstag zu feiern? Erinnerst du dich an den jungen Mann, der draußen vor der U-Bahn protestierte? Erinnerst du dich an das Schild? VIVE LE COMBAT DES JEUNES CONTRE LE CRIMES RACISTES! USA: TRAYVON MARTIN, 17 ANS ASSASSINÉ CAR NOIR ET LE RACISTE ACQUITÉ.

Ich bin nicht gestorben in meiner ziellosen Jugend. Ich bin nicht umgekommen in der Qual des Nichtwissens. Ich bin nicht im Gefängnis gelandet. Ich hatte mir bewiesen, dass es einen anderen Weg gab, jenseits der Schulen und Straßen. Ich fühlte mich wie einer der Überlebenden einer großen nationalen Katastrophe, einer Pest, einer Lawine oder eines Erdbebens. Und nun, im Nachhall einer Dezimierung, angekommen in einem Land, das ich einst für einen Mythos gehalten hatte, schien alles in einen Heiligenschein getaucht – die pastellzarten Pariser Schals loderten heller, der Morgenduft aus den Boulangerien war betörend und die Sprache um mich herum weniger eine Sprache als ein Tanz.

Dein Weg wird ein anderer sein. Mit elf wusstest du Dinge, die ich mit fünfundzwanzig noch nicht wusste. Mit elf galt meine oberste Priorität der schieren Sicherheit meines Körpers. Mein Leben bestand aus dem Umgang mit Gewalt – in meinem Zuhause und draußen. Du hingegen hast bereits Erwartungen, das sehe ich. Überleben und Sicherheit reichen dir nicht. Deine Hoffnungen – deine Träume, wenn man so will – lösen in mir ein ganzes Arsenal an widerstreitenden Gefühlen aus. Ich bin so stolz auf dich – auf deine Offenheit, deinen Ehrgeiz, deine Aggression, deine Intelligenz. Es ist meine Aufgabe, in der kurzen Zeit, die wir noch miteinander haben, dieser Intelligenz mit Wissen und Erfahrung zu begegnen. Ein Teil dieses Wissens besteht darin, dir begreifbar zu machen, was dir geschenkt wurde – eine Stadt, in der Schwulenbars nicht der Rede wert sind, eine Fußballmannschaft, in der die Hälfte der Spieler eine andere Sprache spricht. Ich will damit sagen, dass das nicht alles dir gehört, dass die Schönheit in dir nicht ganz deine ist und weitgehend daher rührt, dass du in deinem schwarzen Körper ein ungewöhnliches Maß an Sicherheit genießt.

Vielleicht hast du deshalb, als du erfuhrst, dass der Mörder von Mike Brown unbehelligt davonkommt, zu mir gesagt, du müsstest los. Vielleicht hast du deshalb geweint, weil du in dem Moment begriffen hast, dass selbst deine relative Sicherheit einem permanenten Angriff im Namen des Traums niemals gewachsen sein wird. Unsere derzeitige Politik sagt dir, dass es, solltest du einem solchen Angriff zum Opfer fallen und deinen Körper verlieren, irgendwie dein Fehler sein muss. Trayvon Martins Hoodie hat den Tod herbeigeführt. Jordan Davis' laute Musik ebenso. John Crawford hätte niemals das

Luftgewehr anfassen dürfen. Kajieme Powell hätte besser nicht verrückt sein sollen. Und alle hätten Väter haben sollen – selbst diejenigen, die Väter hatten, selbst du. Ohne seine Rechtfertigungen würde der Traum in sich zusammenfallen. Das hast du von Michael Brown gelernt. Und ich von Prince Jones.

Michael Brown starb nicht so, wie viele seiner Verteidiger annahmen. Und doch werden die Fragen hinter den Fragen noch immer nicht gestellt. Soll der Angriff auf einen Gesetzeshüter als Kapitalverbrechen geahndet werden, ohne Gerichtsverhandlung, mit dem Gesetzeshüter als Richter und Vollstrecker? Ist es das, was wir uns von einer fortschrittlichen Gesellschaft wünschen? Und derweil plündern die Träumer Fergusons Bürger, um die Gemeindekasse aufzufüllen. Sie foltern Muslime, und ihre Drohnen bombardieren Hochzeitsgesellschaften (aus Versehen!), und sie zitieren Martin Luther King und frohlocken über Gewaltlosigkeit für die Schwachen und die größten Waffen für die Starken. Jedes Mal, wenn ein Polizeibeamter uns anhält, ist Tod, Verletzung, Verstümmelung möglich. Da kann man nicht einfach sagen, das trifft doch alle und vor allem Kriminelle. In dem Augenblick, in dem die Polizei die Verfolgung von Prince Jones aufnahm, war sein Leben in Gefahr. Die Träumer akzeptieren das als Geschäftskosten, akzeptieren unsere Körper als Währung, denn das ist ihre Tradition. Als Sklaven waren wir die erste Prämie dieses Landes, die erste Anzahlung auf dessen Freiheit. Nach dem Untergang und der Befreiung durch den Bürgerkrieg kam die Erlösung für den reuelosen Süden und die Wiedervereinigung, und unsere Körper wurden zur zweiten Hypothek dieses Landes. Im New Deal waren wir dessen Gästezimmer, der ausgebaute Keller. Und heute, mit dem ausufernden Strafvollzug, der das Lagern schwarzer Körper in eine Arbeitsbeschaffung und lukrative Investition für Träumer verwandelt – heute, da acht Prozent aller Gefängnisinsassen auf der Welt schwarze Männer sind, haben unsere Körper den Traum vom Weißsein refinanziert. Schwarzes Leben ist billig, doch in Amerika sind schwarze Körper ein Rohstoff von unvergleichlichem Wert.

III

Und brachten die Menschheit an den Rand
der Auslöschung: weil sie denken, sie seien weiß.

JAMES BALDWIN

In den Jahren nachdem Prince gestorben war, dachte ich oft an jene, die im Schatten seines Todes weiterleben mussten. Ich dachte an seine Verlobte und fragte mich, was es bedeutete, wenn die Zukunft ohne Erklärung umgeworfen wurde. Ich fragte mich, was sie wohl ihrer Tochter erzählte, und ich fragte mich, wie seine Tochter sich ihren Vater vorstellte, wann er ihr fehlte, wie sie sich den Verlust vor Augen führte. Doch am meisten dachte ich über Prince' Mutter nach, und die Frage, die ich mir am häufigsten stellte, war: Wie lebt sie damit weiter? Ich suchte ihre Telefonnummer im Netz. Ich schrieb ihr eine E-Mail. Sie antwortete. Dann rief ich an und verabredete einen Besuch bei ihr, in einer kleinen geschlossenen Wohnanlage wohlhabender Familien vor den Toren von Philadelphia. Es war ein regnerischer Dienstag, ich hatte von New York den Zug genommen und dann einen Wagen gemietet. In den Monaten zuvor hatte ich viel an Prince gedacht. Du, deine Mutter und ich waren zum Homecoming im Mekka gewesen, und so viele Freunde waren da, und Prince war nicht da.

Dr. Jones öffnete mir die Tür. Sie war reizend, freundlich, braun. Ich hätte sie auf irgendwas zwischen vierzig und siebzig geschätzt, diese Spanne, in der das Alter bei vielen Schwarzen nur schwer zu bestimmen ist. Sie war sehr gefasst; immer wieder während unseres Gesprächs hatte ich Mühe, ihre tatsächlich offenbarten Gefühle und meine Erwartungen an ihre Gefühle auseinanderzuhalten. Ich weiß noch, dass sie aus gequälten Augen zu lächeln schien und dass die Traurigkeit wie eine dunkle Decke über das ganze Haus gebreitet wirkte. Ich meine mich an Musik zu erinnern – Jazz oder Gospel –, die im Hintergrund spielte, gleichzeitig erinnere ich mich aber an eine tiefe Stille, die alles überlagerte. Ich dachte, sie habe vielleicht geweint. Ich war mir nicht sicher. Sie führte mich in ihr großes Wohnzimmer. Niemand sonst war im Haus. Es war Anfang Januar. Ihr Weihnachtsbaum stand noch am Ende des Zimmers, Socken mit den Namen ihrer Tochter und ihres verlorenen Sohnes hingen dort, und auf einem Beistelltisch stand ein gerahmtes Foto von ihm, Prince Jones. Sie brachte mir Wasser in einem schweren Glas. Sie trank Tee. Sie erzählte mir, sie sei außerhalb von Opelousas in Louisiana geboren und aufgewachsen, ihre Vorfahren seien in dieser Gegend Sklaven gewesen, und als Folge der Versklavung hallte eine Angst durch die Zeiten. »Das wurde mir zum ersten Mal klar, als ich vier war«, erzählte sie mir.

> Meine Mutter und ich fuhren in die Stadt. Wir stiegen in den Greyhound-Bus. Ich war hinter meiner Mutter. Sie hielt mich nicht an der Hand, und ich ließ mich auf den ersten Sitz fallen, den ich fand. Kurz darauf holte mich meine Mutter, ging mit mir nach hinten und erklärte mir, wieso wir dort nicht sitzen konnten. Wir waren sehr arm, und die meisten Schwarzen, die ich kannte, waren auch arm, und das Bild, das ich vom weißen Amerika hatte, stammte von unseren Fahrten in die Stadt, wo ich sah, wer in den Läden hinter der Theke stand, wo ich sah, für wen meine Mutter arbeitete. Mir wurde klar, dass uns etwas von ihnen trennte.

Diese Kluft macht sich uns auf vielfältige Weise bemerkbar. Ein kleines Mädchen, sieben Jahre alt, geht nach Hause, nachdem es in der Schule gepiesackt worden ist, und fragt seine Eltern: »Sind wir Nigger, und was bedeutet das?« Manchmal ist sie unterschwellig – die schlichte Erkenntnis, wer wo lebt und was arbeitet und wer nicht. Manchmal kommt alles zusammen. Ich habe dich nie gefragt, wie dir persönlich die Kluft bewusst geworden ist. Durch Mike Brown? Ich glaube, ich will es nicht wissen. Aber ich weiß, dass du die Erfahrung bereits hinter dir hast, die Einsicht, dass du zwar privilegiert, aber trotzdem anders bist als andere privilegierte Kinder, weil du in einem Körper lebst, der zerbrechlicher ist als andere in diesem Land. Du sollst wissen, dass das nicht deine Schuld ist, wenn auch letztlich deine Verantwortung. Es ist deine Verantwortung, weil du von den Träumern umgeben bist. Es hat nichts damit zu tun, wie du deine Hose trägst oder dein Haar frisierst. Die Kluft ist so gewollt wie politische Maßnahmen, so gewollt wie die Verdrängung, die ihr folgt. Die Kluft gestattet das effiziente Trennen der Geplünderten von den Plünderern, der Sklaven von den Sklavenhaltern, Pächtern von Grundbesitzern, Kannibalen von Nahrung.

Dr. Jones war reserviert. Sie war das, was man früher eine »Lady« nannte, und in diesem Sinn erinnerte sie mich an meine Großmutter, die als alleinerziehende Mutter in den Projects gelebt hatte, doch ihre Worte immer so wählte, als sei sie von schönen Dingen umgeben. Und als Dr. Jones darlegte, weshalb sie beschlossen hatte, die Ödnis zu verlassen, die das Pächterleben ihres Vaters und all der anderen um sie herum prägte, als sie sich an ihre Überzeugung erinnerte, »So werde ich nicht leben«, da sah ich den Stahl in ihren Augen und erinnerte mich an den Stahl in den Augen meiner Großmutter. Du wirst dich kaum mehr an sie erinnern – du warst sechs, als sie starb.

Ich erinnere mich natürlich an sie, doch als ich sie kennenlernte, waren ihre Großtaten – wie sie zum Beispiel tagsüber die Böden der Weißen geschrubbt hatte und abends zur Schule gegangen war – bereits der Stoff von Legenden. Doch noch immer spürte ich die Kraft und das Rückgrat, die sie aus den Projects in ein eigenes Heim befördert hatten.

Dieselbe Kraft spürte ich in Gegenwart von Dr. Jones. In der zweiten Klasse hatten sie und eine Schulkameradin einander geschworen, Ärztinnen zu werden, und sie hatte sich an ihr Versprechen gehalten. Doch zunächst beendete sie mit ihrer Präsenz die Segregation an der Highschool ihrer Stadt. Sie wehrte sich gegen die weißen Kinder, die sie beleidigten, und am Ende wurde sie zur Klassensprecherin gewählt. Sie war Leichtathletin. Das sei ein »Entrée« gewesen, erzählte sie mir, doch sehr weit kam sie damit nicht in deren Welt. Beim Football feuerten die anderen Schüler den schwarzen Star-Runningback an, wenn aber ein schwarzer Spieler im gegnerischen Team den Ball bekam, brüllten sie »Kill that nigger! Kill that nigger!«. Sie saßen direkt neben ihr, wenn sie das brüllten, als wäre sie gar nicht da. Als Kind hatte sie Bibelverse vorgetragen, und sie erzählte mir, wie sie dazu gekommen war. Ihre Mutter war mit ihr zum Vorsingen für den Kinderchor gegangen. Hinterher hatte der Chorleiter gesagt: »Honey, ich glaube, du solltest lieber sprechen.« Jetzt lachte sie ein wenig, nicht schallend, noch immer kontrolliert, aber ich hatte das Gefühl, dass sie allmählich auftaute. Als sie von der Kirche erzählte, dachte ich an deinen Großvater, den, den du kennst, und dass er seine ersten intellektuellen Abenteuer beim Vortrag von Bibelstellen erlebte. Ich dachte an deine Mutter, die das ebenfalls gemacht hatte. Und ich dachte an meine eigene Distanz zu der Institution, die so oft die einzige Stütze von uns Schwarzen war. Ich frage mich oft, ob mir durch diese Distanz etwas entgeht, irgendeine kosmische Hoffnung, eine Weisheit, die über meine kleinliche, dingliche Wahrnehmung der Welt hinausgeht, etwas jenseits des Körperlichen, das ich dir hätte vermitteln können. Darüber dachte ich in dem Augenblick nach, denn etwas, das über alles hinausgeht, was für mich je begreifbar war, hatte Mabel Jones zu einem außergewöhnlichen Leben angetrieben.

Sie bekam ein Vollstipendium fürs College. Sie studierte Medizin an der Louisiana State University. Sie diente in der Navy. Sie entschied sich für Radiologie. Damals kannte sie keinen anderen schwarzen Radiologen. Ich äußerte die Vermutung, dass es schwer gewesen sei für sie, doch das empfand sie als Beleidigung. Sie ließ keine Unannehmlichkeiten gelten, und sie fand sich selbst auch nicht bemerkenswert, das wäre ein zu großes Zugeständnis gewesen, eine Rechtfertigung von Stammeserwartungen, wo sich die einzig gültige Erwartung auf die Person von Mabel Jones beziehen sollte. Und so betrachtet war ihr Erfolg keine Überraschung, denn Mabel Jones ging keine Umwege, und wenn sie etwas machte, dann richtig. Ihre Haltung zum Leben war die einer Topathletin, die weiß, dass der Gegner mit Fouls spielt und die Schiedsrichter bestochen sind, aber auch, dass die Meisterschaft nur ein Spiel entfernt ist.

Sie nannte ihren Sohn – Prince Jones – »Rocky«, im Andenken an ihren Großvater, der als »Rock« bekannt war. Ich erkundigte mich nach seiner Kindheit, weil ich Prince im Grunde gar nicht so gut gekannt hatte. Er gehörte zu den Leuten, die ich gern auf Partys traf, den ich Freunden als *a good brother* beschreiben würde, auch wenn ich nicht wusste, was er genau trieb. Also umriss sie mir seine Kindheit, damit ich mir ein Bild machen konnte. Sie sagte, einmal habe er einen Nagel in eine Steckdose geschlagen und das ganze Haus lahmgelegt. Sie sagte, einmal habe er sich Anzug und Krawatte angezogen, sei auf ein Knie gesunken und habe für sie »Three Times a Lady« gesungen. Sie sagte, er sei immer auf Privatschulen gegangen – Schulen voller Träumer – und habe überall Freunde gefunden, in Louisiana und später in Texas. Ich fragte sie, wie die Eltern seiner Freunde sie behandelt hätten. »Zu der Zeit leitete ich bereits die Röntgenabteilung des örtlichen Krankenhauses«, sagte sie. »Also brachten sie mir Respekt entgegen.« Sie sagte das ohne Liebe in den Augen, kalt, als erklärte sie eine mathematische Funktion.

Prince war intelligent wie seine Mutter. Seine Highschool war eine Magnetschule für Mathematik und Naturwissenschaften in Texas, an der man schon College-Scheine machen konnte. Obwohl die Schüler aus ganz Texas kamen, einem Staat mit der ungefähren Bevölkerungszahl von Angola, Australien oder Afghanistan, war Prince der einzige Schwarze auf der Schule. Ich fragte Dr. Jones, ob sie gewollt hatte, dass er auf die Howard University geht. Lächelnd verneinte sie. Dann fügte sie hinzu: »Es tut so gut, darüber zu reden.« Das entspannte mich ein wenig, ich fühlte mich nicht mehr nur als Eindringling. Ich fragte, wo sie ihn denn gern auf dem College gesehen hätte. Sie sagte: »Harvard. Und wenn nicht Harvard, dann Princeton. Und wenn nicht Princeton, dann Yale. Und wenn nicht Yale, dann Columbia. Und wenn nicht Columbia, dann Stanford. So ein Kaliber war er.« Doch wie mindestens ein Drittel der Studentenschaft an der Howard war Prince es leid, etwas repräsentieren zu müssen. Diese Howard-Studenten waren nicht wie ich. Sie waren die Kinder der Jackie-Robinson-Elite, deren Eltern sich aus den Ghettos herausgearbeitet hatten, vom Leben als Pächter hinein in die Vorstädte, nur um festzustellen, dass sie ihr Stigma mitnahmen und nicht entkommen konnten. Selbst wenn sie Erfolg hatten, was vielfach der Fall war, wurden sie herausgehoben, als Beispiele hochgehalten, zu Sinnbildern der Vielfalt verklärt. Sie waren Symbole und Beweise, niemals Kinder oder junge Erwachsene. Also kommen sie an die Howard University, um normal zu sein – und mehr noch, um zu sehen, wie breit gefächert diese schwarze Normalität tatsächlich ist.

Prince hatte sich weder für Harvard beworben noch für Princeton, Yale, Columbia oder Stanford. Er wollte nur das Mekka. Ich fragte Dr. Jones, ob sie Prince' Entscheidung, an die Howard zu gehen, bedauere. Sie holte scharf Luft. Es war, als hätte ich zu heftig auf eine Prellung gedrückt. »Nein«, sagte sie. »Ich bedauere, dass er tot ist.«

Sie sagte dies mit großer Selbstbeherrschung und noch größerem Schmerz. Sie sagte dies mit der eigentümlichen Haltung und Geradlinigkeit, die die große amerikanische Verletzung uns abverlangt. Hast du dir jemals richtig Fotos von den Sit-ins der sechziger Jahre angesehen, richtig ernsthaft? Hast du dir jemals die Gesichter angesehen? Die Gesichter sind nicht wütend, nicht traurig, auch nicht heiter. Sie verraten praktisch keine Gefühle. Sie blicken an ihren Peinigern vorbei, an uns vorbei und konzentrieren sich auf etwas, das jenseits von allem liegt, was ich kenne. Ich glaube, sie konzentrieren sich auf ihren Gott, einen Gott, den ich nicht kennen kann und an den ich nicht glaube. Doch Gott hin oder her, eine Rüstung umhüllt sie, und sie ist echt. Oder vielleicht ist es gar keine Rüstung. Vielleicht ist es eine Art lebenserhaltender Apparat, eine Leihgabe, die einem gestattet, jetzt die Angriffe, die auf einen niederprasseln, einzustecken und die Schulden später zu begleichen. Was auch immer es ist, den gleichen vornehmen und leeren Blick, den ich auf den Fotos sehe, sah ich bei Mabel Jones. In ihren scharfen braunen Augen, die schimmerten, aber nicht überquollen. Sie hatte so viel im Griff, und ganz gewiss hatten ihr die Tage, seit man ihren Rocky geraubt, seit man ihren Stammbaum geplündert hatte, genau das abgefordert.

Und auf Hilfe von ihrem Land konnte sie nicht bauen. Was ihren Sohn anging, so tat Dr. Jones' Land das, was es am besten kann – es vergaß. Das Vergessen ist eine Angewohnheit, ist ein weiterer notwendiger Bestandteil des Traums. Sie haben das Ausmaß des Diebstahls vergessen, der sie während der Sklaverei bereicherte, den Terror, der ihnen ein Jahrhundert lang gestattete, das Wahlrecht zu klauen, die Rassentrennung, die ihnen ihre Vorstädte bescherte. Sie vergessen und verdrängen, weil die Erinnerung sie aus ihrem schönen Traum stürzen und zwingen würde, hier unten bei uns zu leben, hier unten in der Welt. Ich bin davon überzeugt, dass die Träumer, zumindest die Träumer von heute, lieber »weiß« sind als frei. In ihrem Traum sind sie Buck Rogers, Prince Aragorn, ein ganzes Volk von Skywalkers. Sie aufzuwecken hieße zu enthüllen, dass sie ein menschliches Imperium sind, das wie alle menschlichen Imperien auf der Zerstörung von Körpern gründet. Es hieße, ihre Erhabenheit zu beflecken, sie zu verwundbaren, fehlbaren, zerbrechlichen Menschen zu machen.

Dr. Jones schlief, als das Telefon klingelte. Es war fünf Uhr morgens, und am Telefon sagte ihr ein Detective, sie solle nach Washington kommen. Rocky sei im Krankenhaus. Auf Rocky sei geschossen worden. Sie fuhr mit ihrer Tochter hin. Sie war überzeugt, dass er lebte. Während sie dies erzählte, hielt sie mehrmals inne. Sie ging direkt zur Intensivstation. Rocky war nicht dort. Eine Gruppe von Männern mit entsprechender Befugnis – Ärzte, Anwälte, Detectives vielleicht – führte sie in einen Raum und teilte ihr mit, dass er tot sei. Sie hielt erneut inne. Sie weinte nicht. Die Fassung zu bewahren war jetzt zu wichtig.

»Noch nie hatte ich so etwas gefühlt«, erzählte sie mir. »Es war ein extremer körperlicher Schmerz. So schmerzhaft, dass ich, wann immer der Gedanke an ihn aufkam, nur noch beten und um Gnade flehen konnte. Ich dachte, ich verliere den Verstand und drehe durch. Ich fühlte mich krank. Es war, als würde ich sterben.«

Ich fragte sie, ob sie erwartet habe, dass der Polizist, der Prince erschossen hatte, angeklagt würde. »Ja«, sagte sie. Ihre Stimme war ein Cocktail der Emotionen. Sie sprach wie eine Amerikanerin, mit all der Erwartung an Gerechtigkeit, und sei es verspätete, zähneknirschende Gerechtigkeit, die sie vor vielen Jahren zum Medizinstudium mitgebracht hatte. Und sie sprach wie eine schwarze Frau, mit all dem Schmerz, der genau diese Gefühle untergräbt.

Ich dachte über ihre Tochter nach, die kürzlich geheiratet hatte. Ein Foto von ihr und ihrem Ehemann stand auf dem Tisch. Dr. Jones war nicht zuversichtlich. Sie sorgte sich zutiefst darum, dass ihre Tochter einen Sohn auf die amerikanische Welt bringen könnte, weil sie ihn nicht retten, seinen Körper nicht vor der rituellen Gewalt bewahren konnte, die ihren Sohn gefordert hatte. Sie verglich Amerika mit Rom. Sie sagte, in ihren Augen sei die Glanzzeit dieses Landes längst vorüber, und selbst diese Glanzzeit sei besudelt: Sie gründete auf den Körpern anderer. »Und uns erreicht die Botschaft nicht«, sagte sie. »Wir begreifen nicht, dass wir unseren Tod begrüßen.«

Ich fragte Dr. Jones, ob ihre Mutter noch lebe. Sie antwortete, ihre Mutter sei 2002 gestorben, mit neunundachtzig, zwei Jahre nach Prince' Tod. Ich fragte Dr. Jones, wie ihre Mutter den aufgenommen habe, und ihre Stimme senkte sich beinahe zu einem Flüstern. »Ich glaube, gar nicht.«

Sie erwähnte *12 Years a Slave*. »Da war er«, sagte sie und meinte Solomon Northup. »Er hatte Vermögen. Er hatte eine

Familie. Er lebte wie ein Mensch. Und ein rassistischer Akt wirft ihn zurück. Dasselbe gilt für mich. Ich habe Jahre damit zugebracht, mir eine Karriere aufzubauen, Wohlstand zu erreichen, Verantwortung zu übernehmen. Und dann ein einziger rassistischer Akt. Mehr braucht es nicht.« Und sie sprach erneut von all dem, was sie erreicht hatte, durch großen Fleiß, unentwegte Arbeit, auf dem langen Weg aus der bitteren Armut. Sie sprach davon, dass ihre Kinder im Überfluss aufgewachsen seien – alljährliche Skireisen, Abstecher nach Europa. Sie sagte, als ihre Tochter in der Highschool Shakespeare durchgenommen habe, sei sie mit ihr nach England geflogen. Und als ihre Tochter mit sechzehn den Führerschein bestand, wartete ein Mazda 626 vor der Tür. Ich spürte, dass es eine Verbindung gab zwischen dem Bedürfnis zu geben und der blanken Armut ihrer Jugend. Ich spürte, dass sie das alles ebenso sehr für sich wie für ihre Kinder getan hatte. Sie sagte, Prince habe sich nie um Materielles geschert. Er las gern. Er reiste gern. Doch als er dreiundzwanzig wurde, schenkte sie ihm einen Jeep. Sie hatte eine riesige lila Schleife darumgebunden. Sie erzählte mir, sie sehe ihn immer noch vor sich, wie er dort stand, den Jeep anblickte und einfach *Thank you, Mom* sagte. Ohne Unterbrechung fügte sie hinzu: »Und das war der Jeep, in dem er ermordet wurde.«

Hinterher saß ich ein paar Minuten einfach so im Wagen. Ich dachte an all das, was Prince' Mutter ihm gegeben hatte, und all das, was verloren war. Ich dachte an die Einsamkeit, die ihn ins Mekka getrieben hatte, und dass weder das Mekka noch wir ihn hatten retten können, daran, dass wir uns letztlich nicht selbst retten können. Ich dachte an die Sit-ins von damals, die Demonstranten mit ihren stoischen Gesichtern, die ich einst dafür verachtet hatte, dass sie ihre Körper den schlimmsten Dingen im Leben dargebracht hatten. Vielleicht hatten sie etwas Schreckliches über die Welt gewusst. Vielleicht hatten sie sich so bereitwillig von der Sicherheit und Unantastbarkeit des schwarzen Körpers gelöst, weil weder Sicherheit noch Unantastbarkeit je existiert hatten. Und all die alten Fotos aus den sechziger Jahren, all diese Filme, die ich gesehen hatte, von schwarzen Menschen, die sich vor Knüppeln und Hunden niederwarfen, waren nicht einfach nur beschämend, waren sogar überhaupt nicht beschämend – sie waren schlicht wahr. Wir sind gefangen, Bruder, umringt von den Mehrheitsbanditen Amerikas. Und das ist hier geschehen, in unserer einzigen Heimat, und die schreckliche Wahrheit ist, dass wir da nicht mit purer Willenskraft rauskommen. Vielleicht war, ist das die Hoffnung der Bewegung: die Träumer aufzuwecken, ihnen vor Augen zu führen, was ihr Bedürfnis, weiß zu sein, zu reden, als seien sie weiß, zu denken, als seien sie weiß, also zu denken, sie seien über die Konstruktionsfehler der Menschheit erhaben, der Welt angetan hat.

Du kannst dein Leben aber nicht nach den Träumern und der geringen Chance ausrichten, dass sie zur Besinnung kommen. Unsere Zeit ist zu kurz. Unsere Körper sind zu kostbar. Du bist jetzt da, und du musst leben, und es gibt so viel, wofür sich zu leben lohnt, nicht bloß in einem fremden Land, sondern in deinem eigenen Zuhause. Die Wärme dunkler Energien, die mich ins Mekka zog, die Prince Jones dorthin zog, die Wärme unserer speziellen Welt, ist wunderschön, wie kurz oder zerbrechlich auch immer.

Ich denke an unseren Ausflug zum Homecoming. Ich denke daran, wie die Wärme über uns wogte. Wir waren beim Footballspiel. Wir saßen mit alten Freunden und deren Kindern auf der Tribüne und scherten uns weder um Fumbles noch um First Downs. Ich weiß noch, wie ich auf die Torpfosten blickte und einen Pulk ehemaliger Cheerleader be-

obachtete, die das Mekka so liebten, dass sie ihre alten Farben übergeworfen und ihre alten Kostüme ein bisschen passend gemacht hatten. Ich weiß noch, wie sie tanzten. Schütteln, stehen, noch mal schütteln, und als die Menge »Los!« brüllte, »Los! Los! Loooos!«, stand eine Schwarze zwei Reihen vor mir in ihrer engsten Jeans auf und schüttelte sich, als wäre sie keine Mama und als hätten die letzten zwanzig Jahre gerade mal eine Woche gedauert. Ich weiß noch, wie ich ohne dich zur Parkplatz-Party ging. Ich konnte dich nicht mitnehmen, aber ich habe kein Problem damit, dir zu erzählen, was ich sah, umgeben von der ganzen Diaspora: Zocker, Anwälte, Poser, Ärzte, Friseure, Verbindungsstudenten, Säufer, Geeks und Nerds. Der DJ brüllte ins Mikro. Die jungen Leute drängelten sich um ihn. Einer holte eine Flasche Cognac raus und drehte den Verschluss auf. Die Frau an seiner Seite lächelte, legte den Kopf nach hinten, schluckte, lachte. Und ich hatte das Gefühl, in diese Körper einzutauchen, in ihnen zu verschwinden. Das Muttermal der Verdammnis verblasste, ich spürte das Gewicht meiner Arme, ich hörte den Sog meines Atems, und ich sagte nichts, wozu auch.

Das war ein Augenblick der reinen Freude jenseits des Traums – ein Augenblick, durchtränkt von einer Kraft, die phantastischer ist als jedes Wahlrechtsgesetz. Diese Kraft, diese schwarze Kraft entspringt einem Blick auf die amerikanische Galaxie von einem dunklen, lebenswichtigen Planeten. Black Power ist die Kerkerperspektive auf Monticello, das Herrenhaus unseres Verfassungsvaters und dritten Präsidenten, der zugleich Sklavenhalter war – es ist die Perspektive des Kampfes. Und Black Power bringt ein Verständnis hervor, das alle Galaxien in ihr wahres Licht rückt. Selbst die Träumer, diese entrückten Träumer, spüren es, denn wenn sie traurig sind, lauschen sie Billie, und wenn sie kühn sind, grölen sie

Mobb Deep, und wenn sie verliebt sind, summen sie die Isleys, und wenn sie über die Stränge schlagen, brüllen sie Dre, und Aretha ist das Letzte, was sie hören, bevor sie sterben. Wir haben etwas geschaffen hier unten. Wir haben die *one-drop rule* der Träumer genommen und umgekrempelt. Sie haben aus uns eine Rasse gemacht. Wir haben aus uns ein Volk gemacht. Hier im Mekka, im Schmerz der Ausgrenzung, haben wir uns ein Zuhause geschaffen. So wie Schwarze auf sommerlichen Straßen voller Nadeln, Phiolen und Hüpfkästchen. So wie Schwarze, die auf Rent-Partys tanzen, so wie Schwarze bei ihren Familienfeiern, die einander betrachten werden wie Überlebende einer Katastrophe. So wie Schwarze, die sich mit ihrem Cognac und deutschem Bier zuprosten, Blunts herumgehen lassen und über MCs diskutieren. So wie wir alle, die wir durch den Tod gereist sind, zum Leben an diesen Gestaden.

Das war die Liebe, die Prince Jones angezogen hatte. Die Kraft dieser Liebe hat nichts mit Gott zu tun, sondern mit der tiefen Erkenntnis, wie zerbrechlich alles – sogar der Traum, insbesondere der Traum – ist. Als ich dort im Wagen saß, dachte ich an Dr. Jones' Prophezeiung, dass das Land dem Untergang geweiht sei. Derartige Prophezeiungen bekam ich schon mein ganzes Leben lang zu hören, von Malcolm und all seinen Nachfolgern, die lautstark verkündeten, die Träumer müssten ernten, was sie gesät haben. Ich hörte dieselbe Prophezeiung in den Worten von Marcus Garvey, der versprochen hatte, in einem Wirbelwind rachedurstiger Vorfahren zurückzukehren, einer Armee Untoter von der Middle Passage. Nein. Ich verließ das Mekka in dem Bewusstsein, dass das allzu wohlfeil war, dass wir, sollten die Träumer je ernten, was sie gesät haben, die Ernte mit ihnen einfahren würden. Die Plünderung ist zu Gewohnheit und Sucht gereift; Menschen, die den mechanisierten Tod in unseren Ghettos, die Massenvergewaltigung durch private Gefängnisse ersonnen und dann das eigene Vergessen betrieben haben, müssen einfach weiter plündern. Das ist kein Glauben an eine Prophezeiung, sondern der Glauben daran, dass die Leute sich auf den Weg machen, wenn es irgendwo billiges Benzin gibt.

Einst waren die Parameter des Traums von Technologie begrenzt, von Pferdestärken und Wind abhängig. Doch die Träumer haben Fortschritte gemacht, und das Stauen von Seen für Elektrospannung, die Förderung von Kohle, die Umwandlung von Öl in Nahrung ermöglichen eine Ausweitung der Plünderung in nie gekanntem Ausmaß. Diese Revolution hat die Träumer befähigt, nicht nur die Körper von Menschen zu plündern, sondern den Leib der Erde. Die Erde ist nicht unser Geschöpf. Sie hat keinen Respekt vor uns. Sie braucht uns nicht. Und ihre Rache ist nicht das Feuer in den Städten, sondern das Feuer im Himmel. Etwas Wütenderes als Marcus Garvey reitet auf dem Wirbelwind. Etwas Schrecklicheres als unsere afrikanischen Vorfahren steigt mit den Meeren auf. Die beiden Phänomene sind seit langem verschränkt. Die Baumwolle, die durch unsere angeketteten Hände ging, läutete dieses Zeitalter ein. Die Flucht vor uns ließ sie ausschwärmen in die parzellierten Wälder. Und das Mittel des Transports durch diese neuen Parzellen, die aufgesiedelten Fluchten, ist das Automobil, die Schlinge um den Hals der Erde und letzten Endes der Träumer selbst.

An all das dachte ich, als ich von Mabel Jones wegfuhr. Und ich dachte, wie immer, an dich. Ich glaube nicht, dass wir sie aufhalten können, Samori, denn sie müssen sich letztlich selbst aufhalten. Dennoch fordere ich dich auf zu kämpfen. Für das Gedenken an unsere Vorfahren zu kämpfen. Für Weisheit zu kämpfen. Für die Wärme des Mekka. Für deine

Großeltern, für deinen Namen. Doch kämpfe nicht für die Träumer. Hoffe für sie. Bete für sie, wenn dir danach ist. Aber richte deinen Kampf nicht auf ihre Bekehrung. Die Träumer müssen lernen, für sich selbst zu kämpfen, zu begreifen, dass das Feld ihrer Träume, die Bühne, auf der sie sich weiß angemalt haben, unser aller Sterbebett ist. Der Traum ist dieselbe Angewohnheit, die unseren Planeten bedroht, dieselbe Angewohnheit, die dafür sorgt, dass unsere Körper in Gefängnissen und Ghettos verstaut werden. Ich habe diese Ghettos gesehen auf dem Rückweg von Dr. Jones. Es waren dieselben Ghettos, die ich vor so langer Zeit in Chicago gesehen habe, dieselben Ghettos, in denen meine Mutter aufgewachsen ist, in denen mein Vater aufgewachsen ist. Durch die Windschutzscheibe sah ich die Embleme dieser Ghettos – die Überfülle an Kosmetiksalons, Kirchen, Schnapsläden und zerfallenden Häusern –, und ich spürte die alte Angst. Durch die Windschutzscheibe sah ich den Regen in Strömen niedergehen.

PLÄDOYER FÜR REPARATIONEN

Wenn sich dein Bruder, ein Hebräer oder eine Hebräerin, dir verkauft, so soll er dir sechs Jahre dienen; im siebenten Jahr sollst du ihn als frei entlassen. Und wenn du ihn freigibst, sollst du ihn nicht mit leeren Händen von dir gehen lassen, sondern du sollst ihm aufladen von deinen Schafen, von deiner Tenne, von deiner Kelter, so dass du gibst von dem, womit dich der HERR, dein Gott, gesegnet hat, und sollst daran denken, dass du auch Knecht warst in Ägyptenland und der HERR, dein Gott, dich erlöst hat; darum gebiete ich dir solches heute.

DAS FÜNFTE BUCH MOSE (DEUTERONOMIUM) 12,15-19

Abgesehen von dem Verbrechen der Gesetzesverletzung und des Abweichens vom rechten Wege der Vernunft, wodurch der Mensch entartet und erklärt, von den Prinzipien der menschlichen Natur abzuweichen und ein schädliches Geschöpf zu sein, wird gewöhnlich nur dem einen oder anderen ein Unrecht zugefügt, und irgendjemand erleidet durch die Übertretung dieses Gesetzes einen Schaden. In diesem Falle erhält derjenige, dem irgendein Schaden entstanden ist, außer dem Recht der Bestrafung, das er mit allen anderen Menschen gemeinsam hat, noch ein zusätzliches Recht, von dem, der ihn geschädigt hat, Wiedergutmachung zu verlangen.

JOHN LOCKE

Durch unbezahlte Arbeit und Leid haben wir uns wieder und wieder das Recht auf Boden verdient und nun sind wir entschlossen, es zu bekommen.

ANONYM, 1861

I
»DAS IST NUR EINER MEINER VERLUSTE«

Clyde Ross kam 1923 als siebtes von dreizehn Kindern in Clarksdale, Mississippi, der Heimat des Blues, zur Welt. Ross' Eltern besaßen und bewirtschafteten vierzig Morgen Land voller Kühe, Schweine und Maultiere. Zum Einkaufen in Clarksdale fuhr Ross' Mutter mit einem Pferdegespann, das sie mit ähnlich großem Stolz erfüllte, wie es heutzutage vielleicht ein Cadillac täte. Die Familie nannte noch ein weiteres Pferd ihr Eigen, eins mit rotem Fell, und dieses Pferd wurde Clyde vermacht. Der Ross-Familie fehlte nicht viel, einmal abgesehen von dem, was sich alle schwarzen Familien in den ehemaligen Plantagenstaaten der USA – dem *Deep South* – damals verzweifelt wünschten: den Schutz ihrer Rechte.

In den 1920er Jahren war das Mississippi der Jim-Crow-Gesetze in allen Facetten der Gesellschaft eine Kleptokratie. Der Großteil der Bevölkerung des Bundesstaats wurde dauerhaft seines Stimmrechts beraubt – ein Diebstahl, der durch die Trickserei der Wahlsteuer und die Macht des Lynchmobs bewerkstelligt wurde. Zwischen 1882 und 1968 wurden in Mississippi mehr Menschen schwarzer Hautfarbe gelyncht als in irgendeinem anderen Bundesstaat. »Sie und ich wissen, dass das die beste Methode ist, um den Neger vom Wählen abzuhalten«, prahlte Theodore Bilbo, einer der Senatoren Mississippis und stolzer Ku-Klux-Klan-Mann. »Man tut es in der Nacht vor der Wahl.«

Das Regime des Bundesstaates verband den Raub des Wahlrechtes mit dem Raub des Geldbeutels. Viele der schwarzen Farmer Mississippis lebten in Schuldknechtschaft, unter der Herrschaft der Baumwollkönige, die für sie Verpächter, Arbeitgeber und Hauptabnehmer zugleich waren. Werkzeug und Güter des täglichen Bedarfs wurden vorgestreckt und mit dem Gewinn aus dem Ernteertrag verrechnet, welchen der Arbeitgeber festlegte. Wenn Farmer als verschuldet galten – und das war häufig der Fall –, wurde das Minus auf die nächste Saison übertragen. Männer oder Frauen, die sich gegen diese Praxis auflehnten, riskierten schwere Verletzungen oder gar den Tod. Arbeitsverweigerung bedeutete die Verhaftung wegen Landstreicherei und Zwangsarbeit im staatlichen Strafvollzug.

Bis weit ins 20. Jahrhundert hinein schilderten schwarze Menschen ihre Flucht aus Mississippi auf ganz ähnliche Weise wie ihre Vorfahren, die der Sklaverei entflohen waren. In ihrem Buch *The Warmth of Other Suns* von 2010 erzählt Isabel Wilkerson die Geschichte von Eddie Earvin, einem Spinatpflücker, der 1963 aus Mississippi floh, nachdem er mit Waffengewalt zur Arbeit gezwungen worden war. »Man sprach nicht davon und erzählte es niemandem«, sagte Earvin. »Man schlich sich einfach weg.«

Als Clyde Ross noch ein Kind war, behauptete die zuständige Behörde, sein Vater sei mit 3000 Dollar im Steuerrückstand. Ross der Ältere konnte nicht lesen. Er hatte keinen Anwalt. Er kannte niemanden am örtlichen Gericht. Er konnte nicht davon ausgehen, dass die Polizei unvoreingenommen sein würde. Faktisch verfügte die Familie Ross über keine Möglichkeit, die Forderung anzufechten, sie genoss keinen

Rechtsschutz. Der Staat Mississippi beschlagnahmte das Land. Er beschlagnahmte das Pferdegespann. Er nahm sich die Kühe, Schweine und Maultiere. Um den Grundsatz von »getrennt, aber gleich« – *separate but equal* – aufrechtzuerhalten, wurde die gesamte Familie Ross zum Sharecropping verdammt, bei dem sie als Pächter den Landbesitzer mit Ernteanteilen zu bezahlen hatte.

Das war alles andere als ungewöhnlich. 2001 veröffentlichte Associated Press eine dreiteilige Untersuchung zum Diebstahl von Land, welches sich einst im Besitz von Schwarzen befunden hatte, die bis in die Zeit vor dem Bürgerkrieg zurückreichte. Die Reihe dokumentierte die Fälle von 406 Opfern und insgesamt 24 000 Morgen Land mit einem Gegenwert von bis zu 100 Millionen Dollar. Das Land war auf verschiedene Weise geraubt worden, die Mittel reichten von gesetzlichen Schikanen bis hin zu Terrorismus. »Aus Land, das schwarzen Familien genommen wurde«, berichtete AP, wurde unter anderem ein »Country Club in Virginia«, »Ölfelder in Mississippi« und »ein Baseball-Trainingsgelände in Florida«.

Clyde Ross war ein kluges Kind. Sein Lehrer war der Meinung, dass er eine anspruchsvollere Schule besuchen sollte. In Mississippi gab es nur sehr wenig Unterstützung für die Ausbildung von Schwarzen. Aber Julius Rosenwald, Miteigentümer des Handelsunternehmens Sears, Roebuck, hatte mit dem ehrgeizigen Unterfangen begonnen, überall in den Südstaaten Schulen für schwarze Kinder zu bauen. Ross' Lehrer fand, er solle die örtliche Rosenwald-Schule besuchen. Aber sie war zu weit entfernt, um sie zu Fuß zu erreichen und nachmittags rechtzeitig zur Feldarbeit nach Hause zurückzukehren. Für die weißen Kinder des Ortes gab es einen Schulbus. Für Clyde Ross gab es den nicht, und so entging ihm die Chance auf eine bessere Ausbildung.

Als Clyde zehn Jahre alt war, forderte eine Gruppe weißer Männer seinen einzigen Besitz – das Pferd mit dem roten Fell. »Du kannst dieses Pferd nicht haben. Wir wollen es«, sagte einer der weißen Männer. Sie zahlten Ross' Vater siebzehn Dollar dafür.

»Ich habe alles für dieses Pferd getan«, erzählte mir Ross. »Alles. Und sie haben es mir genommen. Haben es Rennen laufen lassen. Ich habe nie erfahren, wie es ihm danach ergangen ist, aber ich weiß, dass sie es nicht zurückbrachten. Das ist nur einer meiner Verluste.«

Und die Verluste häuften sich. Das, was der Familie Ross zustand, diente ihrem Landbesitzer als schwarze Kasse. Landbesitzer waren eigentlich dazu verpflichtet, den Profit aus den Baumwollfeldern mit den Sharecroppern zu teilen. Aber häufig verschwanden Ballen bei der Zählung oder die Höhe des Anteils wurde willkürlich verändert. Wenn beispielsweise Baumwolle für fünfzig Cent das Pfund gehandelt wurde, konnte es sein, dass die Familie Ross fünfzehn Cent davon bekam oder nur fünf. Einmal versprach Clydes Mutter ihm, dass sie ihm für sieben Dollar einen Anzug für ein Sommerprogramm ihrer Kirche kaufen würde. Sie bestellte den Anzug bei einem Versandhändler. Aber in jenem Jahr erhielt die Familie für Baumwolle nur fünf Cent pro Pfund. Der Postbote kam mit dem Anzug. Die Familie konnte ihn nicht bezahlen. Der Anzug wurde zurückgeschickt. Clyde Ross nahm nicht an dem Kirchenprogramm teil.

In diesen jungen Jahren fing Ross an, sich als Amerikaner zu verstehen – er lebte nicht unter Justitias blinder Rechtsprechung, sondern unter der Knute eines Regimes, das bewaffneten Raub zum Prinzip seiner Herrschaft erhoben hatte. Er überlegte zu kämpfen. »Halt bloß deinen Mund«, sagte sein Vater. »Sonst kommen sie und töten uns alle.«

Clyde Ross wuchs heran. Er wurde zur Armee eingezogen. Die Einberufungsbehörde bot ihm an, ausgemustert zu werden, wenn er zu Hause blieb und arbeitete. Er zog es vor, sein Glück im Krieg zu suchen. Er wurde in Kalifornien stationiert. Er stellte fest, dass er in Geschäfte gehen konnte, ohne behelligt zu werden. Er konnte Straßen entlanggehen, ohne belästigt zu werden. Er konnte ein Restaurant besuchen und wurde bedient.

Ross wurde nach Guam verschifft. Er kämpfte im Zweiten Weltkrieg, um die Welt von der Tyrannei zu befreien. Aber als er nach Clarksdale zurückkehrte, musste er feststellen, dass die Tyrannei ihm nach Hause gefolgt war. Man schrieb das Jahr 1947, acht Jahre bevor Mississippi Emmett Till lynchen und seinen gebrochenen Körper in den Tallahatchie River werfen würde. Die Große Migration, ein Massenexodus von sechs Millionen Afroamerikanern, der sich über fast das ganze zwanzigste Jahrhundert erstreckte, befand sich in ihrer zweiten Hochphase. Die schwarzen Pilger wanderten nicht einfach auf der Suche nach besseren Löhnen und Arbeit nach Norden, es ging nicht um glitzernde Lichter und Abenteuer. Sie flohen vor den raffsüchtigen Machthabern des Südens. Sie suchten den Schutz des Rechts.

Clyde Ross war einer der sechs Millionen. Er kam 1947 nach Chicago und nahm eine Stelle als Geschmackstester bei Campbell's Soup an. Er hatte ein verlässliches Einkommen. Er heiratete. Er bekam Kinder. Sein Gehaltscheck gehörte ihm allein. Keine Ku-Klux-Klan-Männer beraubten ihn seines Stimmrechts. Wenn er die Straße entlangging, musste er nicht ausweichen, um einen weißen Mann passieren zu lassen. Er musste seinen Hut nicht lüften oder den Blick abwenden. Seine Reise von der Schuldknechtschaft zu vollen Bürgerrechten schien fast vollendet. Nur eins fehlte noch – ein eigenes Heim, dieser finale Ausweis, dass man in den heiligen Orden der amerikanischen Mittelschicht der Eisenhower-Jahre eingetreten war.

1961 kauften Ross und seine Frau ein Haus in North Lawndale, einem geschäftigen Gemeinwesen in Chicagos Westen. North Lawndale war lange ein überwiegend jüdisches Viertel gewesen, aber seit den 1940er Jahren lebte auch eine Handvoll Afroamerikaner aus der Mittelschicht dort. Die ausgedehnte Firmenzentrale von Sears, Roebuck bildete so etwas wie den Anker der Gemeinde. Das Jewish People's Institute von North Lawndale ermutigte Schwarze ausdrücklich, ins Viertel zu ziehen, um es zu einem »Vorreiter für gemischtrassiges Zusammenleben« zu machen. In der Schlacht um Integration, die zu jener Zeit überall im Land ausgefochten wurde, schien North Lawndale vielversprechendes Terrain zu sein. Aber im hohen Gras lauerten schon die Wegelagerer, und sie waren so ruchlos wie nur irgendein Clarksdaler Kleptokrat.

Drei Monate nachdem Clyde Ross sein Haus bezogen hatte, ging der Heizkessel kaputt. Dafür war üblicherweise der Hauseigentümer zuständig, nur war Ross nicht wirklich der Eigentümer. Seine Zahlungen gingen an den Verkäufer, nicht an die Bank. Und Ross hatte keinen normalen Vertrag über ein Hypothekendarlehen unterzeichnet. Er hatte »per Vertrag« gekauft: eine räuberische Vereinbarung, die sämtliche Verantwortlichkeiten des Immobilienbesitzes mit den Nachteilen eines Mietverhältnisses kombinierte, dabei aber keine der jeweiligen Vorteile bot. Ross hatte sein Haus für 27 500 Dollar gekauft. Der Verkäufer, der nicht der vorherige Hauseigentümer war, sondern eine neue Art von Mittelsmann, hatte es sechs Monate zuvor für nur 12 000 Dollar erworben. Bei einem Verkauf »per Vertrag« behielt der Verkäufer die Verkaufsurkunde, bis der Vertrag ganz abbezahlt war – und anders als bei normalen Hypothekenverträgen erwarb Ross in der Zwischenzeit keinerlei Gegenwert. Wenn er mit nur einer einzigen Zahlung in Rückstand geriete, wären alle Ansprüche auf seine Anzahlung von 1000 Dollar, seine monatlichen Zahlungen und die Immobilie selbst unmittelbar verwirkt.

Die Männer, die in North Lawndale Verträge verschoben, verkauften Häuser zu überhöhten Preisen und zwangen Familien zur Räumung, wenn sie nicht zahlen konnten – die Anzahlung und die monatlichen Raten der Familien strichen sie als Gewinn ein. Dann brachten sie die nächste Familie ins Haus und wiederholten das Spiel. »Er lädt ihnen Zahlungsverpflichtungen auf, die sie nicht erfüllen können«, wusste eine Bürosekretärin 1963 der *Chicago Daily News* über ihren Chef zu berichten, den Spekulanten Lou Fushanis. »Dann nimmt er ihnen die Immobilie weg. Er hat einige Gebäude drei- oder viermal verkauft.«

Ross hatte sich in einem anderen Viertel um ein seriöses Hypothekendarlehen bemüht, aber ihm war von einem Darlehensberater beschieden worden, dass eine Finanzierung nicht möglich sei. Tatsächlich aber war eine Finanzierung nur für Menschen wie Clyde Ross nicht möglich. Von den 1930er bis in die 1960er Jahre waren Menschen schwarzer Hautfarbe überall im Land vom Markt für Immobiliendarlehen ausgeschlossen, mit legalen wie extralegalen Mitteln. Weiße in Chicago griffen auf alles von »Nutzungsbeschränkungen« bis hin zu Bombenanschlägen zurück, um ihre Viertel segregiert zu halten.

Ihre Bemühungen wurden von der Bundesregierung unterstützt. 1934 schuf der Kongress die Federal Housing Administration. Die FHA versicherte private Hypothekendarlehen, was die Zinssätze fallen ließ und die Höhe der Anzahlung, die bei einem Hauskauf nötig war, deutlich absenkte. Aber ein versichertes Hypothekendarlehen lag außer Reichweite für Clyde Ross. Die FHA führte Stadtpläne ein, auf denen Viertel gemäß ihrer vermeintlichen Stabilität eingestuft wurden. Grüne Gebiete mit der Bewertung »A« waren Viertel »mit hoher Nachfrage«, die, wie ein Gutachter es ausdrückte, »nicht einen Fremden oder Neger« aufwiesen. In diesen Vierteln hatte man hervorragende Aussichten auf eine Versicherung. Viertel, in denen Schwarze lebten, wurden mit »D« bewertet und galten in der Regel als ungeeignet für eine Unterstützung durch die FHA. Sie waren rot markiert. Dabei spielte weder der Anteil der schwarzen Bewohner eine Rolle noch, welcher gesellschaftlichen Schicht sie angehörten. Schwarze Menschen galten als schlechter Einfluss. Die Praxis des *Redlining*, des roten Einfärbens von Wohnvierteln, ging bald über die Frage von FHA-gesicherten Darlehen hinaus und wurde zur gängigen Praxis im gesamten Hypothekenmarkt, in dem Rassismus ohnehin schon grassierte. Schwarzen Menschen blieben also fast alle rechtmäßigen Möglichkeiten, ein Darlehen zu erhalten, verwehrt.

»Eine Regierung, die Bauunternehmer und Darlehensgeber so großzügig subventionierte, hätte auf Einhaltung von Gleichbehandlungsgrundsätzen bestehen können«, schrieb 1955 Charles Abrams, der Experte für Stadtforschung, der an der Schaffung der New York City Housing Authority beteiligt war. »Stattdessen übernahm die FHA eine Rassenpolitik, die gut und gern den Nürnberger Gesetzen hätte entlehnt sein können.«

Die vernichtenden Auswirkungen wurden von Melvin L. Oliver und Thomas M. Shapiro in ihrem Buch *Black Wealth/White Wealth* aus dem Jahr 1955 überzeugend dargelegt:

> Von der größten Chance auf Vermögensaufbau, die es für die breite Masse in der amerikanischen Geschichte je gegeben hat, blieben Afroamerikaner ausgeschlossen. Afroamerikaner, die Wohneigentum wünschten und finanzieren konnten, fanden sich auf die Innenstadtviertel zurückgeworfen, wo ihre Investitionen von den sich selbst erfüllenden Prophezeiungen der FHA-Gutachter beeinträchtigt wurden. Von neuen Investitionsquellen abgeschnitten, verfielen die Häuser und Viertel und verloren gegenüber jenen Häusern und Vierteln an Wert, die von den FHA-Gutachtern als nachgefragt eingeschätzt wurden.

In Chicago und im gesamten Land konnten sich Weiße, die den amerikanischen Traum verwirklichen wollten, auf ein rechtmäßiges Kreditsystem verlassen, das von der Regierung unterstützt wurde. Schwarze hingegen wurden skrupellosen Darlehensgebern in die Arme getrieben, die sich ihrer aus Gier und zum Vergnügen annahmen. »Es war, wie in Afrika auf Löwenjagd zu gehen. Es war derselbe Nervenkitzel«, zitiert die Historikerin Beryl Satter in ihrem Buch *Family Properties* von 2009 einen Immobilienanwalt. »Der Kick des Jagens und Erlegens.«

Das Erlegen lohnte sich. Als er starb, gehörten Lou Fushanis über sechshundert Immobilien, viele davon in North Lawndale, und sein Vermögen wurde auf drei Millionen Dollar geschätzt. Einen Großteil seines Geldes hatte er verdient, indem er die enttäuschten Hoffnungen schwarzer Migranten wie Clyde Ross ausnutzte. Zu jener Zeit kauften einer Schätzung zufolge 85 Prozent aller schwarzen Hauskäufer »per Vertrag«. »Jemand, der in diesem Geschäft in Chicago etabliert ist und keine hunderttausend Dollar im Jahr verdient«, erzählte ein Vertragsverkäufer der *Saturday Evening Post* 1962, »muss ein Faulpelz sein.«

Vertragsverkäufer wurden reich. North Lawndale wurde zum Ghetto.

Clyde Ross lebt noch immer dort. Er besitzt noch immer sein Haus. Er ist einundneunzig und von den Emblemen seines Kampfes ums Überleben umgeben – Auszeichnungen für Dienste an der Gemeinde, Bilder von seinen Kindern in Doktorhut und Talar. Aber als ich ihn nach seinem Zuhause in North Lawndale fragte, hörte ich nur von Anarchie.

»Wir schämten uns. Wir wollten nicht, dass irgendjemand erfuhr, wie ahnungslos wir gewesen waren«, erklärte mir Ross. Er saß an seinem Esszimmertisch, die Brillengläser so dick wie sein Südstaaten-Akzent. »Ich hatte es aus dem Schlamassel in Mississippi herausgeschafft und kam hierher und landete im nächsten Schlamassel. Wie dumm konnte man sein? Ich wollte nicht, dass irgendjemand erfuhr, wie dumm ich war. Ich fragte mich: ›Wie kann das sein? Ich habe diesen Schlamassel doch gerade hinter mir gelassen. Ich habe Gesetzlosigkeit hinter mir gelassen. Ich habe Respektlosigkeit hinter mir gelassen. Und dann komme ich hierher und werde völlig ungeschützt über den Tisch gezogen.‹ Wissen Sie, wenn ich gewalttätig wäre wie manche von uns, würde ich ein paar Leuten etwas antun wollen. Ich dachte: ›Mann, sitze ich im Schlamassel. Ich kann nicht mal meine Kinder versorgen.‹ Ich hatte nicht genug für meine Kinder. Man konnte schnell unter die Räder kommen, wenn man mit diesen Weißen kämpfte. Und kein Gesetz.«

Aber Clyde Ross kämpfte. 1968 trat er der neugebildeten Contract Buyers League bei – einem Zusammenschluss schwarzer Hausbesitzer aus dem Süden und Westen Chicagos, die alle im gleichen räuberischen System gefangen waren. Da war Howell Collins, der seinem Vertrag zufolge 25500 Dollar für ein Haus bezahlen sollte, das ein Spekulant für 14500 erworben hatte. Da war Ruth Wells, die es geschafft hatte, die Hälfte ihres Vertrages zu erfüllen, und mit einer Hypothek rechnete, nur um plötzlich aus dem Nichts eine Versicherungsrechnung präsentiert zu bekommen – eine Bedingung, die der Verkäufer ohne Wells' Wissen ergänzt hatte. Vertragsverkäufer setzten alle verfügbaren Mittel ein, um ihre Klienten zu bestehlen. Sie machten weißen Bewohnern Angst, so dass sie billig verkauften. Sie logen über eingehaltene Bauvorschriften und schoben den Käufern die Verantwortung zu, wenn die städtischen Bauprüfer kamen. Sie gerierten sich als Immobilienmakler und waren in Wirklichkeit Eigentümer. Sie verwiesen ihre Klienten an Anwälte, die mit ihnen unter einer Decke steckten.

Die Contract Buyers League wehrte sich. Die Mitglieder – es sollten schließlich über fünfhundert werden – begaben sich in die reichen Vororte, wo die Spekulanten lebten, und stellten sie bloß, indem sie bei ihren Nachbarn klopften und sie über die Einzelheiten des Vertragsdarlehensgeschäfts aufklärten. Sie weigerten sich, ihre Raten zu zahlen, und sammelten die monatlichen Zahlungen stattdessen auf einem Treuhandkonto. Dann strebten sie eine Klage gegen die Vertragsverkäufer an, in der sie ihnen vorwarfen, Immobilien mit dem Ziel zu kaufen und zu verkaufen, »Angehörige der Negerrasse in großem Stil und unrechtmäßig zu schröpfen«.

Im Ausgleich für den »Entzug ihrer im dreizehnten und vierzehnten Verfassungszusatz verbürgten Rechte und Privilegien« formulierte die Liga ein »Klagebegehren« – die Rückzahlung aller für Verträge und bauliche Modernisierungsmaßnahmen gezahlten Gelder mit einer Verzinsung von sechs Prozent abzüglich einer »fairen, nichtdiskriminierenden« Miete für den Zeitraum der Nutzung. Außerdem forderte die Liga das Gericht auf, anzuerkennen, dass die Angeklagten »vorsätzlich und böswillig gehandelt haben und die böse Absicht den Kern ihres Handelns bildet«.

Ross und die Contract Buyers League ersuchten die Regierung nicht einfach um Gleichbehandlung. Sie flohen nicht mehr in der Hoffnung, anderswo besser behandelt zu werden. Sie klagten die Gesellschaft an, ein Verbrechen gegen ihre Gemeinschaft begangen zu haben. Sie verlangten, dass das Verbrechen öffentlich zu einem solchen erklärt würde. Sie verlangten, dass jenen, die das Verbrechen begangen hatten, ein Angriff auf die Gesellschaft bescheinigt würde. Und sie verlangten eine Entschädigung für die enormen Verletzungen, die ihnen durch besagte Angreifer zugefügt worden waren. 1968 strebten Clyde Ross und die Contract Buyers League nicht mehr nur Rechtsschutz an. Sie strebten Reparationen an.

II
»EIN KATEGORISCHER UNTERSCHIED, NICHT NUR EIN GRADUELLER«

Den neuesten Erhebungen zufolge befindet sich North Lawndale mittlerweile am falschen Ende nahezu aller sozioökonomischen Indikatoren. 1930 lebten 112 000 Menschen in North Lawndale. Heute sind es 36 000. Das selige Gerede vom »gemischtrassigen Leben« hat sich erledigt. Der Bevölkerungsanteil von Schwarzen im Viertel beträgt 92 Prozent. Die Tötungsrate liegt bei 45 auf 100 000 Einwohner – dreimal so hoch wie in der Stadt insgesamt. Die Säuglingssterblichkeit beträgt 14 auf 1000 Einwohner und ist damit doppelt so hoch wie im nationalen Durchschnitt. 43 Prozent der Menschen in North Lawndale leben unterhalb der Armutsgrenze – in Chicago insgesamt sind es halb so viele. 45 Prozent aller Haushalte beziehen Lebensmittelmarken – fast dreimal so viele wie in der Stadt insgesamt. Sears, Roebuck hat das Viertel 1987 verlassen und dabei 1800 Stellen abgezogen. Jugendliche in North Lawndale müssen sich über ihre Zukunftsaussichten keine Illusionen machen: Direkt angrenzend an das Viertel befindet sich die Jugendstrafanstalt von Cook County.

North Lawndale ist ein extremes Beispiel für Entwicklungen, an denen das gesamte schwarze Chicago krankt. Sie haben eine solche Dimension erreicht, dass man sagen kann, Schwarze und Weiße leben nicht mehr in derselben Stadt. Das durchschnittliche Pro-Kopf-Einkommen ist in den weißen Vierteln Chicagos dreimal so hoch wie in den schwarzen Vierteln. Als der Soziologe Robert J. Sampson, der in Harvard lehrt, für sein Buch *Great American City* (2012) die Inhaftierungsraten in Chicago untersuchte, stellte er fest, dass eines der schwarzen Viertel mit den höchsten Inhaftierungsraten (West Garfield Park) eine Rate aufwies, die vierzigmal so hoch war wie die des weißen Viertels mit der höchsten Inhaftierungsrate (Clearing). »Das ist ein erschütternder Unterschied, selbst für Vergleiche auf Gemeindeebene«, schreibt Sampson. »Ein kategorischer Unterschied, nicht nur ein gradueller.«

Mit anderen Worten: Chicagos verarmte schwarze Viertel – geprägt von hoher Arbeitslosigkeit und Haushalten mit Alleinerziehenden – sind nicht einfach arm; sie sind »ökologisch distinkt«. Das »ist nicht einfach dasselbe wie ein niedriger ökonomischer Status«, schreibt Sampson. »Mit diesem Muster steht Chicago nicht allein da.«

Das Leben ist für schwarze Amerikaner besser als noch vor einem halben Jahrhundert. Erniedrigende »Nur für Weiße«-Schilder gibt es nicht mehr. Die Armutsrate von Schwarzen ist gesunken. Die Schwangerschaftsraten von schwarzen Teenagern befinden sich auf einem Rekordtief – und der Abstand zwischen den Schwangerschaftsraten von schwarzen und weißen Teenagern hat sich deutlich verringert. Aber solche Fortschritte ruhen auf schwankendem Grund, und Verwerfungslinien lauern überall. Die Einkommenslücke, die zwischen schwarzen und weißen Haushalten klafft, ist heute noch genauso groß wie 1970. Patrick Sharkey, Soziologe an der New York University, hat für eine Studie Kinder erfasst, die zwischen 1955 und 1970 geboren wurden. Vier Prozent der Weißen und 62 Prozent der Schwarzen im ganzen Land wuchsen in armen Vierteln auf. Wie die Studie zeigte, hat sich eine Generation später praktisch nichts verändert. Und während Weiße, die in wohlhabenden Vierteln zur Welt kamen, auch dazu tendieren, in wohlhabenden Vierteln zu bleiben, fallen Schwarze häufiger aus diesen Vierteln heraus.

Das ist keine Überraschung. Schwarze Familien sind – unabhängig vom Einkommen – bedeutend weniger vermögend als weiße Familien. Das Pew Research Center schätzt, dass der Vermögenswert weißer Haushalte etwa zwanzigmal so hoch ist wie der schwarzer Haushalte. Und während nur 15 Prozent der Weißen kein oder ein negatives Vermögen haben, gilt dies für über ein Drittel der Schwarzen. Im Grunde arbeitet die schwarze Familie in Amerika ohne Sicherheitsnetz. Wenn finanzielle Widrigkeiten eintreten – ein medizinischer Notfall, Scheidung, Jobverlust –, folgt der jähe Absturz.

Und so wie schwarze Familien aller Gehaltsklassen durch ihren Mangel an Vermögen gehandicapt sind, sind sie es durch die begrenzte Auswahl möglicher Wohnviertel. Schwarze Menschen mit Einkommen der oberen Mittelschicht leben in der Regel nicht in den Vierteln der oberen Mittelschicht. Sharkeys Untersuchung zeigt, dass schwarze Familien mit einem Einkommen von 100 000 Dollar typischerweise in Vierteln leben, die von weißen Familien mit einem Einkommen von rund 30 000 Dollar bewohnt werden. »Schwarze und Weiße leben in solch unterschiedlichen Vierteln«, schreibt Sharkey, »dass es nicht möglich ist zu vergleichen, wie sich schwarze und weiße Kinder ökonomisch entwickeln.«

Die Implikationen sind ernüchternd. Es ist der Normalfall, dass sich arme Schwarze nicht aus dem Ghetto herausarbeiten – und die, die es doch schaffen, müssen häufig bestürzt mit ansehen, wie ihre Kinder und Enkel wieder dorthin zurücktaumeln.

Selbst scheinbarer Fortschritt verdorrt in grellem Licht. 2012 stellte das Manhattan Institute freudig fest, dass die Segregation seit den 1960er Jahren abgenommen habe. Aber Afroamerikaner sind noch immer die mit Abstand am stärksten segregierte ethnische Gruppe im Land.

Segregation, die Isolation der Beschädigten und Beraubten, geht einher mit konzentrierter Benachteiligung. Ein nichtsegregiertes Amerika würde möglicherweise erleben, wie sich Armut mit all ihren Auswirkungen über das Land verbreitet, ohne dabei einer Hautfarbe besonders zuzuneigen. Stattdessen ist die Konzentration von Armut an eine Konzentration von Melanin gekoppelt. Der daraus resultierende Flächenbrand war und ist verheerend.

In der afroamerikanischen Gemeinschaft gibt es unter anderem die Sichtweise, dass diese deprimierenden Zahlen zumindest teilweise von kulturellen Pathologien rühren, die durch individuelle Charakterstärke und außergewöhnlich gutes Benehmen überwunden werden können. (2011 reagierte der Bürgermeister von Philadelphia, Michael Nutter, auf die Gewalt unter jungen schwarzen Männern, indem er die Familien dafür verantwortlich machte: »Zu viele Männer zeugen zu viele Babys, um die sie sich nicht kümmern wollen, und dann müssen wir es tun.« Nutter wandte sich auch an jene mutmaßlich vaterlosen Babys: »Zieht euch die Hosen hoch und kauft euch einen Gürtel, denn niemand will eure Wäsche oder eure Poritze sehen.«) Diese Sichtweise ist so alt wie schwarze Politik selbst. Sie ist außerdem falsch. Der schneidende Rassismus, dem schwarze Menschen kontinuierlich ausgesetzt sind, lässt sich niemals dadurch besiegen, dass man seine Opfer respektabler macht. Der amerikanische Rassismus ist seinem Wesen nach respektlos. Und im Kielwasser der düsteren Zahlen zeigt sich sein düsteres Erbe.

Die Klage der Contract Buyers League, die Clyde Ross und seine Mitstreiter einreichten, nahm dieses Erbe direkt ins Visier. Die Klage wurzelte in Chicagos langer Segregationsgeschichte, die zwei Immobilienmärkte geschaffen hatte – der eine rechtmäßig und von der Regierung gefördert, der andere gesetzlos und von Räubern kontrolliert. Der Prozess zog sich bis ins Jahr 1976 hin, als die Liga vor einem Geschworenengericht verlor. Sich gleichen Rechtsschutz zu sichern erwies sich als schwierig; sich Reparationen zu sichern erwies sich als unmöglich. Falls es Zweifel an der Stimmung der Jury gegeben haben sollte, räumte sie ihr Sprecher aus, indem er sagte, er hoffe, der Urteilsspruch würde dazu beitragen, »den Schlamassel zu beenden, den Earl Warren durch sein Urteil in der Sache *Brown v. Board of Education* und diesen ganzen Unsinn angerichtet hat«*.

Der Oberste Gerichtshof scheint sich dieselbe Haltung zu eigen gemacht zu haben. In den vergangenen zwei Jahrzehnten war zu beobachten, wie die fortschrittliche Gesetzgebung

* Die Aussage bezieht sich auf ein Grundsatzurteil des Obersten Gerichtshofes aus dem Jahr 1954, dem zufolge separate Bildungseinrichtungen für schwarze Schüler gegen den Gleichheitsgrundsatz der US-Verfassung verstoßen.

der 1960er Jahre wieder rückgängig gemacht wurde. Liberale fanden sich in der Defensive wieder. 2008, als Barack Obama für die Präsidentschaft kandidierte, wurde er gefragt, ob seine Töchter – Malia und Sasha – von den Antidiskriminierungsmaßnahmen der *Affirmative Action* profitieren sollten. Er verneinte dies.

Der Austausch beruhte auf einem Denkfehler: dem Vergleich der durchschnittlichen weißen Familie mit der Ausnahmefamilie im Weißen Haus. Den Wettkampf um sozialen Aufstieg konnten Barack und Michelle Obama für sich entscheiden. Aber um zu gewinnen, mussten sie zweimal so gut sein – und zweimal so viel aushalten. Malia und Sasha genießen Privilegien, die über die Träume eines durchschnittlichen weißen Kindes weit hinausgehen. Aber dieser Vergleich hinkt. Die aufschlussreichere Frage wäre, wie sie im Vergleich mit Jenna und Barbara Bush dastehen – die das Ergebnis vieler Generationen des Privilegs sind, nicht nur einer. Was immer die Obama-Mädchen erreichen mögen – es wird von der einzigartigen Beharrlichkeit ihrer Familie zeugen, nicht von umfassender Gleichheit.

III
»WIR ERBEN UNSER ÜPPIGES PATRIMONIUM«

1783 ersuchte die befreite Sklavin Belinda Royall den Staat Massachusetts um Reparationen. Belinda war im heutigen Ghana zur Welt gekommen. Als Kind wurde sie entführt und in die Sklaverei verkauft. Sie überlebte die *Middle Passage* des atlantischen Sklavenhandels und fünfzig Jahre Versklavung durch Isaac Royall und seinen Sohn. Während der Amerikanischen Revolution floh Royall der Jüngere, Loyalist der britischen Krone, aus dem Land. Belinda, nach einem halben Jahrhundert der Zwangsarbeit plötzlich frei, flehte die sich gerade erst formierende Legislative von Massachusetts, die zunächst auch Recht sprach, an:

> Das Gesicht Eurer Antragstellerin ist von den Runzeln der Zeit gezeichnet und ihre Gestalt von der Last der Jahre gebeugt, indessen ihr, gemäß den Gesetzen des Landes, der Einsatz nur eines Krumens jenes gewaltigen Vermögens verweigert wird, das sie zu einem Teil mit ihrer eigenen Hände Arbeit gemehrt und das sie im Ganzen durch ihre Leibeigenschaft vergrößert hat.
> DARUM, sich Euer Ehren zu Füßen werfend als eines Organs, das zum Zwecke der Ausrottung aller Knechtschaft, der Belohnung von Tugendhaftigkeit und für die gerechte Entlohnung ehrlicher Arbeit gebildet wurde, bittet sie darum, dass ihr aus dem Nachlass von Colonel Royall eine Unterstützung gewährt werde, die sie und ihre schwächliche Tochter vor dem größten Elend bewahren und den kurzen und abschüssigen Weg ihres Lebens mit ein wenig Annehmlichkeit versehen möge.

Belinda Royall wurde eine Pension von fünfzehn Pfund und zwölf Schilling gewährt, zahlbar aus dem Nachlass von Isaac Royall – einer der ersten erfolgreichen Anträge auf Reparationen. Zu diesem Zeitpunkt hatten Schwarze in Amerika mehr als hundertfünfzig Jahre Sklaverei erduldet, und der Gedanke, dass man ihnen im Gegenzug etwas schuldete, war, wenn auch nicht nationaler Konsens, so zumindest nicht unerhört.

»Eine schwerwiegende Forderung liegt gegen uns als zivile Gesellschaft vor, ob der Unterdrückung von Menschen, die uns nicht geschadet haben«, schrieb der Quäker John Woolman 1769, »und wenn die jeweiligen Fälle vieler Individuen richtig wiedergegeben sind, scheint es, dass ihnen gegenüber eine beachtliche Schuld besteht.«

Wie der Historiker Roy E. Finkenbine dokumentiert hat, wurden schwarze Reparationen in den Anfangstagen dieses Landes aktiv erwogen und häufig gewährt. Quäker in New York, New England und Baltimore gingen sogar so weit, »die Mitgliedschaft an die Bedingung zu knüpfen, dass ein jeder seine ehemaligen Sklaven entschädige«. 1782 entließ der Quäker Robert Pleasants seine 78 Sklaven in die Freiheit, vermachte ihnen 350 Morgen Land und errichtete später eine Schule auf ihrem Grundstück und sorgte für ihre Ausbildung. »Den geschädigten Afrikanern diese Gerechtigkeit widerfahren zu lassen«, schrieb Pleasants, »ist eine angemessene Gabe für ›Ihn, der über das Königreich der Menschen herrscht‹.«

Edward Coles – ein Protegé Thomas Jeffersons –, der durch Erbschaft zum Sklavenhalter wurde, brachte viele seiner Sklaven in den Norden und überließ ihnen ein Stück Land in Illinois. John Randolph, ein Cousin Thomas Jeffersons, verfügte, dass alle seine Sklaven nach seinem Tod die Freiheit erlangen und dass alle, die älter als vierzig Jahre waren, zehn Morgen Land erhalten sollten. »Ich gebe und vermache allen meinen Sklaven die Freiheit«, schrieb Randolph, »und bedauere von Herzen, der Eigentümer auch nur eines einzigen gewesen zu sein.«

In seinem Buch *Forever Free* gibt Eric Foner die Geschichte eines verärgerten Plantagenbesitzers wieder, der einem befreiten Sklaven vorwirft, bei der Arbeit zu bummeln:

> Plantagenbesitzer: »Du fauler Nigger, ich verliere einen ganzen Tag Arbeit an dich.«
>
> Befreiter Sklave: »Massa, wie viele Tage Arbeit habe ich an Euch verloren?«

Im zwanzigsten Jahrhundert wurde die Sache der Reparationen von einem Kreis unterschiedlichster Personen aufgegriffen, darunter der Südstaaten-Veteran Walter R. Vaughan, der glaubte, dass Reparationen dem Süden wichtige Impulse geben könnten, die schwarze Aktivistin Callie House, Wegbereiter des schwarzen Nationalismus wie die »Queen Mother« Audley Moore sowie der Bürgerrechtsaktivist James Forman. Die Bewegung verschmolz 1987 unter einer Dachorganisation mit dem Namen National Coalition of Blacks for Reparations in America (N'COBRA). Die einflussreiche schwarze Bürgerrechtsorganisation National Association for the Advancement of Coloured People (NAACP) befürwortet Reparationen seit 1993. Charles J. Ogletree jr., Professor der Harvard Law School, hat Anträge auf Reparationen vor Gericht vertreten.

Aber während sich die Menschen, die für Reparationen eintreten, mit der Zeit verändert haben, bleibt die Antwort des Landes praktisch die gleiche. »Sie wurden gelehrt zu arbeiten«, schrieb die *Chicago Times* in einem Leitartikel 1891. »Sie wurden die christliche Zivilisation gelehrt und sie wurden gelehrt, die edle englische Sprache zu sprechen anstelle irgendeines afrikanischen Kauderwelschs. Mit den Ex-Sklaven sind wir quitt.«

Nicht wirklich. Nachdem sie zweihundertfünfzig Jahre lang versklavt worden waren, wurden die Schwarzen nicht sich selbst überlassen. Sie wurden terrorisiert. Im Süden herrschte eine zweite Sklaverei. Im Norden wirkten gesetzgebende

Organe, Bürgermeister, Nachbarschaftsorganisationen, Banken und Bürger zusammen, um schwarze Menschen in Ghettos festzusetzen, wo sie übervölkert, übervorteilt und unterbeschult lebten. Unternehmen diskriminierten sie, indem sie ihnen die schlechtesten Jobs und die schlechtesten Löhne zuteilten. Die Polizei begegnete ihnen auf offener Straße mit Gewalt. Und die Idee, dass schwarze Leben, schwarze Körper und schwarzes Vermögen berechtigte Ziele waren, blieb in der Mehrheitsgesellschaft tief verwurzelt. Nun haben wir unsere langen Jahrhunderte der Plünderung halbwegs hinter uns gelassen und uns geschworen: »Niemals wieder.« Und noch immer werden wir heimgesucht. Es ist, als ob wir eine Kreditkartenabrechnung erhalten hätten und uns, nach dem Versprechen, die Karte nicht weiter zu belasten, verwundert die Augen rieben, dass das Minus nicht verschwindet. Und die Auswirkungen dieses Minus mit seinen täglich auflaufenden Zinsen umgeben uns überall.

Schneidet man heute das Thema Reparationen an, folgt unweigerlich ein Trommelfeuer an Fragen: Wer soll die Zahlungen erhalten? Wie hoch sollen sie ausfallen? Wer soll sie leisten? Aber falls die praktische Umsetzung von Reparationen – und nicht der rechtliche Anspruch auf sie – der eigentliche Streitpunkt sein sollte, gibt es seit einiger Zeit die Grundzüge einer Lösung. In den letzten fünfundzwanzig Jahren hat der Kongressabgeordnete John Conyers jr. aus Detroit jede Sitzungsperiode dadurch geprägt, dass er einen Gesetzentwurf eingebracht hat, in dem er eine Kongressstudie zur Sklaverei und zu ihren anhaltenden Effekten sowie Empfehlungen für »angemessene Abhilfe« fordert.

Ein Land, das wirklich wissen möchte, wie Reparationen aussehen könnten, hat mit Conyers Gesetzentwurf – der Commission to Study Reparation Proposals for African Americans

Act, bekannt unter dem Kürzel HR 40 – eine einfache Lösung vorliegen. Wir könnten den Gesetzentwurf unterstützen, die Frage untersuchen lassen und dann die möglichen Lösungen bewerten. Aber wir haben kein Interesse daran.

»Das liegt daran, dass es Schwarze sind, die den Antrag stellen«, sagt Nkechi Taifa, einer der Begründer von N'COBRA. »Leute, die von Reparationen reden, gelten als linke Irre. Dabei ist das Einzige, wovon wir reden, die Untersuchung [von Reparationen]. Wie John Conyers sagte: Wir untersuchen alles. Wir untersuchen das Wasser, die Luft. Und diese Frage können wir nicht einmal untersuchen? Dieser Gesetzentwurf bewilligt keinen roten Cent an irgendwen.«

Dass HR 40 niemals – weder unter Demokraten noch Republikanern – Gegenstand einer Kongressdebatte wurde, legt die Vermutung nahe, dass unsere Vorbehalte nicht in der mangelnden Durchführbarkeit von Reparationen wurzeln, sondern in etwas Existenziellerem. Wenn wir zu dem Schluss kommen, dass die Bedingungen in North Lawndale und im schwarzen Amerika nicht unerklärlich sind, sondern genau das, was man erwarten würde, wenn eine Gemeinschaft über Jahrhunderte in Amerikas Fadenkreuz gelebt hat, was sagt das dann über die älteste Demokratie der Welt aus?

Man kann der Frage nicht entkommen, indem man die Vergangenheit durchwinkt und die Taten der Vorfahren leugnet oder indem man darauf verweist, die eigenen Vorfahren seien erst vor kürzerer Zeit eingewandert. Der letzte Sklavenhalter ist schon sehr lange tot. Der letzte Soldat, der während des Unabhängigkeitskrieges in Valley Forge ausharren musste, ist noch viel länger tot. Den Veteranen stolz für sich zu beanspruchen und den Sklavenhalter zu verleugnen ist Patriotismus *à la carte*. Eine Nation überdauert ihre Generationen. Wir waren nicht zugegen, als Washington den Delaware überquerte, aber Emanuel Gottlieb Leutzes Gemälde bedeutet uns etwas. Wir waren nicht zugegen, als Woodrow Wilson uns in den Ersten Weltkrieg führte, aber wir zahlen noch immer die Pensionen. Wenn Thomas Jeffersons Genie Bedeutung hat, dann auch seine Besitznahme von Sally Hemings Körper. Wenn George Washingtons Überquerung des Delaware Bedeutung hat, dann auch seine gnadenlose Verfolgung des entflohenen Oney Judge.

1909 sagte Präsident William Howard Taft dem Land, dass »intelligente« weiße Südstaatler bereit seien, Schwarze als »nützliche Mitglieder der Gemeinschaft« anzusehen. Eine Woche später wurde Joseph Gordon, ein Schwarzer, außerhalb von Greenwood, Mississippi, gelyncht. Der Höhepunkt der Lynch-Ära liegt hinter uns. Aber die Erinnerung an jene, die ihres Lebens beraubt wurden, lebt in den Nachwirkungen weiter. Tatsächlich gibt es in Amerika einen seltsamen und starken Glauben: Wenn man zehnmal auf einen schwarzen Menschen einsticht, hört die Blutung auf, und die Heilung beginnt, sobald der Angreifer das Messer fallen lässt. Wir glauben, weiße Dominanz sei eine Tatsache der trägen Vergangenheit, eine alte Schuld, die wir verschwinden lassen können, wenn wir nur nicht hinsehen.

Es hat immer einen anderen Weg gegeben. »Es ist sinnlos anzuführen, dass *unsere Vorfahren* sie hierher gebracht haben und nicht wir«, sagte der Präsident der Yale University, Timothy Dwight, im Jahr 1810.

> Wir erben unser üppiges Patrimonium mit all seinen Belastungen und sind verpflichtet, die Schulden unserer Vorfahren zu begleichen. *Diese* Schuld im Besonderen ist unsere Verpflichtung: Und wenn der gerechte Richter des Universums kommt, um mit seinen Dienern abzurechnen,

so wird er streng die Zahlung aus unserer Hand fordern. Ihnen die Freiheit zu schenken und es dabei bewenden zu lassen, heißt, ihnen einen Fluch aufzuerlegen.

IV
»DIE ÜBEL, VON DENEN SKLAVEREI UNS BEFREIT«

Amerika nimmt seinen Anfang in schwarzer Plünderung und weißer Demokratie, zwei Merkmale, die sich nicht widersprechen, sondern ergänzen. »Die Männer, die zusammenkamen, um die unabhängigen Vereinigten Staaten zu gründen, gewidmet der Freiheit und der Gleichheit, hielten entweder selbst Sklaven oder waren bereit, mit jenen zusammenzuarbeiten, die es taten«, schrieb der Historiker Edmund S. Morgan. »Keinem von ihnen war angesichts der Tatsache besonders wohl, aber sie fühlten sich auch nicht dafür verantwortlich. Die meisten von ihnen hatten sowohl ihre Sklaven als auch ihre Wertschätzung der Freiheit von einer früheren Generation geerbt, und ihnen war bewusst, dass beides nicht gänzlich unverbunden war.«

Als versklavte Afrikaner, ihrer Körper, ihrer Familien und ihrer Arbeitskraft beraubt, 1619 in die Kolonie Virginia gebracht wurden, erfuhren sie nicht von Beginn an den unverhüllten Rassismus, der ihre Nachfahren umschlingen sollte. Manche von ihnen wurden befreit. Manche heirateten Weiße. Andere flohen zusammen mit weißen Schuldknechten, die genauso gelitten hatten wie sie. Und einige rebellierten sogar gemeinsam mit Weißen, verbündeten sich unter Nathaniel Bacon und setzten 1676 Jamestown in Brand.

Hundert Jahre später hätte die Idee, dass sich Sklaven und

arme Weiße zusammenschließen könnten, geradezu schockiert, aber in den Anfangstagen der englischen Kolonien hatten die beiden Gruppen viel gemeinsam. Englische Besucher Virginias fanden, dass seine Herren »ihre Bediensteten mit unerträglicher Unterdrückung und harter Behandlung malträtierten«. Weiße Diener wurden ausgepeitscht, gezwungen, über ihre Verträge hinaus zu arbeiten, und ganz ähnlich gehandelt wie Sklaven.

Diese »harte Behandlung« gründete in einem einfachen Faktum der Neuen Welt – Land war endlos vorhanden, billige Arbeitskräfte waren es nicht. Als die Lebenserwartung in den Kolonien stieg, fanden die Plantagenbesitzer Virginias in den versklavten Afrikanern eine noch leistungsfähigere Quelle billiger Arbeitskraft. Während weiße Schuldknechte immer noch rechtmäßige Untertanen der englischen Krone waren und deshalb Anspruch auf einen gewissen Schutz hatten, kamen die afrikanischen Sklaven als Fremde in die Kolonien. Vom Schutz der Krone ausgenommen, wurden sie zur unverzichtbaren Arbeiterklasse des jungen Amerika – für maximale Ausbeutung geeignet und nur zu geringstem Widerstand in der Lage.

Die nächsten zweihundertfünfzig Jahre arbeitete die amerikanische Rechtsprechung daran, schwarze Menschen auf eine Klasse der Unberührbaren zu reduzieren und alle weißen Männer zu Staatsbürgern zu erheben. 1650 verfügte Virginia, dass »alle Personen außer Negern« Waffen zu tragen haben. 1664 verfügte Maryland, dass jede englische Frau, die einen Sklaven heiratete, als Sklavin des Herrn ihres Mannes leben müsse. 1705 verabschiedete die Virginia General Assembly ein Gesetz, das die Verstümmelung von aufsässigen Sklaven erlaubte – aber es ihren Herren verbot, »einen christlichen weißen Bediensteten nackt und ohne Anordnung eines Friedensrichters auszupeitschen«. In demselben Gesetz verfügte die Kolonie, dass »alle Pferde, Rinder und Schweine, die in diesem Moment einem Sklaven gehören oder später einem Sklaven gehören sollen«, beschlagnahmt und durch die Kirchgemeinde verkauft werden, um mit dem Erlös »die Armen besagter Gemeinde« zu unterstützen. Zu jener Zeit dürften immer noch Menschen gelebt haben, die sich daran erinnern konnten, wie sich neunundzwanzig Jahre zuvor Schwarze und Weiße zusammengetan hatten, um Jamestown niederzubrennen. Aber zu Beginn des achtzehnten Jahrhunderts war die Idee von zwei primären Klassen in Amerika fest verankert.

»Die zwei großen Lager der Gesellschaft sind nicht die Reichen und die Armen, sondern Weiß und Schwarz«, erklärte John C. Calhoun, der dienstältere von South Carolinas Senatoren, dem Senat 1848. »Und alle Erstgenannten, die Armen genau wie die Reichen, gehören der Oberklasse an und werden als gleich respektiert und behandelt.«

1860 fand sich der Großteil der Bewohner von South Carolina und Mississippi, fast die Hälfte der Bewohner Georgias und etwa ein Drittel aller Südstaatler insgesamt auf der falschen Seite von Calhouns Trennlinie wieder. Der Staat mit dem größten Bevölkerungsanteil versklavter Amerikaner war Virginia, wo in manchen Countys etwa 70 Prozent aller Menschen in Ketten schufteten. Fast ein Viertel aller weißen Südstaatler besaß Sklaven, und auf deren Rücken wurde das wirtschaftliche Fundament Amerikas – und eines Großteils der atlantischen Welt – errichtet. In den sieben Baumwollstaaten resultierte ein Drittel des gesamten weißen Einkommens aus der Sklaverei. Bis 1840 machte durch Sklavenarbeit gewonnene Baumwolle 59 Prozent der nationalen Exporte aus. Das Netz dieser Sklavengesellschaft erstreckte sich nach Norden zu den Webstühlen New Englands und über den Atlantik bis nach Großbritannien, wo es eine gewaltige wirtschaftliche Transformation befeuerte und die Bahn der Weltgeschichte veränderte. »Wer von der industriellen Revolution spricht«, schrieb der Historiker Eric J. Hobsbawm, »spricht von Baumwolle.«

Der Reichtum, der Amerika durch die Sklaverei zuteilwurde, lag nicht nur in dem, was die Sklaven dem Land abgewannen, sondern in den Sklaven selbst. »Im Jahr 1860 bildeten die Sklaven einen größeren Vermögenswert als die Summe der Produktionsleistung, sämtlicher Bahnlinien und der gesamten wirtschaftlichen Kapazität der Vereinigten Staaten«, stellte der Historiker David W. Blight der Yale University fest. »Sklaven waren mit Abstand der größte einzelne Vermögenswert der gesamten amerikanischen Wirtschaft.« Der Verkauf dieser Sklaven – »in deren Körpern das Geld gefror«, wie der Harvard-Historiker Walter Johnson es formuliert – generierte noch mehr zusätzliches Einkommen. Für den Kauf wurden Kredite aufgenommen, die mit Zinsen zurückzuzahlen waren. Versicherungspolicen wurden aufgesetzt, für den Fall, dass ein Sklave vorzeitig verstarb und potenzielle Profite ausfielen. Sklavenverkäufe wurden besteuert und notariell beglaubigt. Der Verkauf des schwarzen Körpers und die Aufspaltung der schwarzen Familie wurden zu einem eigenen Wirtschaftszweig, der dem Amerika vor dem Bürgerkrieg Schätzungen zufolge Zigmillionen Dollar einbrachte. 1860 gab es im Mississippi Valley im Verhältnis zur Einwohnerzahl mehr Millionäre als irgendwo sonst in Amerika.

Unter den kalten Zahlen lagen zerrissene Leben. »Ich lebte in anhaltender Furcht, dass Mrs Moore, ihre Herrin, Geld brauchen und meine geliebte Frau verkaufen würde«, schrieb ein befreiter Sklave in Erinnerung an seine Zeit in Sklaverei. »Wir fürchteten stets die endgültige Trennung. Unsere Zuneigung füreinander war sehr stark, und das ließ uns bangen, dass wir grausam voneinander scheiden müssten.«

Erzwungene Trennungen waren im Süden vor dem Bürgerkrieg gang und gäbe. In einigen Teilen der Region lag die Wahrscheinlichkeit für Sklaven, in ihrem Leben verkauft zu werden, bei 30 Prozent. 25 Prozent des zwischenstaatlichen Handels zerstörten eine erste Ehe und die Hälfte zerstörte eine Kernfamilie.

Als Frau und Kinder von Henry Brown, einem Sklaven in Richmond, Virginia, verkauft werden sollten, suchte Brown nach einem weißen Herrn, der sie kaufen würde, um die Familie zusammenzuhalten. Er scheiterte:

> Am nächsten Tag platzierte ich mich am Rand der Straße, auf der die Sklaven, an die dreihundertundfünfzig, vorbeiziehen sollten. Der Käufer meiner Frau war ein methodistischer Geistlicher, der nach North Carolina aufbrechen wollte. Ziemlich bald zogen fünf Wagenladungen voll mit kleinen Kindern vorbei, und als ich den vordersten Wagen betrachtete, was sah ich da anderes als ein kleines Kind, das mit seiner winzigen Hand auf mich zeigte und rief: »Da ist mein Vater; ich wusste, er würde kommen und mir auf Wiedersehen sagen.« Es war mein ältestes Kind! Bald folgte die Kolonne, in der meine Frau angekettet war. Ich suchte und gewahrte ihr vertrautes Gesicht; aber, o Leser, dieser Blick der Agonie! Möge Gott mich davor bewahren, jemals wieder den unerträglichen Schrecken dieses Momentes zu erleben! Sie passierte und näherte sich dabei der Stelle, an der ich stand. Ich ergriff ihre Hand, mit der Absicht, ihr Lebwohl zu sagen, aber die Stimme versagte mir, die Gabe des Ausdrucks war dahin, und ich blieb sprachlos. Ich folgte ihr ein Stück, mit ihrer

Hand in meiner, als wollte ich sie vor ihrem Schicksal bewahren, aber ich konnte nicht sprechen und war gezwungen, mich ohne ein Wort abzuwenden.

In einer Zeit, als die Telekommunikation noch primitiv war und Schwarzen die Freizügigkeit verwehrt blieb, kam das Auseinanderreißen schwarzer Familien einem Akt des Mordes gleich. Hier liegen die Wurzeln amerikanischen Wohlstands und amerikanischer Demokratie: in der profitorientierten Zerstörung des wichtigsten Vermögens eines jeden Volkes, der Familie. Die Zerstörung ging nicht zufällig mit Amerikas Aufstieg einher; sie erleichterte diesen Aufstieg. Indem es eine Sklavengesellschaft errichtete, schuf Amerika das wirtschaftliche Fundament für sein großes Experiment der Demokratie. Der Arbeitskampf, der den Keim für Bacons Rebellion legte, wurde unterdrückt. Amerikas unverzichtbare Arbeiterklasse existierte als Eigentum jenseits der Sphäre der Politik, so dass weiße Amerikaner ungehindert ihre Liebe zur Freiheit und zu demokratischen Werten herausposaunen konnten. Bei seiner Einschätzung der Vorkriegsdemokratie in Virginia kam ein englischer Besucher zu dem Schluss, dass die Einheimischen »eine grenzenlose Liebe zur Freiheit und Demokratie verkünden können, da sich die Masse der Menschen, die in anderen Ländern den wütenden Pöbel bilden, hier fast vollkommen aus ihren eigenen Negersklaven zusammensetzt«.

V
DIE STILLE PLÜNDERUNG

Die Auswirkungen von zweihundertfünfzig Jahren Sklaverei, des Krieges gegen schwarze Familien und schwarze Menschen, waren gewaltig. So wie Hausbesitz heute war Sklavenbesitz etwas, das mit Aufstiegsambitionen verbunden war – attraktiv nicht nur für jene, die Sklaven besaßen, sondern auch für jene, die es anstrebten. So wie Hauseigentümer heute vielleicht den Anbau einer Terrasse oder den Anstrich des Wohnzimmers diskutieren, tauschten Sklavenhalter Tipps aus, wie man Sklaven am besten erzog, wie man ihr Arbeitspotenzial am besten ausschöpfte und wie man Bestrafungen durchführte. Und genau wie ein Hauseigentümer heute vielleicht ein Magazin wie *This Old House* abonniert, hatten Sklavenhalter Zeitschriften wie *De Bow's Review*, die Empfehlungen gaben, wie man aus Sklaven den größten Profit schlug. Zu Beginn des Bürgerkriegs wurde die Versklavung des schwarzen Amerikas als so grundlegend für das Land empfunden, dass jene, die sie zu beenden suchten, als Häretiker gebrandmarkt wurden, die den Tod verdienten. Man stelle sich vor, was passieren würde, wenn ein heutiger Präsident sich dafür ausspräche, allen Amerikanern ihre Häuser zu nehmen: Die Reaktion könnte gewalttätig ausfallen.

»Dieses Land wurde für *Weiße*, nicht für Schwarze geschaffen«, schrieb John Wilkes Booth, bevor er Abraham Lincoln tötete. »Und als jemand, der die afrikanische Sklaverei vom gleichen Standpunkt betrachtet wie die ehrwürdigen Schöpfer unserer Verfassung, habe ich sie stets als eine der größten Segnungen angesehen (für die Schwarzen wie für uns), die Gott unserer geliebten Nation hat zuteilwerden lassen.«

Nach dem Bürgerkrieg versuchten radikale Republikaner

das Land auf der Basis von etwas neu zu errichten, das universeller Gleichheit nahe kam – aber sie wurden von einer Kampagne der »Wiedergutmachung« zurückgedrängt, die von Angehörigen der Red Shirts und anderer »White Liner« sowie des Ku-Klux-Klan mit dem Ziel betrieben wurde, eine Gesellschaft aufrechtzuerhalten, »die für *Weiße*, nicht für Schwarze geschaffen« ist. Eine Welle des Terrorismus erschütterte den Süden. In *Reconstruction*, seinem gewaltigen Werk der Geschichtsschreibung, erzählt Eric Foner von Vorfällen, bei denen Schwarze attackiert wurden, weil sie den Hut nicht abgenommen hatten, weil sie sich geweigert hatten, eine Whiskeyflasche auszuhändigen, weil sie kirchliche Abläufe missachtet hatten, weil sie »unverschämte Ausdrücke« gebraucht hatten, weil sie Arbeitsverträge angefochten hatten, weil sie sich geweigert hatten, »wie ein Sklave gefesselt« zu werden. Manchmal hatten die Angriffe schlicht und einfach das Ziel, »die Nigger ein bisschen auszudünnen«.

Der Terrorismus sollte siegen. Die Bundestruppen wurden 1877 aus dem Süden abgezogen. Der Traum von Rekonstruktion war tot. In den folgenden hundert Jahren wurden Schwarze Opfer von mutwilliger politischer Gewalt, wobei Schwarze mit Ambitionen besondere Aufmerksamkeit fanden. Schwarze Schulen und Kirchen wurden niedergebrannt. Schwarze Wähler und politische Kandidaten, die versuchten, diese hinter sich zu versammeln, wurden eingeschüchtert, einige wurden ermordet. Nach dem Ersten Weltkrieg wurden schwarze Veteranen bei ihrer Rückkehr angegriffen, weil sie es wagten, die amerikanische Uniform zu tragen. Die Demobilisierung von Soldaten nach dem Krieg, infolge deren weiße und schwarze Veteranen um die wenigen vorhandenen Arbeitsplätze konkurrierten, führte zum Roten Sommer von 1919: eine Reihe rassistischer Pogrome in Dutzenden Städten, von

Longview, Texas, über Chicago bis Washington, D.C. Organisierte weiße Gewalt gegen Schwarze setzte sich in den 1920er Jahren fort – 1921 machte ein weißer Mob Tulsas »Black Wall Street« dem Erdboden gleich, 1923 geschah Ähnliches in der schwarzen Stadt Rosewood in Florida –, und praktisch niemand wurde je zur Verantwortung gezogen.

Das Werk der Mobs war die wütende und brutale Umsetzung von Vorurteilen, die bis in die obersten Etagen der amerikanischen Regierung verbreitet waren. Franklin D. Roosevelts New Deal gilt heute als Modell dafür, was eine fortschrittliche Regierung leisten sollte – ein breites Sicherheitsnetz spannen, das die Armen und Elenden schützt und die Mittelschicht wachsen lässt. Wenn Progressive ihre Enttäuschung über Barack Obama zum Ausdruck bringen wollen, verweisen sie auf die Verdienste Roosevelts. Aber diese Progressiven merken selten an, dass der New Deal, genau wie die Demokratie, die ihn hervorbrachte, auf dem Fundament der Jim-Crow-Gesetze ruhte.

»Der Jim-Crow-Süden«, schreibt Ira Katznelson, Professor für Geschichte und Politikwissenschaft an der Columbia University, »war der einzige Kollaborateur, auf den Amerikas Demokratie nicht verzichten konnte.« Die Spuren dieser Kollaboration finden sich überall im New Deal. Die versammelten Programme, die unter dem Social Security Act von 1935 verabschiedet wurden, waren so ausgestaltet, dass sie den *way of life* des Südens schützten. Von der staatlichen Rentenversicherung (Social Security im eigentlichen Sinn) und der Arbeitslosenversicherung waren Landarbeiter und Dienstboten ausgenommen – Tätigkeiten, die ganz überwiegend von Schwarzen verrichtet wurden. Als Präsident Roosevelt das Gesetz über die Rentenversicherung 1935 unterzeichnete, kamen 65 Prozent der Afroamerikaner landesweit und zwischen 70 und 80 Prozent in den Südstaaten nicht dafür in Frage. Die NAACP protestierte und bezeichnete das neue amerikanische Sicherheitsnetz als »Sieb, dessen Löcher gerade groß genug sind, dass die Mehrheit der Neger hindurchfällt«.

Die viel gerühmte G. I. Bill, die Veteranen die Wiedereingliederung ins Berufsleben erleichtern sollte und ihnen unter anderem den Zugang zur Universität ermöglichte, enttäuschte schwarze Amerikaner ebenfalls, indem sie das landesweite Beharren auf rassistischer Wohnungspolitik widerspiegelte. Obwohl erklärtermaßen farbenblind, überließ Titel III des Gesetzes, der Veteranen Zugang zu niedrig verzinsten Immobiliendarlehen gewähren sollte, es den schwarzen Veteranen, sich mit den weißen Offiziellen ihrer örtlichen Behörden und mit denselben Banken auseinanderzusetzen, die sich jahrelang geweigert hatten, Hypothekendarlehen an Schwarze zu vergeben. Die Historikerin Kathleen J. Frydl bemerkt in ihrem Buch *The GI Bill* von 2009, dass so viele Schwarze von der Unterstützung durch Titel III ausgeschlossen blieben, »dass es zutreffender ist zu sagen, dass Schwarze die darunter aufgeführten Rechte schlicht nicht in Anspruch nehmen konnten«.

Im Amerika des Kalten Krieges wurde Hauseigentümerschaft als Mittel verstanden, die Liebe zum Vaterland zu verankern; sie galt als zivilisierende, antiradikale Kraft. »Niemand, der Haus und Grundstück besitzt, kann Kommunist sein«, behauptete William Levitt, der den modernen Vororten mit der Entwicklung diverser Levittowns den Weg bereitete, seinen berühmten am Reißbrett entworfenen Gemeinden. »Er hat zu viel zu tun.«

Aber die Levittowns waren, mit Levitts bereitwilliger Duldung, in den ersten Jahren ihrer Existenz segregiert. Daisy und Bill Myers, die als erste schwarze Familie nach Levittown, Pennsylvania, zogen, wurden mit Protesten und einem brennenden Kreuz empfangen. Ein Nachbar, der gegen den Zuzug der Familie war, sagte, dass Bill Myers »vermutlich ein netter Kerl ist, aber wann immer ich ihn ansehe, sehe ich, wie mein Haus zweitausend Dollar an Wert verliert«.

Die Ängste des Nachbarn waren durchaus berechtigt. Bill und Daisy Myers kamen von der anderen Seite von John C. Calhouns zweigeteilter Gesellschaft. Wenn sie nebenan einzogen, garantierte die Wohnungspolitik fast zwangsläufig, dass die Immobilien der Nachbarn an Wert verloren.

Während kurz vor dem New Deal ein typisches Hypothekendarlehen eine hohe Anzahlung und volle Rückzahlung nach etwa zehn Jahren erforderte, konnten die Banken infolge der Etablierung der Home Owners' Loan Corporation 1933 und der Federal Housing Administration im Folgejahr Darlehen anbieten, die nur eine Anzahlung von zehn Prozent erforderten und innerhalb von zwanzig bis dreißig Jahren abzubezahlen waren. »Ohne den Eingriff in den Wohnungsmarkt durch die Bundesregierung wäre die gewaltige Entwicklung der Vororte nicht möglich gewesen«, schreibt Thomas J. Sugrue, Historiker der Universität von Pennsylvania. »1930 lebten nur 30 Prozent der Amerikaner in ihrem eigenen Heim; 1960 waren über 60 Prozent Hauseigentümer. Hauseigentümerschaft wurde zum Sinnbild amerikanischer Staatsbürgerschaft.«

Dieses Sinnbild blieb Schwarzen verwehrt. Die amerikanische Immobilienwirtschaft verstand Segregation als moralisches Prinzip. Noch 1950 warnte der Sittenkodex des National Association of Real Estate Board, dass »ein Makler nie dabei behilflich sein soll, in ein Viertel Rassen oder Nationalitäten oder Individuen einzuführen, deren Präsenz den Immobilienwerten eindeutig abträglich sein wird«. Eine Broschüre von 1943 führt aus, dass zu diesen potenziell Unerwünschten Puffmütter, Schmuggler und Gangster gehören könnten – genau wie »ein vermögender farbiger Mann, der seinen Kindern ein College-Studium ermöglicht und der Meinung ist, sie hätten das Recht, unter Weißen zu leben«.

Die Bundesregierung wirkte daran mit. Es war die Home Owners' Loan Corporation, keine private Handelsorganisation, die das *Redlining* einführte, selektiv Darlehen gewährte und darauf bestand, dass jede von ihr versicherte Immobilie einer restriktiven Nebenabrede unterlag – einer Vertragsklausel, die festlegte, dass die Immobilie nur an Weiße weiterverkauft werden durfte. Millionen von Dollar flossen aus Steuerkassen in segregierte weiße Viertel.

»Vielleicht zum ersten Mal übernahm die Bundesregierung die diskriminierenden Haltungen des freien Marktes«, schrieb der Historiker Kenneth T. Jackson in seinem Buch *Crabgrass Frontier* von 1985, einer Geschichte der Suburbanisierung. »Zuvor waren Vorurteile personalisiert und individualisiert gewesen; die FHA hielt zur Segregation geradezu an und verankerte sie in offiziellen Richtlinien. Ganze Stadtgebiete wurden als ungeeignet für Kreditversicherungen erklärt.« *Redlining* wurde erst 1968 für ungesetzlich befunden, durch den Fair Housing Act. Aber da war der Schaden schon entstanden – und Berichte darüber, dass Banken diese Praxis weiterhin verfolgt haben, gibt es bis heute.

Die Bundesregierung gründet ihre Existenz darauf, dass alle Bürger ihr die gleiche Gefolgschaft erweisen und im Gegenzug dafür die gleiche Behandlung erfahren. Aber noch Mitte des zwanzigsten Jahrhunderts galt dieser Handel nicht für schwarze Menschen, die wieder und wieder einen höheren Preis für ihre Staatsbürgerschaft zahlten, als sie zurückbekamen. Plünderung war das wesentliche Merkmal der Sklaverei, der Gesellschaft, wie sie Calhoun beschrieben hatte. Aber noch volle hundert Jahre nach dem Ende des Bürgerkriegs und der Abschaffung der Sklaverei ging die Plünderung weiter – leise, systemisch, im Verborgenen –, trotz der Ziele und Errungenschaften der liberalen Kräfte des New Deal.

VI
DAS ZWEITE GHETTO SCHAFFEN

Heute ist Chicago eine der am stärksten segregierten Städte des Landes, eine Tatsache, die von gewissenhafter Planung zeugt. In dem Bemühen, weiße Vorherrschaft auf allen Ebenen bis hinunter zur Nachbarschaft zu sichern, ist Chicago – eine Stadt, die einst von dem schwarzen Pelzhändler Jean Baptiste Point du Sable gegründet wurde – schon lange Vorreiter. Ernsthaft begonnen wurde mit den Bemühungen 1917, als sich das Chicago Real Estate Board, entsetzt über den Zustrom von Schwarzen aus den Südstaaten, für eine rassische Parzellierung der Stadt einsetzte. Doch nachdem der Oberste Gerichtshof eine explizite Zoneneinteilung nach Rassen im gleichen Jahr für ungesetzlich erklärt hatte, war die Stadt bei der Verfolgung ihrer Absichten gezwungen, auf diskretere Weise vorzugehen.

Wie die Home Owners' Loan Corporation bestand die Federal Housing Administration ursprünglich auf restriktiven Klauseln, was dabei half, Schwarze und andere unerwünschte ethnische Gruppen von staatlich abgesicherten Hypothekendarlehen auszuschließen. 1940 war Chicago landesweit führend, was die Verwendung dieser Klauseln anging; etwa die Hälfte aller Wohnviertel der Stadt war für Schwarze außer Reichweite.

Heutzutage ist es nicht unüblich, die alten schwarzen Ghettos mit verklärtem Blick zu betrachten, als Ärzte und Anwälte Seite an Seite mit Schlachtern und Stahlarbeitern lebten, die wiederum Seite an Seite mit Prostituierten und Arbeitslosen lebten. Diese Nostalgie der Rassentrennung übersieht die tatsächlichen Lebensbedingungen der Menschen dort – das Ungeziefer und die Brandstiftung beispielsweise –, und sie ignoriert die Tatsache, dass das alte Ghetto darauf fußte, dass schwarzen Menschen Rechte verwehrt wurden, die weiße Amerikaner genossen.

Als der Oberste Gerichtshof 1948 entschied, dass restriktive Nebenabreden zwar zulässig, aber nicht einklagbar waren, hatte Chicago schon andere Waffen im Anschlag. Die Legislative des Staates Illinois hatte dem Stadtrat von Chicago bereits das Recht gewährt, Projekte des sozialen Wohnungsbaus innerhalb der Stadtgrenzen nach eigenem Dafürhalten zu genehmigen – oder eben abzulehnen. Das erwies sich 1949 als nützlich, als ein neues Bundesgesetz zum Wohnungsbau Millionen Dollar an Steuergeldern nach Chicago und in andere Städte des Landes spülte. Ab 1950 wurde die Standortsuche für den sozialen Wohnungsbau gänzlich auf der Grundlage der Rassentrennung vorangetrieben. Gut fünfzehn Jahre später hatte die Stadt mit ihren riesigen *Housing Projects* das geschaffen, was der Historiker Arnold R. Hirsch als »zweites Ghetto« bezeichnet – ein Ghetto, das größer war als der frühere *black belt*, der »schwarze Gürtel« der Stadt, aber genauso undurchlässig. Über 98 Prozent aller Sozialwohneinheiten für Familien, die in Chicago zwischen 1950 und 1965 gebaut wurden, wurden in rein schwarzen Vierteln errichtet.

Die bereitwillige staatliche Akzeptanz der Segregation war getrieben vom giftigen Rassismus der weißen Chicagoer Bürger. Weiße Viertel, die sich vom Vordringen schwarzer Menschen bedroht sahen, bildeten Nachbarschaftsorganisationen, deren einziges Ziel es war, die Rassentrennung aufrechtzuerhalten. Sie versuchten, andere Weiße davon abzubringen, ihre Häuser zu verkaufen. Sie versuchten, jene Schwarze, denen ein Hauskauf gelungen war, zum Wiederverkauf zu bewegen. 1949 gründete eine Gruppe von Katholiken aus Englewood eine Initiative zum »Erhalt der Nachbarschaft«. In anderen Worten: zum Ausschluss schwarzer Menschen. Und wenn bürgerliches Engagement nicht ausreichte, wenn die Regierung versagte, wenn private Banken die Stellung nicht länger halten konnten, dann bediente sich Chicago eines alten Werkzeugs aus dem amerikanischen Repertoire – rassisch motivierter Gewalt. »Das Muster des Terrorismus ist leicht auszumachen«, stellte eine Chicagoer Bürgergruppe in den 1940er Jahren fest. »Es folgt den Nähten des schwarzen Ghettos in alle Richtungen.« Am 1. und 2. Juli 1946 versammelte sich ein Mob von mehreren tausend Menschen im Chicagoer Viertel Park Manor, um einen schwarzen Arzt zu vertreiben, der kurz zuvor dorthin gezogen war. Die Menge bombardierte das Haus mit Steinen und setzte die Garage in Brand. Der Arzt zog weg.

Nachdem 1947 einige schwarze Veteranen in den Chicagoer Stadtteil Fernwood gezogen waren, brachen Krawalle aus, die drei Nächte andauern sollten; Gruppen von Weißen rissen Schwarze von Straßenbahnen und verprügelten sie. Als zwei Jahre später eine Gewerkschaftsversammlung in Englewood, bei der auch Schwarze anwesend waren, zu dem Gerücht führte, dass ein Haus »an Nigger verkauft« werden solle, wurden Schwarze (und Weiße, in denen man Sympathisanten vermutete) in den Straßen zusammengeschlagen. 1951 attackierten Tausende Weiße ein Apartmenthaus in Cicero, etwa zwanzig Minuten westlich der Chicagoer Innenstadt, weil dort eine einzige schwarze Familie wohnte. Ziegelsteine und Brandbomben wurden durch die Fenster geworfen und die Wohnung in Brand gesetzt. Ein Großes Geschworenengericht in Cook County lehnte eine Anklage gegen die Randalierer ab – und erhob stattdessen Anklage gegen den NAACP-Anwalt der Familie, den weißen Eigentümer der Wohnung und den Anwalt und Vermietungsmakler des Eigentümers, weil diese sich verschworen hätten, den Wert von Immobilien zu senken. Zwei Jahre später protestierten Weiße im etwa dreißig Minuten vom Stadtzentrum entfernten South Deering und deponierten Sprengsätze, um Schwarze zu vertreiben.

Wo Terrorismus schlussendlich scheiterte, verließen weiße Hausbesitzer einfach die Viertel. Die traditionelle Bezeichnung *white flight* impliziert so etwas wie eine natürliche Präferenz. Tatsächlich war die weiße Flucht ein Triumph des Social Engineering, orchestriert von den rassistischen Annahmen des öffentlichen und des privaten Sektors in Amerika. Denn sollten nichtrassistische weiße Familien zu dem Schluss kommen, dass Integration, ob nun aus Prinzip oder aus praktischen Erwägungen, nicht so schlecht wäre, müssten sie immer noch mit der harschen Realität der amerikanischen Wohnungspolitik zurechtkommen: Wenn ein Hauseigentümer Mitte des zwanzigsten Jahrhunderts behauptete, ein Bill und eine Daisy Myers würden den Wert seiner Immobilie mindern, verkündete er nicht einfach rassistische Dogmen, sondern erwies sich als genauer Beobachter der Auswirkungen der Bundespolitik auf die Marktpreise. *Redlining* zerstörte jede Möglichkeit, dort zu investieren, wo schwarze Menschen lebten.

VII
»EINE MENGE LEUTE BLIEBEN AUF DER STRECKE«

Die Spekulanten in North Lawndale und an den Rändern der schwarzen Ghettos wussten, dass sie Profit aus weißer Panik schlagen konnten. Dafür verlegten sie sich auf *Blockbusting* – sie machten Weißen Angst, so dass sie billig verkauften, bevor womöglich das ganze Viertel schwarz würde. Sie engagierten zum Beispiel eine schwarze Frau, die mit einem Kinderwagen die Straße auf und ab lief. Oder sie engagierten jemanden, der eine Nummer im Viertel anrief und nach »Johnny Mae« fragte. Dann beschwatzten sie die Weißen so lange, bis sie zu einem niedrigen Preis verkauften; sie erzählten ihnen, dass der Wert ihrer Häuser sinken würde, je mehr Schwarze in die Gegend zogen, es sei also besser, sofort zu verkaufen. Mit den Häusern geflüchteter Weißer wandten sich die Spekulanten dann an die Massen von Schwarzen, die im Zuge der Großen Migration nach Norden geströmt waren oder verzweifelt dem Ghetto zu entkommen suchten: Sie verkauften die Häuser, die sie gerade durch Blockbusting günstig erstanden hatten, »per Vertrag« an Schwarze.

Um mit seinen Zahlungen nicht in Rückstand zu geraten und die Heizung nicht abstellen zu müssen, nahm Clyde Ross eine zweite Stelle bei der Post an und dann eine dritte als Pizzabote. Seine Frau fing bei Marshall Field an, dem Kaufhaus. Ross musste einige seiner Kinder von der Privatschule nehmen. Es war ihm nicht möglich, sie zu Hause zu beaufsichtigen oder ihnen bei den Hausaufgaben zu helfen. Geld und Zeit, die Ross seinen Kindern zukommen lassen wollte, dienten stattdessen der Bereicherung von weißen Spekulanten.

»Das Problem war das Geld«, erzählte mir Ross. »Ohne Geld kann man nicht umziehen. Man kann die Ausbildung der Kinder nicht bezahlen. Man kann ihnen nicht das richtige Essen besorgen. Kann das Haus nicht schön machen. Sie glauben, dieses Viertel ist der Ort, an den sie gehören. Das verändert ihre Einstellung. Meine Kinder besuchten die besten Schulen im Viertel, aber ich konnte sie nicht dort behalten.«

Mattie Lewis kam Mitte der 1940er Jahre als Einundzwanzigjährige aus ihrer Heimat Alabama nach Chicago. Eine Freundin hatte sie überredet und ihr erzählt, sie könne als Frisörin arbeiten. Stattdessen wurde sie von Western Electric angestellt, wo sie einundvierzig Jahre beschäftigt war. Ich traf Lewis bei ihrer Nachbarin Ethel Weatherspoon. Beide hatten über fünfzig Jahre lang Häuser in North Lawndale besessen. Beide hatten ihre Häuser »per Vertrag« gekauft. Beide hatten zusammen mit Clyde Ross am Bemühen der Contract Buyers League mitgewirkt, Rückzahlungen von den Vertragsverkäufern zu erhalten, die in North Lawndale aktiv gewesen waren, ebenso wie von den Banken, die das Geschäftsmodell unterstützt hatten, und sogar von der Federal Housing Administration. Zu uns gesellte sich außerdem Jack Macnamara, der eine treibende Kraft bei der Gründung der Contract Buyers League 1968 gewesen war.

Weatherspoon kaufte ihr Haus 1957. »Die meisten Weißen zogen weg«, erzählte sie mir. »*Die Schwarzen kommen. Die Schwarzen kommen.* Das haben sie wirklich gesagt. Sie hatten Schilder aufgestellt: VERKAUFT NICHT AN SCHWARZE.«

Bevor sie nach North Lawndale zogen, hatten Lewis und ihr Mann es in Cicero versucht, wo sie ein Haus gesehen hatten, das zum Kauf angeboten wurde. »Es tut mir leid, ich habe es gerade heute verkauft«, erzählte der Makler ihnen. »Ich sagte zu meinem Mann: ›Du weißt doch, dass sie dich in Cicero nicht wollen. Die lassen niemanden Schwarzes nach Cicero.‹«

1958 kaufte das Paar ein Haus in North Lawndale – »per Vertrag«. Das Unfaire daran war ihnen nicht entgangen. Aber Mattie Lewis, die in den Fängen von Jim Crow zur Welt gekommen war, betrachtete die amerikanische Piraterie – schwarze Menschen geben alles, weiße Menschen nehmen alles – als naturgegeben. »Alles, was ich wollte, war ein Haus. Und das war der einzige Weg, eins zu bekommen. Man gab Schwarzen damals keine Darlehen«, sagte sie. »Wir dachten: So ist es nun mal. Wir machen es so, bis wir sterben, und sie werden uns nie akzeptieren. So ist es nun mal. Wenn man ein Haus kaufen wollte, musste man es so machen, wie sie wollten. Und ich war entschlossen, mein Haus zu bekommen. Wenn alle andern eins haben können, will ich auch eins. Ich hatte für Weiße im Süden gearbeitet. Und ich sah, wie diese Weißen im Norden lebten, und ich dachte: Eines Tages werde ich so leben wie sie. Ich wollte Schränke und all diese Sachen, die diese anderen Leute hatten.«

Wenn sie ihre weißen Kollegen in deren Häusern besuchte, bemerkte sie den Unterschied. »Ich konnte sehen, dass wir über den Tisch gezogen wurden«, sagte sie. »Ich sah etwas und sagte: ›Das würde ich in unserem Haus auch gern machen.‹ Und sie sagten: ›Nur zu‹, aber ich wusste: Das geht nicht, weil es uns so viel mehr kostet.«

Ich fragte Mattie Lewis und Ethel Weatherspoon, wie sie ihre Zahlungen eingehalten hatten.

»Man hat bezahlt und weitergearbeitet«, sagte Lewis über den Vertrag. »Wenn es Zeit für die Zahlung war, wusste man, dass man sie zu erfüllen hatte.«

»Man hat weniger Strom verbraucht. Weniger für Essen ausgegeben«, schaltete sich Weatherspoon ein.

»Man hat bei den Sachen für die Kinder gespart, das vor allem«, sagte Lewis. »Mein ältestes Kind wollte Künstler werden, das zweite wollte tanzen und das dritte Musik machen.«

Lewis und Weatherspoon gelang es, ebenso wie Ross, ihre Häuser zu behalten. Die Klage brachte ihnen keine Entschädigung. Aber sie zwang die Vertragsverkäufer mit ihnen an einen Tisch, was dazu führte, dass einigen Mitgliedern der Contract Buyers League gewährt wurde, ihre Verträge in ein normales Hypothekendarlehen umzuwandeln oder ihre Häuser gleich ganz zu übernehmen. Zu diesem Zeitpunkt waren sie bereits um Tausende geprellt worden. Mein Gespräch mit Lewis und Weatherspoon zeigte mir nur ein unvollständiges Bild – die winzige Minderheit, der es gelungen war, ihre Häuser zu halten. Aber für jede Ausnahmeerscheinung, für jeden Barack und jede Michelle Obama, für jede Ethel Weatherspoon und jeden Clyde Ross, für jeden schwarzen Überlebenden gibt es so viele Tausende, die verschwunden sind.

»Eine Menge Leute blieben auf der Strecke«, sagte Mattie Lewis. »Eine Frau fragte mich, ob ich ihr Porzellan aufbewahren könnte. Sie sagte: ›Dich werfen die bestimmt nicht raus.‹«

VIII
»NEGERARMUT IST ETWAS ANDERES ALS WEISSE ARMUT«

An einem Frühlingsnachmittag in North Lawndale besuchte ich vor nicht allzu langer Zeit Billy Lamar Brooks sr. Seit seiner Jugend in der Black Panther Party, als er die Contract Buyers League unterstützte, ist Brooks Aktivist. Ich traf ihn in seinem Büro der Better Boys Foundation, einer Institution in North Lawndale, deren Mission es ist, die Kids von der Straße fernzuhalten und sie in Lohn und Brot oder ans College zu bringen. Brooks' Tätigkeit hat einen persönlichen Hintergrund. Am 14. Juni 1991 wurde sein neunzehnjähriger Sohn, Billy jr., erschossen. »Diese Typen wollten ihn überfallen«, erzählte mir Brooks. »Ich vermute, dass er in irgendwas verwickelt war … Ich denke immer an ihn. Jeden Tag.«

Brooks ist nicht auf der Straße groß geworden, aber in so einem Viertel ist ihrem Einfluss nur schwer zu entkommen. »Ich bin drei- oder viermal die Woche in die Kirche gegangen. Denn da waren die Mädchen«, erzählte er lachend. »Aber die harsche Realität ist immer da. Man kann sich vom Leben nicht abschirmen. Man muss in die Schule gehen. Ich ging zur Marshall High School. Und hier drüben waren die Egyptian Cobras. Und da drüben die Vice Lords.«

Brooks ist mittlerweile aus Chicagos Westen weggezogen, doch er arbeitet noch immer in North Lawndale. »Wenn du in einem schönen Haus in einem schönen Viertel lebst, dann bist du weniger anfällig für Gewalt, weil deine Gegend kein Brennpunkt ist«, sagte Brooks. »Du hast einen sicheren Ort. Du brauchst keinen Schutz.« Aber wenn »du an einem Ort wie diesem aufwächst, dann ist die Wohnsituation unterirdisch. Als sie hier die Sozialbauten einrissen, haben sie nur die Hochhäuser stehen lassen, und dann kam so eine Gang-Mentalität ins Viertel rein. Du hast nichts, also nimmst du dir was, selbst wenn es nicht real ist. Die Straße gehört dir nicht, aber im Kopf ist sie deine.«

Wir sahen aus dem Fenster hinter seinem Schreibtisch. Eine Gruppe junger schwarzer Männer hing vor einem riesigen Wandbild herum, das an zwei schwarze Männer erinnerte: IN LOVIN MEMORY QUENTIN AKA »Q«, JULY 18, 1974 ♥ MARCH 2, 2012. Der Name und das Gesicht des zweiten Mannes waren von einer rivalisierenden Gruppe übersprüht worden. Die Männer tranken Bier. Gelegentlich kam ein Auto vorbeigefahren, verlangsamte und hielt dann an. Einer der Männer ging zum Auto, es kam zu einem Austausch, dann fuhr das Auto weg. Brooks hatte alle diese jungen Männer als Kinder gekannt.

»Das ist ihre Ecke«, sagte er.

Wir sahen ein weiteres Auto heranrollen, kurz anhalten, dann weiterfahren. »Kein Respekt, keine Scham«, sagte Brooks. »Das ist es, was sie machen. Von dieser Gasse bis zu der Ecke da. Weiter gehen sie nicht. Siehst du den großen Bruder da? Der ist vor ein paar Jahren fast gestorben. Der mit dem Bier da hinten … Ich kenne sie alle. Und der Grund, warum sie sich hier sicher fühlen, ist dieses Gebäude und weil sie zu viel Schiss haben, woanders hinzugehen. Aber so ist ihre Mentalität. Das ist ihr Block.«

Brooks zeigte mir ein Bild von einem Jugend-Baseballteam, das er trainiert hatte. Er fuhr mit dem Finger die Reihe der Jungen entlang, zeigte mir, wer davon im Gefängnis war, wer tot war und wer gut zurechtkam. Und dann zeigte er auf seinen Sohn. »Das ist mein Junge, Billy«, sagte Brooks. Er fragte sich, ob die Tatsache, dass er Billy mitnahm, wenn er in North Lawndale arbeitete, seinen Tod beschleunigt hatte. »Es gibt da definitiv einen Zusammenhang, denn er war Teil von dem, was ich hier gemacht habe. Und ich denke, dass ich ihn dem vielleicht nicht hätte aussetzen sollen. Aber das musste ich«, sagte er, »weil ich wollte, dass er bei mir ist.«

Vom Weißen Haus abwärts hält sich der Mythos, dass Vaterschaft das große Gegengift ist, das alles zu heilen vermag, unter dem schwarze Menschen leiden. Aber Billy Brooks jr. hatte einen Vater. Trayvon Martin hatte einen Vater. Jordan Davis hatte einen Vater. Sich an Mittelschichtsnormen zu halten hat schwarze Menschen noch nie vor Plünderung geschützt. Sich an Mittelschichtsnormen zu halten hat Ethel Weatherspoon zu einem lukrativen Ziel für habgierige Spekulanten gemacht. Die Vertragsverkäufer hatten es nicht auf die ganz Armen abgesehen. Sie hatten es auf schwarze Menschen abgesehen, die hart genug gearbeitet hatten, um für eine Anzahlung zu sparen, und die vom Sinnbild amerikanischer Staatsbürgerschaft träumten – Hauseigentümerschaft. Es war kein Bündel von Pathologien, das Clyde Ross zur Zielscheibe machte. Es war keine Kultur der Armut, die Mattie Lewis für »den Kick des Jagens und Erlegens« prädestinierte. Es wird immer Schwarze geben, die doppelt so gut sind. Aber die meisten von ihnen werden feststellen, dass weiße Plünderung dreimal so schnell abläuft.

Liberale verstehen Rassismus heute meistens nicht als ein aktives Übel, für das Menschen verantwortlich sind, sondern als einen Auswuchs von weißer Armut und Ungleichheit. Dabei wird ignoriert, dass dieses Land eine lange Tradition darin hat, schwarze Erfolge aktiv zu bestrafen – und dass diese Bestrafung bis in die Mitte des zwanzigsten Jahrhunderts sogar Eingang in die Bundespolitik fand. Präsident Lyndon Johnson mag 1965 in seiner historischen Rede zu den Bürgerrechten an der Howard University bemerkt haben, dass »Negerarmut etwas anderes als weiße Armut« ist. Aber seine Berater und ihre Nachfolger waren und sind bis heute kaum bereit, eine Politik zu entwickeln, die diesen Unterschied anerkennt.

Nach seiner Rede berief Johnson eine Gruppe von führenden Persönlichkeiten der Bürgerrechtsbewegung ein, darunter die geschätzten A. Philip Randolph und Bayard Rustin, um die »historische Brutalität« zu thematisieren. In einem Strategiepapier kam die Gruppe mit dem Präsidenten überein, dass »Negerarmut eine besondere und besonders zerstörerische Form der amerikanischen Armut ist«. Aber als es darum ging, das »besonders Zerstörerische« anzugehen, hatte Rustins Gruppe Vorbehalte und zog es vor, Programme voranzutreiben, die »allen Armen, schwarzen und weißen«, zugutekamen.

Der Drang, die moralische Wucht des schwarzen Kampfes darauf zu verwenden, sich größerer Ungleichheiten anzunehmen, wurzelt gleichermaßen in Mitgefühl und Pragmatismus. Aber er führt zu uneindeutigen Strategien. Die genauen Ziele von Affirmative Action zum Beispiel sollten sich als schwer fassbar erweisen. Ist die Maßnahme als Wiedergutmachung für die Verbrechen gedacht, die schwarzen Menschen zugefügt wurden? Nicht dem Obersten Gerichtshof zufolge. In seinem Urteil von 1978 in der Sache *Regents of the University of California v. Bakke* wies das Gericht »gesellschaftliche Diskriminierung« als »amorphes Konzept der Verletzung, das ob seiner Reichweite in die Vergangenheit zeitlos sein könnte«, zurück. Soll Affirmative Action »Diversität« erhöhen? Wenn dem so ist, berührt es die spezifischen Probleme von Schwarzen nur am Rande – vor allem das Problem, was Amerika ihnen über mehrere Jahrhunderte geraubt hat.

Diese Unklarheit über die Ziele von Affirmative Action reicht zu ihren Ursprüngen zurück – genau wie unsere Unfähigkeit, uns der besonderen Geschichte der von Weißen auferlegten schwarzen Benachteiligung zu stellen. »Es gibt keine in Stein gemeißelte Definition von Affirmative Action«, erklärte ein Beauftragter von Johnsons Arbeitsministerium. »Affirmative Action ist alles, was man tun muss, um Ergebnisse zu erzielen. Aber das schließt nicht notwendigerweise eine Vorzugsbehandlung ein.«

Doch Amerika wurde auf der Vorzugsbehandlung von Weißen errichtet – 395 Jahre lang. Sich vage zu einer heimeligen Wohlfühl-Diversität zu bekennen trägt nur wenig dazu bei, diese Tatsache zu überwinden.

Heute widerstrebt es den Progressiven, weiße Vorherrschaft als Erklärung für irgendetwas anzuführen. Praktisch gesehen rührt die Zurückhaltung von der beschränkten Sichtweise, die der Oberste Gerichtshof bezüglich der Reformen der 1960er Jahre angenommen hat. Der Voting Rights Act, der die gleiche Beteiligung von Minderheiten bei Wahlen sichern soll, wurde entkernt. Der Fair Housing Act könnte als Nächstes dran sein. Affirmative Action liegt in den letzten Zügen. Indem der antirassistische Kampf durch einen generellen Klassenkampf ersetzt wurde, indem also das Thema gewechselt wurde, hoffen die Progressiven, eine breite Koalition hinter sich versammeln zu können.

Die politische Strategie der Umgehung der Rassenfrage ist verführerisch. Aber die Bilanz fällt gemischt aus. Ein Gesetz mit dem Titel Aid to Families With Dependent Children war ursprünglich als Familienhilfe formuliert worden, von der Schwarze größtenteils ausgenommen waren – aber bei Anbruch der 1990er Jahre galt es in der öffentlichen Wahrnehmung als Geschenk an die Schwarzen. Der Affordable Care Act spricht nirgends von Rasse, aber das hielt den Radiomoderator Rush Limbaugh nicht davon ab, es als verkappte Reparationen zu schmähen. Dabei wurde die Ausweitung des Gesetzes auf Medicaid, die medizinische Unterstützung der Ärmsten, sogar als optional festgeschrieben, was bedeutet, dass viele arme Schwarze in den Südstaaten nicht davon profitieren. Der Affordable Care Act wird sich wie Social Security eines Tages auch auf jene erstrecken, die noch ausgeschlossen sind; bis dahin tragen schwarze Menschen den Schaden davon.

»Alles, was nötig wäre, um ein neues Arbeitsbeschaffungsprogramm zu versenken, wäre clever aufbereitetes Bildmaterial von schwarzen Männern, die auf ihren Schaufeln lehnen und rauchen«, schreibt der Soziologe Douglas S. Massey. »Die

Rassenfrage zu verschleiern führt zu schlechter Sozialtheorie, schlechter Forschung und schlechter Public Policy.« Die Tatsache zu ignorieren, dass eine der ältesten Republiken der Welt auf einem Fundament weißer Vorherrschaft errichtet wurde, und vorzugeben, dass die Probleme einer zweigeteilten Gesellschaft die gleichen wären wie die des unregulierten Kapitalismus, bedeutet, die Sünde der nationalen Plünderung mit der Sünde einer nationalen Lüge zu überdecken. Diese Lüge verhüllt die Tatsache, dass die Reduzierung amerikanischer Armut nicht dasselbe ist wie die Beendigung weißer Vorherrschaft. Sie verschweigt, dass das Schließen der Schere zwischen den Bildungserfolgen von Weißen und denen von Schwarzen nichts daran ändert, dass schwarze College-Absolventen immer noch stärker unter Arbeitslosigkeit zu leiden haben als weiße und dass ein unbescholtener schwarzer Bewerber in etwa die gleiche Aussicht hat, eine Stelle zu bekommen, wie ein vorbestrafter weißer Bewerber.

Chicago hat sich, wie das Land insgesamt, Strategien zu eigen gemacht, die die dynamischsten, ehrgeizigsten und sparsamsten Vertreter des schwarzen Amerika außerhalb der Gesellschaft ansiedeln und als legitime Ziele für legalen Diebstahl kennzeichnen. Die Auswirkungen gehen über die Familien, die bestohlen werden, hinaus und betreffen die Gemeinden, die das Spektakel bezeugen, insgesamt. Man denke nicht nur an Clyde Ross, der drei Jobs angenommen hat, um sein Haus halten zu können. Man denke auch an seine Nachbarn in North Lawndale – ihre Kinder, ihre Neffen und Nichten – und stelle sich vor, wie es sie beeinflusst, das mit anzusehen. Man sehe sich selbst als schwarzes Kind, das erlebt, wie die Älteren sich genau an die Regeln halten, nur damit eines Tages ihr gesamter Besitz auf der Straße landet und ihnen ihr Allerheiligstes – das eigene Haus – genommen wird.

Die Botschaft, die ein schwarzer Junge von diesem Land empfängt, lautet Billy Brooks zufolge: »Du taugst nichts. Du bist zu nichts gut, außer dazu, für uns zu arbeiten. Du wirst nie irgendwas besitzen. Du wirst keine Ausbildung erhalten. Dein Arsch landet im Zuchthaus. Egal, wie hart du kämpfst, egal, was du wegsteckst, du taugst nichts. Wir nehmen uns, was du hast. Du wirst nie irgendwas besitzen, Nigger.«

IX
HIN ZU EINEM NEUEN LAND

Als Clyde Ross ein Kind war, hatte sein älterer Bruder Winter einen Anfall. Er wurde von den Behörden abgeholt und nach Parchman Farm gebracht, ein acht Hektar großes staatliches Gefängnis im Mississippi-Delta.

»Er war ein sanfter Mensch«, sagt Clyde Ross über seinen Bruder. »Weißt du, er war zu allen gut. Er fing an, diese Anfälle zu bekommen, und hatte sich nicht mehr unter Kontrolle. Und sie haben ihn abgeholt, weil sie dachten, er wäre gefährlich.«

Um 1900 errichtet, war Parchman als progressive und reformerische Antwort auf das Problem der »Neger-Kriminalität« gedacht. Tatsächlich war es der Gulag von Mississippi, ein Ort des Schreckens für Afroamerikaner im Delta. Anfang des zwanzigsten Jahrhunderts machte sich der Gouverneur von Mississippi, James K. Vardaman, einen Spaß daraus, schwarze Strafgefangene in die umgebende Wildnis zu entlassen und sie mit Bluthunden zur Strecke zu bringen. »Im gesamten amerikanischen Süden«, schreibt David M. Oshinsky in seinem Buch *Worse Than Slavery*, »ist Parchman Farm gleichbedeutend mit Bestrafung und Brutalität, und so war es auch gedacht. (…) Parchman ist die exemplarische Gefängnisfarm – so nah an der Sklaverei, wie es seit dem Bürgerkrieg nur möglich ist.«

Als die Familie Ross sich aufmachte, Winter zurückzuholen, wurde ihnen mitgeteilt, dass Winter gestorben sei. Auf die Frage nach seinen sterblichen Überresten hieß es, er sei begraben worden. Die Familie hat Winters Leichnam nie zu Gesicht bekommen.

Und das war nur einer ihrer Verluste.

Wissenschaftler diskutieren schon lange darüber, auf welche Weise Amerika jenen Reparationen zukommen lassen könnte, auf deren Arbeitsleistung und Ausschluss das Land errichtet wurde. In den 1970er Jahren argumentierte der Yale-Jurist Boris Bittker, dass der ungefähre Preis von Reparationen beziffert werden könne, wenn man die Bevölkerungszahl der Afroamerikaner mit der Differenz von weißem und schwarzem Pro-Kopf-Einkommen multipliziere. Diese Summe – 1973, als Bittker sein Buch verfasste, waren es 34 Milliarden Dollar – könne über einen Zeitraum von einer oder zwei Dekaden jährlich in ein Reparationsprogramm fließen. Heute fordert Charles Ogletree, Professor der Harvard Law School, etwas Breiterangelegtes: ein staatliches Ausbildungs- und Infrastrukturprogramm, dessen Mission rassische Gerechtigkeit ist, das aber die Armen aller Rassen einschließt.

Freiheit und Demokratie zu feiern und darüber Amerikas Wurzeln in einer Sklavenwirtschaft zu vergessen ist Patriotismus *à la carte.*

Um das bleibende Erbe unserer beschämenden Geschichte zu illustrieren – einer Geschichte der Behandlung schwarzer Menschen als minderwertige Bürger, minderwertige Amerikaner und minderwertige Menschen –, gibt es vielleicht keine bessere statistische Größe als die Vermögensschere. Reparationen hätten das Ziel, diese Kluft zu schließen. Aber so wie die Entstehung wirtschaftlicher Ungleichheit die Mitwirkung aller Teile der Gesellschaft erforderte, so gilt dies auch für ihre Beendigung.

Vielleicht stellen wir nach ernsthafter Diskussion und Debatte – der Art, wie sie HR 40 vorschlägt – fest, dass das Land die Afroamerikaner niemals völlig entschädigen kann. Aber wir haben vielleicht die Möglichkeit, in so einer Diskussion viel über uns selbst herauszufinden – und vielleicht ist es das, wovor wir uns fürchten. Die Idee von Reparationen ängstigt uns nicht einfach deshalb, weil wir vielleicht nicht in der Lage sein werden zu zahlen. Die Idee von Reparationen bedroht etwas viel Tieferes – Amerikas Erbe, Geschichte und Stellung in der Welt.

Die frühe amerikanische Wirtschaft stützte sich auf Sklavenarbeit. Das Kapitol und das Weiße Haus wurden von Sklaven erbaut. Präsident James K. Polk handelte vom Oval Office aus mit Sklaven. Die Klagen über »schwarze Pathologien« und die Kritik an schwarzen Familienstrukturen von Experten und Intellektuellen klingen hohl in einem Land, dessen Existenz auf der Folter von schwarzen Vätern, der Vergewaltigung von schwarzen Müttern, dem Verkauf schwarzer Kinder basiert. Wenn man Amerikas Verhältnis zur schwarzen Familie ehrlich einschätzt, erscheint das Land nicht als ihr Ernährer, sondern als ihr Zerstörer.

Und diese Zerstörung endete nicht mit der Sklaverei. Diskriminierende Gesetze verbanden die gleichen Lasten der Staatsbürgerschaft mit der ungleichen Verteilung ihrer Erträge. Diese Gesetze erreichten Mitte des zwanzigsten Jahrhunderts ihren Höhepunkt, als die Bundesregierung – durch die Wohnungspolitik – eine Vermögensschere schuf, die uns bis zum heutigen Tag erhalten geblieben ist. Wenn wir an weiße Vorherrschaft denken, sehen wir »Nur für Farbige«-Schilder vor uns, aber wir sollten uns Piratenflaggen vorstellen.

Auf gewisse Weise haben wir das schon immer durchschaut. »Negerarmut ist etwas anderes als weiße Armut«, sagte Präsident Johnson in seiner historischen Rede zu den Bürgerrechten.

> Viele ihrer Ursachen und viele ihrer Heilmittel sind gleich. Aber es gibt Unterschiede – tiefe, zersetzende, hartnäckige Unterschiede –, deren schmerzende Wurzeln weit in die Gemeinschaft, in die Familie und in die Natur des Einzelnen reichen. Diese Unterschiede sind keine rassischen Unterschiede. Sie sind schlicht und einfach die Folge von historischer Brutalität, vergangener Ungerechtigkeit und gegenwärtiger Voreingenommenheit.

Wir rufen die Worte von Jefferson und Lincoln auf, weil sie uns etwas über unser Erbe und unsere Traditionen verraten. Wir tun das, weil wir unsere Verbindung zur Vergangenheit erkennen – zumindest dann, wenn sie uns schmeichelt. Aber die schwarze Geschichte schmeichelt der amerikanischen Demokratie nicht; sie demütigt sie. Das beliebte Spiel, sich über Reparationen als haarsträubendes Vorhaben linker Spinner und intellektuell unseriöser schwarzer Nationalisten lustig zu machen, ist nichts anderes als Angst, die sich als Lachen ausgibt. Schwarze Nationalisten haben an Amerika immer etwas Unsagbares wahrgenommen, das die Befürworter von Integration sich nicht anzuerkennen trauten – dass weiße Vorherrschaft nicht nur das Werk hitzköpfiger Demagogen ist oder eine Sache des falschen Bewusstseins, sondern eine für Amerika so fundamentale Kraft, dass man sich das Land nur schwerlich ohne sie vorstellen kann.

Und deshalb müssen wir uns ein neues Land vorstellen. Reparationen – womit ich die volle Anerkennung unserer kollektiven Biographie und ihrer Folgen meine – sind der Preis, den wir zahlen müssen, um uns selbst in die Augen zu sehen. Der genesende Alkoholiker wird mit seiner Krankheit bis ans Ende seiner Tage leben müssen. Aber wenigstens lebt er keine betrunkene Lüge. Reparationen laden uns ein, den Rausch der Überheblichkeit zurückzuweisen und Amerika als das zu sehen, was es ist – das Werk fehlbarer Menschen.

Werden Reparationen uns nicht trennen? Nicht mehr, als wir ohnehin schon getrennt sind. Die Vermögensschere beziffert nur etwas, was wir fühlen, aber nicht benennen können – dass der amerikanische Wohlstand unrechtmäßig erworben und selektiv verteilt wurde. Was wir brauchen, ist das Lüften von Familiengeheimnissen, die Einigung mit alten Geistern. Was wir brauchen, ist die Heilung der amerikanischen Psyche und die Vertreibung weißer Schuld.

Wovon ich hier rede, ist mehr als Kompensation für alte Schäden und Verletzungen – mehr als ein Almosen, Bestechungsgeld, Schweigegeld oder widerwilliges Schmiergeld. Wovon ich rede, ist eine nationale Aufarbeitung, die zu spiritueller Erneuerung führen würde. Wir würden damit aufhören, am 4. Juli Hot Dogs hinunterzuschlingen und zugleich die Fakten unseres Erbes zu leugnen. Wir würden damit aufhören, unter wehender Konföderiertenflagge »Patriotismus« zu schreien. Reparationen würden eine Revolution des amerikanischen Bewusstseins zur Folge haben, die Versöhnung unseres Selbstbildes demokratischer Vorkämpfer mit den Tatsachen unserer Geschichte.

X
»ES WIRD KEINE ›REPARATIONEN‹ AUS DEUTSCHLAND GEBEN«

Wir sind nicht die Ersten, die sich vor solch eine Herausforderung gestellt sehen.

Als die Bundesrepublik Deutschland 1952 gerade den Prozess einleitete, Wiedergutmachung für den Holocaust zu leisten, tat sie dies unter Bedingungen, aus denen wir lernen sollten. Der Widerstand war heftig. Nur sehr wenige Deutsche glaubten, dass den Juden auch nur irgendetwas zustand. Nur 5 Prozent der Westdeutschen erklärten, sich wegen des Holocaust schuldig zu fühlen, und nur 29 Prozent räumten ein, dass das deutsche Volk den Juden eine Entschädigung schulde.

»Der Rest«, schrieb der Historiker Tony Judt 2005 in seiner *Geschichte Europas von 1945 bis zur Gegenwart*, »verteilte sich auf jene (etwa zwei Fünftel), für die nur jene Personen Verantwortung trügen und zahlen sollten, ›die wirklich etwas getan hatten‹, und jene (21 Prozent), aus deren Sicht die Juden ›zum Teil selbst verantwortlich sind für das, was ihnen im Dritten Reich angetan wurde‹.«

Deutschlands mangelnde Bereitschaft, sich seiner Geschichte zu stellen, ging über Umfragen hinaus. Die Vorführung von Filmen, die über die Person Hitlers hinaus eine gesellschaftliche Verantwortung für den Holocaust nahelegten, wurde verhindert. »Der deutsche Soldat hat für seine Heimat tapfer und anständig gekämpft«, erklärte Präsident Eisenhower und machte sich damit den teutonischen Nationalmythos zu eigen. Judt schrieb: »In den fünfziger Jahren wurde immer wieder von offizieller Seite verbreitet, dass die Wehrmacht eine heroische Rolle gespielt habe und die Nazis nur eine Minderheit gewesen und bestraft worden seien.«

Konrad Adenauer, der Nachkriegskanzler, befürwortete Reparationen, aber seine eigene Partei war zwiegespalten, und es gelang ihm nur mit den Stimmen der sozialdemokratischen Opposition, ein Abkommen zu verabschieden.

Unter den Juden Israels provozierte die Idee von Reparationen gewalttätige und giftige Reaktionen, von Denunziation bis zu Attentatsplänen. Am 7. Januar 1952 kam die Knesset zusammen, um die Aussicht auf ein Reparationsabkommen mit Westdeutschland zu diskutieren. Menachem Begin, der zukünftige Premierminister Israels, empörte sich derweil vor einer großen Menschenmenge über das Land, welches Leben, Arbeitskraft und Besitz seines Volkes geplündert hatte. Begin erklärte, alle Deutschen seien Nazis und des Mordes schuldig. Dann verurteilte er auch seinen eigenen jungen Staat. Er hielt die Menge an, keine Steuern mehr zu zahlen, und erklärte, die noch im Entstehen begriffene israelische Nation verstehe den Kampf darüber, ob Reparationen zu akzeptieren seien oder nicht, als »Krieg bis zum bitteren Ende«. Als man ihn darauf aufmerksam machte, dass die Polizei, die die Versammlung beobachtete, mit Tränengas ausgerüstet sei, das angeblich von einem deutschen Hersteller stammte, schrie Begin: »Dasselbe Gas, das unsere Eltern erstickt hat!«

Begin leitete die Menge in dem Schwur, die Opfer der Shoah niemals zu vergessen, damit nicht »meine Rechte [verdorre]« und »meine Zunge an meinem Gaumen klebe«. Er führte die Menschen durch die Straßen zur Knesset. Von den Dächern aus versuchte die Polizei, die Menge mit Tränengas und Rauchbomben zu vertreiben. Aber der Wind drehte sich, und das Gas wurde zur Knesset geweht, wo es durch die eingeschlagenen Scheiben waberte. Im Tumult warfen sich Begin und Premierminister David Ben-Gurion Beleidigungen an den Kopf. Zweihundert Zivilisten und hundertvierzig Polizeibeamte wurden verletzt. Fast vierhundert Menschen wurden verhaftet. Die Knesset konnte nicht weiter tagen.

Begin wandte sich mit einer wütenden Rede an das Parlament, in der er die Vorhaben der Legislative verurteilte. »Heute haben Sie Hunderte verhaftet«, sagte er. »Morgen verhaften Sie vielleicht Tausende. Egal, sie werden mitkommen, sie werden im Gefängnis sitzen. Wir werden mit ihnen dort sitzen. Wenn nötig, werden wir mit ihnen sterben. Aber es wird keine ›Reparationen‹ aus Deutschland geben.«

Überlebende des Holocaust fürchteten, dass man Deutschlands Ruf mit Geld reinwaschen und die Erinnerung an ihre Toten verpfänden könne. Darüber hinaus gab es die Sehnsucht nach Rache. »Meine Seele würde ihren Frieden finden, wenn ich wüsste, dass sechs Millionen Deutsche tot sind, als Entsprechung für sechs Millionen Juden«, sagte Meir Dworzecki, der die estnischen Konzentrationslager überlebte.

Ben-Gurion begegnete diesem Empfinden nicht, indem er Vergeltung zurückwies, sondern reagierte mit kalter Kalkulation: »Wenn ich deutsches Eigentum nehmen könnte, ohne dass ich auch nur eine Minute mit ihnen zusammensitzen müsste, sondern mit Jeeps und Maschinengewehren in die Lagerhäuser eindringen und alles nehmen könnte, dann würde ich es tun – wenn wir, zum Beispiel, in der Lage wären, hundert Divisionen dorthin zu schicken und zu sagen: ›Nehmt alles.‹ Aber das können wir nicht.«

Die Gespräche über Reparationen lösten eine Welle von Attentatsversuchen militanter Israelis aus. Einer galt dem Außenministerium in Tel Aviv. Ein anderer zielte auf Kanzler Adenauer. Und 1953 – da war das Wiedergutmachungsabkommen schon ein knappes Jahr in Kraft – wurde ein Anschlag auf den Hafen von Haifa vereitelt, wo die Güter eintrafen, die mit Reparationsgeldern bezahlt worden waren. Die Bundesrepublik Deutschland hatte sich im September 1952 verpflichtet, Israel 3,45 Milliarden Deutsche Mark zu zahlen, was heute mehr als sieben Milliarden Dollar wären. Individuelle Entschädigungsklagen folgten – für psychische Traumata, für die Beleidigung jüdischer Ehre, für die Unterbrechung juristischer Karrieren, für Zeit in Konzentrationslagern, für Lebensversicherungen. 17 Prozent des Fonds wurden auf den Kauf von Schiffen verwendet. »Ende 1961 machten diese Schiffe zwei Drittel der israelischen Handelsflotte aus«, schreibt der israelische Historiker Tom Segev in seinem Buch *Die siebte Million*. »Von 1953 bis 1963 stammte etwa ein Drittel der Gesamtinvestitionen in Israels Stromnetz, wodurch die Kapazitäten verdreifacht wurden, aus Reparationszahlungen, und fast die Hälfte aller Investitionen in das Schienennetz.«

Israels Bruttosozialprodukt verdreifachte sich in den zwölf Jahren des Abkommens. Die Israelische Zentralbank schrieb 15 Prozent dieses Wachstums und 45 000 Stellen Investitionen zu, die mit Reparationszahlungen getätigt wurden. Aber Segev ist der Meinung, dass die Auswirkungen noch viel umfassender waren. Die Reparationen seien »unbestreitbar von psychologischer und politischer Bedeutung« gewesen, schreibt er.

Reparationen konnten die Morde der Nazis nicht wiedergutmachen. Aber sie gaben den Anstoß für Deutschlands Aufarbeitung seiner Vergangenheit und stellten vielleicht einen Fahrplan bereit, wie eine große Zivilisation sich als ihres Namens würdig erweisen konnte.

In seiner Einschätzung des Abkommens über Wiedergutmachungszahlungen sagte David Ben-Gurion:

> Zum ersten Mal in der Geschichte der Beziehungen zwischen den Völkern wurde ein Präzedenzfall geschaffen, bei dem es ein großer Staat einzig infolge von mora-

lischem Druck auf sich nimmt, den Opfern seiner Vorgängerregierung eine Entschädigung zu zahlen. Zum ersten Mal in der Geschichte eines Volkes, das in den Ländern Europas jahrhundertelang verfolgt, unterdrückt, beraubt und ausgebeutet wurde, muss der Unterdrücker und Ausbeuter etwas von seiner Beute zurückgeben und eine kollektive Entschädigung für einen Teil der materiellen Verluste zahlen.

Es ist mehr als moralischer Druck, wodurch Amerika aufgefordert ist, Reparationen zu leisten. Wir können unserer Geschichte nicht entkommen. All unsere Lösungsansätze für die großen Probleme der Gesundheitsversorgung, der Bildung, des Wohnungswesens und der ökonomischen Ungleichheit werden durch das, was nicht gesagt werden darf, beeinträchtigt. »Dass schwarze Menschen so weit zurückliegen, liegt nicht am Jetzt«, sagte Clyde Ross. »Es liegt am Damals.« Anfang der 2000er Jahre reiste Charles Ogletree nach Tulsa, Oklahoma, um Überlebende der Rassenunruhen von 1921 zu treffen. Für sie war die Vergangenheit nicht vergangen. »Es war eindrucksvoll, diese schwarzen Frauen und Männer zu sehen, die verkrüppelt, blind, an den Rollstuhl gefesselt waren«, erzählte mir Ogletree. »Ich hatte keine Ahnung, wer sie waren und warum sie mich sehen wollten. Sie sagten: ›Wir wollen, dass Sie für uns eine Klage führen.‹«

Eine Kommission, die vom Parlament von Oklahoma autorisiert wurde, erstellte einen Bericht, der bestätigte, dass die Unruhen – das Wissen über sie war jahrelang unterdrückt worden – tatsächlich stattgefunden hatten. Dennoch sollte die Klage 2004 scheitern. Ähnliche Klagen, die gegen Unternehmen wie Aetna (das Sklaven versichert hatte) und Lehman Brothers (deren Co-Gründungspartner Sklaven besessen hatte) angestrengt wurden, sind ebenfalls bislang gescheitert. Diese Ergebnisse sind entmutigend, aber das Verbrechen, das Reparationsaktivisten dem Land vorwerfen, schließt mehr als nur ein paar Städte oder Unternehmen ein. Das Verbrechen versetzt das amerikanische Volk selbst in den Anklagezustand, auf allen Ebenen und in fast jeder seiner Strukturen. Ein Verbrechen, in das das gesamte amerikanische Volk verwickelt ist, verdient eine Anhörung vor dem gesetzgebenden Organ, das dieses Volk repräsentiert.

John Conyers Gesetzentwurf, HR 40, ist das Vehikel für diese Anhörung. Niemand kann vorhersagen, was bei einer solchen Debatte herauskommen würde. Vielleicht kann keine Summe die jahrhundertelange Ausbeutung der Schwarzen in Amerika wirklich erfassen. Vielleicht ist die Summe so groß, dass sie nicht vorstellbar ist, geschweige denn zu kalkulieren und zu verteilen. Aber ich glaube, öffentlich mit diesen Fragen zu ringen ist mindestens so wichtig wie – wenn nicht wichtiger als – die konkreten Antworten, zu denen man dabei gelangen könnte. Ein Amerika, das danach fragt, was es seinen verletzlichsten Bürgern schuldet, ist verbessert und menschlich. Ein Amerika, das wegsieht, ignoriert nicht nur die Sünden der Vergangenheit, sondern auch die Sünden der Gegenwart und die unvermeidlichen Sünden der Zukunft. Wichtiger als jeder Scheck, der einem Afroamerikaner ausgestellt wird, wäre die Tatsache, dass die Zahlung von Reparationen Amerikas Reifeprozess repräsentieren würde, vom Kindheitsmythos seiner Unschuld hin zu einer Weisheit, die seinen Gründungsvätern zur Ehre gereichte.

2010 veröffentlichten Jacob S. Rugh, zu diesem Zeitpunkt Doktorand in Princeton, und der Soziologe Douglas S. Massey eine Studie zur jüngsten Zwangsvollstreckungskrise. Unter den treibenden Kräften entdeckten sie einen alten Feind: Segregation. Schwarze Hauskäufer wurden – selbst nachdem Faktoren wie Kreditwürdigkeit überprüft worden waren – nach wie vor mit höherer Wahrscheinlichkeit in zweitklassige Kredite gedrängt als weiße Hauskäufer. Jahrzehnte rassistischer Wohnungspolitik der amerikanischen Regierung gepaart mit Jahrzehnten rassistischer Immobilienpraktiken amerikanischer Unternehmen hatten dabei zusammengewirkt, Afroamerikaner in den gleichen Vierteln zu konzentrieren. Wie North Lawndale ein halbes Jahrhundert zuvor waren diese Viertel voll mit Menschen, die von den regulären Finanzinstituten abgeschnitten waren. Als die Kreditgeber zweitklassiger Produkte nach Beute suchten, fanden sie die Schwarzen, die wie Enten in einem Gehege auf sie warteten.

»Ein hoher Grad an Segregation schafft einen natürlichen Markt für zweitklassige Kredite«, schrieben Rugh und Massey, »und er sorgt dafür, dass sich riskantere Hypotheken und damit Zwangsvollstreckungen überproportional in den Minderheitenvierteln rassisch getrennter Städte ballen.«

Die Plünderungen der Vergangenheit haben die Plünderungen der Gegenwart lohnenswert gemacht. Die amerikanischen Banken verstanden das. 2005 bewarb Wells Fargo eine Reihe von Seminaren zur Vermögensbildung. Die Bank, die sich selbst als »führender Anbieter von Immobiliendarlehen für Kunden ethnischer Minderheiten« bezeichnet, engagierte schwarze Prominente in dem vorgeblichen Bemühen, Schwarze darin zu unterrichten, wie man »Vermögen für Generationen« aufbaut. Aber die Seminare dienten nur als Fassade für Diebstahl. 2010 reichte das Justizministerium eine Diskriminierungsklage gegen Wells Fargo ein, in der der Bank vorgeworfen wurde, Schwarze unabhängig von ihrer Kreditwürdigkeit in räuberische Darlehen gedrängt zu haben. Das war weder Magie noch Zufall noch Pech. Das war konkretisierter Rassismus. Der *New York Times* zufolge war in eidesstattlichen Versicherungen zu erfahren, dass Darlehensberater ihre schwarzen Kunden als »Schlamm-Menschen« und ihre zweitklassigen Produkte als »Ghetto-Darlehen« bezeichnet hatten.

»Wir hatten es einfach auf sie abgesehen«, erzählte Beth Jacobson, eine ehemalige Darlehensberaterin bei Wells Fargo, der *Times*. »Die Hypothekenabteilung von Wells Fargo hatte eine Einheit für Zukunftsmärkte, die gezielt schwarze Kirchen ins Visier nahm, weil man davon ausging, dass führende Persönlichkeiten der Kirche viel Einfluss hatten und die Kirchgänger davon überzeugen konnten, zweitklassige Kredite in Anspruch zu nehmen.«

2011 stimmte das Geldinstitut Bank of America einem Vergleich über 355 Millionen Dollar zu, um Diskriminierungsklagen gegen seine Countrywide-Tochter beizulegen. Im Jahr darauf legte Wells Fargo seine Diskriminierungsklage für über 175 Millionen Dollar bei. Aber der Schaden war schon angerichtet. 2009 stand in Baltimore die Hälfte der Immobilien, deren Eigentümer zwischen 2005 und 2008 Darlehen von Wells Fargo gewährt bekommen hatten, leer; 71 Prozent dieser Immobilien befanden sich in überwiegend schwarzen Vierteln.

ANHANG

NAMENGLOSSAR ZU »ZWISCHEN MIR UND DER WELT«

ANTHONY BAEZ (1965–1994): Der Sicherheitsbeamte starb nach einer Auseinandersetzung mit der New Yorker Polizei im Dezember 1994 an Erstickung. Der des Totschlags angeklagte Polizeibeamte Francis Livoti wurde freigesprochen.

JAMES BALDWIN (1924–1987): US-amerikanischer Schriftsteller und Bürgerrechtler. 1948 ging er nach Paris, wo er den Großteil seines Lebens verbrachte. Zu seinen bedeutendsten Werken zählen die Romane *Gehe hin und verkünde es vom Berge* (1953), *Giovannis Zimmer* (1956) und *Eine andere Welt* (1962) sowie die Essaybände *Notes of a Native Son* (1955) und *The Fire Next Time* (1963). Baldwin gilt als einer der bedeutendsten amerikanischen Schriftsteller des 20. Jahrhunderts.

AMIRI BARAKA (1934–2014, geboren als Everett LeRoi Jones): US-amerikanischer Lyriker, Dramatiker, Essayist und Musikkritiker. Theoretiker einer »schwarzen Ästhetik« und treibende Kraft des Black Arts Movement, das sich als künstlerischer Arm der Black-Power-Bewegung verstand.

DERRICK BELL (1930–2011): US-amerikanischer Gelehrter und erster afroamerikanischer Rechtsdozent an der Harvard Law School. Einer der Begründer der Critical Race Theory, die sich mit der Permanenz von Rassismus und seiner institutionellen Verankerung in der amerikanischen Gesellschaft beschäftigt.

SEAN BELL (1983–2006): Wurde am 25. November 2006 von Polizeibeamten in New York City erschossen. Bell feierte seinen Junggesellenabschied in einem Club, der von Drogenfahndern observiert wurde. Eine Auseinandersetzung mit mehreren Polizeibeamten eskalierte, insgesamt wurden 50 Schüsse auf das Auto von Bell abgefeuert, dessen Insassen allesamt unbewaffnet waren. In der Folge forderten Demonstranten den Rücktritt des New Yorker Polizeichefs Raymond Kelly. 2008 wurden die beteiligten Polizeibeamten freigesprochen.

SAUL BELLOW (1915–2005): US-amerikanischer Schriftsteller und einer der bedeutendsten Vertreter der jüdisch-amerikanischen Literatur des 20. Jahrhunderts. Zu seinen bekanntesten Werken zählen *Die Abenteuer des Augie March* (1953) und *Herzog* (1964). 1976 erhielt er den Nobelpreis für Literatur.

BIG BOI (*1975 als Antwan André Patton): US-amerikanischer Rapper und Schauspieler, der als Mitglied des Hip-Hop-Duos → OutKast bekannt wurde.

BIGGIE, *siehe* The Notorious B. I. G.

BILLIE, *siehe* Billie Holiday.

HIERONYMUS BOSCH (ca. 1450–1516): Niederländischer Maler der Renaissance. Bekannt als Meister des Details. Bosch nutzte die sakrale Form des Triptychons auch für profane Darstellungen, als prominentestes Beispiel hierfür gilt »Der Garten der Lüste«. In »Die Anbetung der Heiligen Drei Könige« hält der König afrikanischer Herkunft eine silberne Kugel, das Symbol der weltlichen Herrschaft.

ABRAHAM BRIAN: Freier Schwarzer, der 1857 eine Farm im Süden Pennsylvanias erstand, die in der Schlacht von Gettysburg zu einem Schauplatz des amerikanischen Bürgerkriegs wurde. Wegen der Zerstörungen klagte Brian auf eine Entschädigung von 1028 Dollar; zugestanden wurden ihm schließlich 15 Dollar.

MICHAEL BROWN (1996–2004): Wurde nach einem Handgemenge mit dem Polizisten Darren Wilson am 9. August 2014 in Ferguson, Mississippi, von diesem mit mehreren Schüssen getötet. Brown war unbewaffnet. Infolge seines Todes und der Entscheidung, kein Verfahren gegen den Todesschützen einzuleiten, kam es in den USA zu schweren Unruhen und Demonstrationen gegen rassistisch motivierte Polizeigewalt. Ferguson wurde bald zum Symbol der Debatte über Rassismus, Polizeigewalt und soziale Ungleichheit.

STERLING BROWN (1901–1989): US-amerikanischer Professor, Literaturkritiker und Dichter. Sein Werk wird der Tradition der Harlem Renaissance zugerechnet, einer modernistisch geprägten, heterogenen künstlerischen und literarischen Bewegung in den 1920er und 1930er Jahren, die afroamerikanische Erfahrung und Identität ins Zentrum rückte.

BUBBER, *siehe* James Wesley »Bubber« Miley.

CALVIN O. BUTTS (*1949): Pastor der Abyssinian Baptist Church in New York. Gründer der Abyssinian Development Corporation, einer Non-Profit-Organisation, die sich der sozialen, ökonomischen und städteplanerischen Entwicklung Harlems verschrieben hat.

DONALD BYRD (1932–2013): US-amerikanischer Jazz-Trompeter und Pionier der Fusion von Jazz mit Funk und Soul. Seine berühmtesten Aufnahmen erschienen bei dem Label Blue Note, dessen erfolgreichster Künstler er war. Byrd leitete in den frühen 1970er Jahren das Black Music Department der Howard University.

JOHN C. CALHOUN (1782–1850): US-amerikanischer Politiker, langjähriger Senator und Vizepräsident unter John Quincy Adams und Andrew Jackson. Bekannt für seine Verteidigung der Sklaverei als positives Gut und Voraussetzung für die Verwirklichung des American Dream. Setzte sich für eine Abspaltung der Südstaaten von der Union ein.

ALBERT CAMUS (1913–1960): Französischer Schriftsteller und Philosoph. In seinen Büchern *Der Mythos des Sisyphos* (1944) und *Der Mensch in der Revolte* (1951) entwickelte er seine »Philosophie des Absurden«. Seine bekanntesten Romane sind *Der Fremde* (1942) und *Die Pest* (1947). 1957 erhielt er den Nobelpreis für Literatur.

STOKELY CARMICHAEL (1941–1998, auch bekannt als *Kwame Touré*): Trinidadisch-amerikanischer Bürgerrechtler und Panafrikanist. Einer der führenden Vertreter der Black-Power-Bewegung, die in den 1960er Jahren für eine militante Behauptung schwarzer Identität stand. Wanderte mit seiner Frau, der Sängerin Miriam Makeba, nach Guinea aus, wo er sich in Kwame Touré umbenannte.

KENNETH CARROLL: US-amerikanischer Dichter, Essayist und Dramatiker.

CHAIRMAN MAO, *siehe* Jefferson »Chairman« Mao.

KENNETH CLARK (1914–2005): US-amerikanischer Psychologe und Bürgerrechtler, der sich für die Abschaffung der Rassentrennung an öffentlichen Schulen einsetzte. Zusammen mit seiner Frau, Mamie Phipps Clark, führte er Forschungen durch, die belegten, dass die Isolierung afroamerikanischer Kinder in getrennten Schulen psychologische Schäden verursachte.

MARK CLARK (1947–1969): Aktivist der Black Panther Party. Wurde zusammen mit → Fred Hampton bei der nächtlichen Razzia in Hamptons Appartement erschossen.

LUCILLE CLIFTON (1936–2010, geboren als Thelma Lucille Sayles): US-amerikanische Schriftstellerin und Lyrikerin, die sich in ihren Werken mit ihrem afroamerikanischen Erbe und dem weiblichen Körper auseinandersetzte. Wurde zweimal für den Pulitzer-Preis nominiert.

JOHN CRAWFORD (1992–2014): Wurde am 5. August 2014 von dem Polizeibeamten Sean Williams in einer Walmart-Filiale in Beavercreek, Ohio, erschossen. Der 22-jährige Vater zweier Kinder hatte ein unverpacktes

Luftgewehr aus der Sportartikelabteilung genommen und damit in der Hand seine Einkäufe fortgesetzt, woraufhin ein Kunde die Polizei verständigte. Nach ihrer Ankunft schossen die Polizeibeamten auf Crawford, der kurz darauf im Krankenhaus seinen Verletzungen erlag. Es kam zu keiner Verurteilung.

STANLEY CROUCH (*1945): US-amerikanischer Schriftsteller, Publizist und Jazz-Kritiker. Bekannt für seine kontroversen Ansichten über afroamerikanische Populärkultur, etwa seine puristisch-ablehnende Haltung gegenüber Fusion Jazz und seine vehemente Kritik von Gangsta Rap, den er als Propaganda für Gewalt, Kriminalität und Frauenverachtung versteht.

HAROLD CRUSE (1916–2005): US-amerikanischer Gelehrter und einer der ersten Professoren für African American Studies. Sein bekanntestes Werk ist *The Crisis of the Negro Intellectual* (1967).

CUDJOE (ca. 1680 – ca. 1740, auch bekannt als Captain Cudjoe): Anführer der Maroons – entlaufener Plantagensklaven und ihrer Nachfahren – in Jamaika. Cudjoe befreite Sklaven und verteidigte die Territorien der Maroons gegen die britischen Kolonialherren in blutigen Kämpfen.

BASIL DAVIDSON (1914–2010): Britischer Historiker, Schriftsteller und Afrikanist. Seine Forschungsschwerpunkte lagen auf dem portugiesischen Kolonialreich in Afrika und afrikanischen Befreiungsbewegungen.

JORDAN DAVIS (1995–2012): Am 23. November 2012 wurde der 17-jährige Schüler an einer Tankstelle in Jacksonville, Florida, von dem 45-jährigen Software-Entwickler David Dunn erschossen. Dunn hatte Davis und seine Begleiter aufgefordert, die Musik in ihrem Auto leiser zu stellen. Der Streit eskalierte, und Dunn feuerte mit seiner Pistole in das Auto, wobei Davis tödlich verletzt wurde. Dunn wurde zu lebenslanger Haftstrafe verurteilt.

OSSIE DAVIS (1917–2005, geboren als Raiford Chatman Davis): US-amerikanischer Schauspieler, Regisseur, Drehbuchautor. Feierte kommerzielle Erfolge, ohne stereotype Rollenbilder für afroamerikanische Charaktere zu bedienen. Davis war ein enger Freund von sowohl → Malcolm X als auch → Martin Luther King.

MOBB DEEP: Erfolgreiches Hip-Hop-Duo, bestehend aus den Rappern Havoc (*1974 als Kejuan Muchita) und Prodigy (*1974 als Albert Johnson).

MARTIN DELANY (1812–1885): US-amerikanischer Abolitionist, Arzt, Journalist und Schriftsteller. Einer der Begründer des Schwarzen Nationalismus und Pionier der afroamerikanischen Kolonialisierungsbewegung in Liberia. Delanys Schriften haben unter anderem → Marcus Garvey stark beeinflusst.

DAVID DINKINS (*1927): US-amerikanischer Politiker und erster afroamerikanischer Bürgermeister von New York City (1990–1993).

FREDERICK DOUGLASS (1818–1895, geboren als Frederick Augustus Washington Bailey): US-amerikanischer Sozialreformer, Abolitionist, Schriftsteller und Redner. Nachdem er selbst der Sklaverei entflohen war, wurde er zu einer der wichtigsten Stimmen der Bewegung zur Beendigung der Sklaverei. Sein Buch *Narrative of the Life of Frederick Douglass, an American Slave* (1845) ist eine der einflussreichsten Schriften des 19. Jahrhunderts.

DR. DRE (*1965 als André Romelle Young): US-amerikanischer Hip-Hop-Produzent, Rapper und Unternehmer. Als Mitglied von N. W. A. war er ein Pionier des Gangsta Rap, später wurde er mit seinem Album *The Chronic* zum musikalischen Innovator des G-Funk. Mit seinen Produktionen verhalf er Künstlern wie Snoop Dogg, Eminem und 50 Cent zum Durchbruch.

CHARLES DREW (1904–1950): US-amerikanischer Chirurg und Wissenschaftler, der sich gegen die damals vorherrschende Praxis der Rassentrennung bei Blutspenden einsetzte.

W. E. B. DU BOIS (1868–1963): US-amerikanischer Soziologe, Philosoph, Schriftsteller und Panafrikanist; einer der einflussreichsten afroamerikanischen Denker und Bürgerrechtler seiner Zeit. Du Bois, der unter anderem in Berlin und Heidelberg (bei Max Weber) studierte, war Mitbegründer der National Association for the Advancement of Colored People (NAACP). Er forderte Gleichberechtigung und eine verstärkte politische Repräsentation der afroamerikanischen Bevölkerung in den USA und trat damit sowohl der von → Marcus Garvey propagierten Idee einer »Rückkehr« nach Afrika wie Booker T. Washingtons Haltung der geduldigen Anpassung und des Aufstiegs durch Bildung entgegen. Sein Hauptwerk *The Souls of Black Folk* erschien 1903.

FRANTZ FANON (1925–1961): Französischer Psychiater, Politiker und Schriftsteller. Seine Bücher *Schwarze Haut, weiße Masken* (1952) und *Die Verdammten dieser Erde* (1961) waren enorm einflussreich sowohl für die antikolonialen Bewegungen seiner Zeit als auch für spätere radikale postkoloniale Denker.

WILLIAM FAULKNER (1897–1962): US-amerikanischer Schriftsteller, dessen Romane und Kurzgeschichten meist in den Südstaaten spielen. Seine bekanntesten Werke sind *Schall und Wahn* (1929), *Als ich im Sterben* *lag* (1930) und *Licht im August* (1932). 1949 wurde er mit dem Nobelpreis für Literatur ausgezeichnet.

CAROLYN FORCHÉ (*1950): US-amerikanische Dichterin, Übersetzerin und Menschenrechtsaktivistin.

ARETHA FRANKLIN (*1942): US-amerikanische Soulsängerin und eine der erfolgreichsten Unterhaltungskünstlerinnen der Gegenwart. Titel wie »Respect« (1965) oder »(You Make Me Feel Like) A Natural Woman« (1967) trugen ihr den Titel »Queen of Soul« ein. In den 1960er Jahren wurde sie zu einem Symbol schwarzen Selbstbewusstseins. 1987 wurde Franklin als erste weibliche Künstlerin in die Rock and Roll Hall of Fame aufgenommen.

E. FRANKLIN FRAZIER (1894–1962): US-amerikanischer Soziologe und Schriftsteller. In seiner Doktorarbeit, einer Studie über die Entwicklung der afroamerikanischen Familie von der Zeit der Sklaverei bis in die 1930er Jahre, kam er zu dem Schluss, dass Afroamerikaner ihr afrikanisches Erbe verloren haben und kulturell als Amerikaner gelten müssen.

ERIC GARNER (1970–2014): Starb am 17. Juli 2014 in New York an den Folgen eines Würgegriffs, den der Polizeibeamte Daniel Pantaleo bei Garners Verhaftung angewendet hatte. Garner war verdächtigt worden, unversteuerte Zigaretten zu verkaufen. Pantaleo wurde vor Gericht gestellt, es kam jedoch zu keiner Verurteilung.

MARCUS GARVEY (1887–1940): Jamaikanischer Politiker, Journalist und Unternehmer. Verfechter des Schwarzen Nationalismus und des Panafrikanismus. Gründete die Universal Negro Improvement Association and African Communities League (UNIA-ACL), die die Auswanderung aller Schwarzen nach Afrika propagierte, und zu diesem Zweck auch die Schifffahrtsgesellschaft *Black StarLine.*

ADDISON GAYLE JR. (1932–1991): US-amerikanischer Literaturkritiker, Dozent und Essayist. In den 1960er Jahren forderte er einen neuen literaturwissenschaftlichen Ansatz zur Analyse afroamerikanischer Literatur, eine »schwarze Ästhetik«, die mit dem vorherrschenden Eurozentrismus in der Literaturwissenschaft brach.

BRIAN GILMORE: US-amerikanischer Lyriker und Staatsanwalt. In seinen Gedichten nimmt er oft Bezug auf die schwarze Musik. Sein Gedichtband *We Didn't Know Any Gangsters* (2014) ist zu einer literarischen Referenz für die gesellschaftlichen Umstände geworden, in denen afroamerikanische Jugendliche von Polizisten getötet werden.

THAVOLIA GLYMPH (*1951): Historikerin und Dozentin der African Studies und African American Studies an der Duke University. In ihrem Buch *Out of the House of Bondage. The Transformation of the Plantation Household* (2008) beschäftigt sie sich aus der Gender-Perspektive mit dem Klassenverhältnis schwarzer und weißer Frauen im Plantagenhaushalt.

GHOSTFACE KILLAH (*1970 als Dennis Coles): US-amerikanischer Rapper und Mitglied des Wu-Tang Clans.

GRANNY NANNY (ca. 1700–ca. 1740, auch bekannt als Nanny of the Maroons und Queen Nanny): Jamaikanische Nationalheldin und Anführerin der Maroons, die sich aus entlaufenen schwarzafrikanischen Plantagensklaven bildeten, unabhängige Siedlungen gründeten und gegen die britische Kolonialmacht kämpften.

DREAM HAMPTON (*1971): US-amerikanische Schriftstellerin, Filmemacherin und Aktivistin. Ihre Artikel und Essays beschäftigen sich mit Musik, Kultur und Politik.

FRED HAMPTON (1948–1969): Aktivist der Black Panther Party, einer 1966 gegründeten, sozialistisch-marxistisch geprägten Organisation des schwarzen Nationalismus. Hampton wurde von einer Polizei-Eliteeinheit im Rahmen einer Operation des FBI in seiner Chicagoer Wohnung im Schlaf erschossen.

DONNY HATHAWAY (1945–1979): US-amerikanischer Soulmusiker und Songwriter, der vor allem durch seine einzigartige Stimme begeisterte. Seine berühmteste Aufnahme ist sein *Live*-Album aus dem Jahr 1972.

ROBERT HAYDEN (1913–1980): US-amerikanischer Dichter, Essayist und Pädagoge. In seinem Werk thematisiert er die Notlage der Afroamerikaner im 20. Jahrhundert. Als Anhänger des Bahaitum war Hayden von der Einheit der Menschheit überzeugt und lehnte daher nationalistische oder separatistische Bewegungen ab. Sein berühmtestes Gedicht »Middle Passage« (1962) ist dem Sklavenaufstand an Bord des spanischen Schoners *La Amistad* im Jahr 1839 gewidmet.

MELVILLE J. HERSKOVITS (1895–1963): US-amerikanischer Anthropologe und Begründer der African American Studies. Im Gegensatz zu → E. Franklin Frazier vertrat er die Ansicht, dass zeitgenössische Afroamerikaner auch über die historische Distanz hinweg afrikanische Kultur bewahrt haben.

BILLIE HOLIDAY (1915–1959, geboren als Eleanora Fagan): US-amerikanische Jazzsängerin und eine der berühmtesten Künstlerinnen des 20. Jahrhunderts. Ihre von Armut, Gewalt und Drogenmissbrauch gekennzeichnete Biographie prägte Holidays unverwechselbaren Gesangsstil, der sich durch tiefe und raue Emotion auszeichnete. Der kontroverse Song »Strange Fruit« (1939), in dem die Lynchjustiz an Schwarzen thematisiert wird, wurde zu einem ihrer größten Erfolge.

BELL HOOKS (*1952 als Gloria Watkins): US-amerikanische feministische Literaturwissenschaftlerin und Kulturkritikerin, die sich mit dem Zusammenhang von rassischer Zuschreibung, Klassenzugehörigkeit und Gender beschäftigt.

GARY HOPKINS (1980–1999): Der 19-jährige Collegestudent wurde am 27. November 1999 in Lanham, Maryland, in einer Auseinandersetzung mit der Polizei erschossen. Gary Hopkins war unbewaffnet. Der Polizist Brian C. Catlett wurde des Totschlags angeklagt, jedoch für unschuldig befunden.

ADINA HOWARD (*1974): US-amerikanische RnB-Sängerin. Mit ihrer Debütsingle »Freak Like Me« und ihrem sexuell-provokativen Auftritt wurde sie in den 1990er Jahren zum Star.

LANGSTON HUGHES (1902–1967): US-amerikanischer Schriftsteller, Aktivist und einer der führenden Vertreter der Harlem Renaissance (*siehe* Sterling Brown). Hughes gehört zu den Innovatoren der Jazz Poetry. Wie viele schwarze Intellektuelle seiner Zeit sah er im Kommunismus eine Alternative zur amerikanischen Rassentrennung.

ZORA NEALE HURSTON (1891–1960): US-amerikanische Schriftstellerin und Folkloristin. Vertreterin der Harlem Renaissance (*siehe* Sterling Brown). Ihr bekanntestes Werk ist der Roman *Their Eyes Were Watching God* (1937).

ICE CUBE (*1969 als O'Shea Jackson): US-amerikanischer Hip-Hop-Musiker, Schauspieler und Filmproduzent. Als Mitglied von N. W. A. und als Solokünstler war er einer der Innovatoren des Gangsta Rap, zugleich stehen seine Texte für Realismus, Sozialkritik und die Wut afroamerikanischer Jugendlicher.

ISLEY BROTHERS: US-amerikanische Soul- und Funkgruppe, die in den 1950er Jahren ursprünglich als Gospelchor von den drei Brüdern O'Kelly, Rudolph und Ronald Isley gegründet wurde. In den 1970er und 1980er Jahren feierten sie mit den Alben *The Heat Is On* (1975) und *Between the Sheets* (1983) große Erfolge.

JOHN G. JACKSON (1907–1933): US-amerikanischer Historiker und Schriftsteller. Beschäftigte sich in seinen Büchern mit afrikanischer Geschichte aus einer panafrikanischen, afrozentristischen Perspektive.

MICHAEL JACKSON (1958–2009): US-amerikanischer Sänger und Komponist, der als »King of Pop« in die Musikgeschichte einging. *Thriller*

(1982) ist das erfolgreichste Album aller Zeiten. Jackson war einer der kreativsten und zugleich kontroversesten Pop-Künstler überhaupt; neben seiner Musik machten beispielsweise auch Gerüchte über kosmetische Aufhellung seiner Haut (die sich als falsch erwiesen, Jackson litt an einer Hautkrankheit) Schlagzeilen.

C. L. R. JAMES (1901–1989): Trinidadischer Historiker, marxistischer Theoretiker, politischer Aktivist, Publizist und Schriftsteller. Sein Buch *The Black Jacobins* (1938) ist ein Standardwerk zur Haitianischen Revolution und ein zentraler Referenztext postkolonialer Kritik.

PRINCE CARMEN JONES (1975–2000): Der 25-jährige Howard Student starb am 1. September 2000 in seinem Auto. Der Polizist Carlton Jones feuerte 16 Schüsse auf den unbewaffneten Studenten ab. Die Howard University und Jones' Familie führten eine große Kampagne gegen polizeiliche Willkür an. Die Ermittlungen gegen Carlton Jones wurden nach zwei Jahren eingestellt.

ETHERIDGE KNIGHT (1931–1991): US-amerikanischer Lyriker und Vertreter des Black Arts Movement. Bekanntheit erlangte er durch seinen Gedichtband *Poems from Prison* (1968), in dem er seine achtjährige Gefängnisstrafe beschrieb, die er für den Diebstahl einer Handtasche abbüßte. Seine Lyrik ist geprägt von afroamerikanischer mündlicher Tradition.

ROBERT E. LEE (1807–1870): General der Nord-Virginia-Armee während des Amerikanischen Bürgerkriegs und ab 1865 Oberbefehlshaber des konföderierten Heers. Unter seinem Kommando war es den Truppen erlaubt, freie Schwarze gefangen zu nehmen und in die Sklaverei zu zwingen. Lee wird noch heute in den USA, nicht nur in den Südstaaten, als Held verehrt.

ABRAHAM LINCOLN (1809–1865): 16. Präsident der Vereinigten Staaten von Amerika (1861–1865) zur Zeit des Amerikanischen Bürgerkriegs. Setzte sich erfolgreich für die Abschaffung der Sklaverei in den USA ein. Kurz vor Ende des Krieges wurde er während eines Theaterbesuchs von dem Schauspieler John Wilkes Booth erschossen, einem fanatischen Anhänger der konföderierten Südstaaten.

ABNER LOUIMA (*1966): Der Haitianer wurde am 9. August 1997 in New York City nach seiner Verhaftung auf der Polizeiwache von dem Polizeibeamten Justin Volpe brutal zusammengeschlagen und sexuell missbraucht. Der Fall löste in New York und landesweit große öffentliche Empörung aus. Amnesty International führte Louimas Misshandlung 1998 in einem Bericht über Polizeigewalt, Folter und Missbrauch an. Der Hauptangeklagte Justin Volpe wurde 2000 zu 30 Jahren Haft und einer Geldstrafe verurteilt.

JOSEPH LOWERY (*1921): Pfarrer der Evangelisch-methodistischen Kirche in den USA und Bürgerrechtler. Von 1977 bis 1997 war er der Nachfolger von → Martin Luther King und Ralph Abernathy als Vorsitzender der Southern Christian Leadership Conference. 2009 sprach er den Segen bei der Amtseinführung von Präsident Barack Obama.

MARTIN LUTHER KING JR. (1929–1968): US-amerikanischer Baptistenpastor und bekanntester Sprecher der afroamerikanischen Bürgerrechtsbewegung. Er setzte sich gegen soziale Unterdrückung und Rassismus und für zivilen Ungehorsam als Mittel des friedlichen Widerstands ein. Unter Kings Führung wurde die Bürgerrechtsbewegung zu einer Massenbewegung, die schließlich die Aufhebung der gesetzlichen Rassentrennung und das Wahlrecht für die afroamerikanische Bevölkerung in den Südstaaten erreichte. 1964 erhielt King den Friedensnobelpreis. 1968 wurde er von dem vorbestraften James Earl Ray in Memphis, Tennessee, ermordet.

JEFFERSON »CHAIRMAN« MAO: US-amerikanischer Musikjournalist und Radio-DJ. In den 1990er Jahren einer der Herausgeber des Hip-Hop-Magazins *Ego Trip*.

MANNING MARABLE (1950–2011): US-amerikanischer Historiker, Professor für African American Studies an der Columbia University. Kurz vor seinem Tod vollendete er die Biographie *Malcolm X: A Life of Reinvention*, die 2012 mit dem Pulitzer-Preis ausgezeichnet wurde.

THURGOOD MARSHALL (1908–1993): US-amerikanischer Jurist und erster afroamerikanischer Richter am Obersten Gerichtshof der USA. Als Anwalt argumentierte er 1954 vor dem Obersten Gerichtshof erfolgreich im Fall *Brown vs. Board of Education* gegen die gesetzliche Rassentrennung. Als Folge wurde diese auf Basis der Gleichbehandlungsklausel der US-Verfassung für illegal erklärt.

TRAYVON MARTIN (1995–2012): Wurde am 26. Februar 2012 abends von dem Nachbarschaftswachmann George Zimmerman in Sanford, Florida, erschossen. Zimmermann hatte den unbewaffneten Jugendlichen, der auf dem Nachhauseweg war, beobachtet und ihn der Polizei als verdächtige Person gemeldet. Den Schuss begründete er mit seinem Recht auf Selbstverteidigung. Er wurde angeklagt und freigesprochen.

MARY JANE GIRLS: US-amerikanische Soul- und Funkgruppe der 1980er Jahre. Ihr Hit »All Night Long« ist eines der am häufigsten gesampelten Stücke im Hip-Hop.

RENISHA MCBRIDE (1994–2013): In der Nacht des 2. November 2013 verursachte die alkoholisierte junge Frau einen Autounfall in Dearborn Heights, Michigan. Als die offenbar verwirrte Frau an Fenster und Türen eines nahe gelegenen Hauses klopfte, wurde sie von dessen Besitzer, Theodore Wafer, der sie laut eigenen Angaben für einen Einbrecher hielt, erschossen. Wafer wurde am 7. August 2014 zu einer Haftstrafe von mindestens 17 Jahren verurteilt.

FREDDIE MCCOLLUM (*1944): Der 53-Jährige wurde von drei Polizeibeamten am 28. Juni 1997 in seinem Haus in Temple Hills, Maryland, brutal zusammengeschlagen. McCollum verlor dabei ein Auge. 2000 wurde McCollum nach einer Zivilklage ein Schmerzensgeld von 4,1 Millionen Dollar zugesprochen.

ALESSANDRO DE' MEDICI (1510–1537, genannt il Moro): Herzog von Florenz. Historiker nehmen an, dass er der Sohn von Giulio de' Medici und einer afrikanischen Sklavin am Florentiner Hof gewesen sei.

JAMES WESLEY »BUBBER« MILEY (1903–1932): US-amerikanischer Jazztrompeter, bekannt geworden durch seine Zusammenarbeit mit Duke Ellington.

EUGENE ETHELBERT MILLER (*1950): US-amerikanischer Dichter, Herausgeber und Universitätsdozent.

TONI MORRISON (*1931 als Chloe Anthony Wofford): US-amerikanische Schriftstellerin und eine der bedeutendsten Vertreterinnen afroamerikanischer Literatur. Erhielt 1993 den Nobelpreis für Literatur. Zu ihren bekanntesten Werken zählen *Sehr blaue Augen* (1970), *Sula* (1973), *Solomons Lied* (1977), und *Menschenkind* (1987).

MUHAMMAD ALI (*1942 als Cassius Marcellus Clay jr.): Ehemaliger US-amerikanischer Profi-Boxer, mehrfacher Weltmeister und Unterstützer der Bürgerrechtsbewegung. Trat in jungen Jahren der Nation of Islam bei, wo er → Malcolm X kennenlernte. Wurde durch seine öffentliche Verweigerung des Wehrdienstes während des Vietnamkriegs zu einer Ikone der Gegenkultur der 1960er Jahre in den USA. Vom Internationalen Olympischen Komitee wurde er 1999 zum »Sportler des Jahrhunderts« gewählt.

MANSA MUSA (ca. 1280–1337): König des mittelalterlichen Reichs Mali von 1312 bis 1337.

NANNY, *siehe* Granny Nanny.

NAS (*1973 als Nasir bin Olu Dara Jones): US-amerikanischer Rapper. Seine Songtexte zeichnen sich durch ihren poetischen Stil aus und geben wirkungsvoll das Leben auf der Straße wieder. Nas zählt zu den bedeutendsten zeitgenössischen Hip-Hop-Künstlern.

LARRY NEAL (1937–1981): US-amerikanischer Kulturkritiker und Dramatiker, führender Vertreter des Black Arts Movement. Gemeinsam mit → Amiri Baraka gab er die Anthologie *Black Fire* (1968) heraus.

ELMER CLAY NEWMAN (1970?–1999): Starb am 22. September 1999 im Krankenwagen vor der Polizeiwache in Oxon Hill, Maryland. Der stark narkotisierte 29-Jährige wurde von der für ihre Gewalt berüchtigten Polizei in Prince George's County verhaftet und misshandelt. Die ihm zustehende medizinische Hilfe wurde nicht geleistet. Laut Autopsiebericht starb Newman an einer Überdosis Kokain sowie infolge schwerer Verletzungen am Rumpf. Da niemand für die Verletzungen verantwortlich gemacht werden konnte, ist es bisher zu keiner Verurteilung gekommen.

RICHARD NIXON (1913–1994): Politiker der Republikanischen Partei und 37. Präsident der USA (1969–1974). Als einziger US-Präsident der Geschichte trat er von seinem Amt zurück. Auslöser war die Watergate-Affäre, bei der ans Licht kam, dass er seine Amtsgewalt und die Regierungsbehörden schwerwiegend missbraucht hatte.

SOLOMON NORTHUP (1808–1863?): Afroamerikaner, der als ursprünglich freier amerikanischer Staatsbürger entführt und an einen Plantagenbesitzer in Louisiana verkauft wurde. Seine Memoiren *Twelve Years a Slave* (1853) erlangten große Bekanntheit und wurden 2013 verfilmt.

THE NOTORIOUS B. I. G. (1972–1997, geboren als Christopher George Latore Wallace): US-amerikanischer Rapper der 1990er Jahre. Einer der prägendsten und kommerziell erfolgreichsten Hip-Hop-Musiker aller Zeiten. 1997 wurde er Opfer eines Drive-by-Shooting, dessen Umstände und Hintergründe nie aufgeklärt wurden.

KÖNIGIN NZINGA VON NDONGO UND MATAMBA (1583–1663, auch bekannt als Ana de Sousa): Afrikanische Königin der Königreiche Ndongo und Matamba im heutigen Angola.

OUTKAST: US-amerikanisches Hip-Hop-Duo, bestehend aus André 3000 und Big Boi, gegründet in 1992.

GEORGE PADMORE (1902–1959, geboren als Malcolm Ivan Meredith Nurse): Kommunistischer trinidadischer Journalist und Schriftsteller. Prägte die Theorie und den Diskurs des panafrikanischen Antiimperialismus und suchte nach neuen Wegen für eine afrikanische Unabhängigkeit von imperialer Herrschaft.

GEORGE PICKETT (1825–1875): Generalmajor der Konföderierten während des Amerikanischen Bürgerkriegs. Führte die blutige wie zwecklose Schlussattacke seiner Division am dritten Tag der Schlacht von Gettysburg am 3. Juli 1863, die als *Pickett's charge* in die Geschichte einging und die Niederlage der konföderierten Truppen einleitete.

MARLENE PINNOCK (*1963): Am 1. Juli 2014 wurde Pinnock von dem Streifenpolizisten Daniel Andrew aufgehalten, als sie zu Fuß am Rande einer Schnellstraße in Los Angeles unterwegs war. Die psychisch verwirrte Frau widersetzte sich dem Versuch, sie von der Straße zu ziehen, woraufhin Andrew sie zu Boden warf und auf sie einschlug. Pinnock erhielt in einer außergerichtlichen Einigung 1,5 Mio. Dollar Schmerzensgeld, der Polizeibeamte musste den Dienst quittieren.

JAMES K. POLK (1795–1849): 11. Präsident der Vereinigten Staaten (1845–1849). Während Polks Amtszeit wurde eine aggressiv-expansive Außenpolitik betrieben, das Staatsgebiet der USA bis zum Pazifik und bis zum Rio Grande ausgedehnt. Er befürwortete die Sklavengesetze, eine Haltung, die sein politisches Profil maßgeblich bestimmte. Polk war selbst Besitzer von Sklaven.

JOEL DIAS-PORTER: US-amerikanischer Dichter und Performancekünstler. Sein literarisches Schaffen ist geprägt von Improvisation und experimentellem Umgang mit Jazz-Elementen.

KAJIEME POWELL (1989–2014): Wurde am 19. August 2014 in St. Louis, Missouri, auf offener Straße von zwei Polizeibeamten erschossen, die den 25-Jährigen wegen des Diebstahls zweier Getränkedosen aus einem Supermarkt stellen wollten. Der offensichtlich von einer psychischen Störung beeinträchtigte Powell näherte sich den Polizisten, die daraufhin das Feuer eröffneten. Der Vorfall wurde mit dem Handy gefilmt, das Video sorgte für heftige Debatten über die Schuld der Polizeibeamten, die angaben, aus Notwehr gehandelt zu haben.

OTIS REDDING (1941–1967): US-amerikanischer Soulmusiker und Songwriter. Erhielt posthum den Spitznamen »King of Soul«. Mit Songs wie »Try a Little Tenderness«, »Respect« oder »(Sittin' On) The Dock of the Bay« erlangte Redding weltweiten Ruhm. Er verunglückte bei einem Flugzeugabsturz tödlich.

TAMIR RICE (2002–2014): Der 12-jährige Junge wurde am 22. November 2014 von dem Polizeibeamten Timothy Loehmann in Cleveland, Ohio, erschossen. Er hatte auf der Straße mit einer Waffenattrappe gespielt, als die Polizei von einem Anrufer verständigt wurde. Loehmann schoss unmittelbar nach seiner Ankunft auf den Jungen, der einen Tag später starb. Bis heute wurde keine Anklage gegen ihn erhoben.

JACKIE ROBINSON (1919–1972): US-amerikanischer Baseballspieler und – als First Baseman der Brooklyn Dodgers – 1947 erster afroamerikanischer Spieler in der Major League Baseball. Mit seinem sportlichen Talent und seinem Bekenntnis zur Gewaltfreiheit wurde er zu einer Symbolfigur der Bürgerrechtsbewegung.

CAROLYN RODGERS (1940–2010): US-amerikanische Autorin, führende Stimme des Black Arts Movement und Gründerin der Third World Press.

JOEL AUGUSTUS ROGERS (1880–1966): Jamaikanisch-amerikanischer Schriftsteller, Journalist und Historiker. Mit seinen Büchern und Artikeln leistete er einen wichtigen Beitrag zur Popularisierung der Geschichte Afrikas und der afrikanischen Diaspora.

SAM & DAVE (Samuel David Moore, *1935, und Dave Prater, 1937–1988): US-amerikanisches Soul-Duo. Sie waren prägend für den Memphis Soul und insbesondere in den 1960er Jahren kommerziell erfolgreich. Zu ihren größten Hits zählen »Hold On, I'm Comin'« und »Soul Man« (1967).

SONIA SANCHEZ (*1934 als Wilsonia Benita Driver): US-amerikanische Dichterin und Dramatikerin. Vertreterin des Black Arts Movement. Sie kombiniert häufig Anleihen beispielsweise aus dem Blues mit traditionellen lyrischen Formen wie dem Haiku. 1985 erhielt sie den American Book Award für ihr Buch *Homegirls and Handgrenades.*

MONGO SANTAMARÍA (1922–2003, geboren als Ramón Santamaría Rodriguez in Havanna): US-amerikanischer Jazz-Percussionist. Seine bekannteste Komposition ist der Jazz-Standard »Afro Blue«. Santamaría spielte eine zentrale Rolle bei der Verbindung von afrokubanischen Rhythmen mit Jazz und Soul im Boogaloo der 1960er Jahre.

JEAN-PAUL SARTRE (1905–1980): Französischer Schriftsteller und Philosoph. Theoretiker und wichtigster Vertreter des Existentialismus. In seinem philosophischen Hauptwerk *Das Sein und das Nichts* (1943) setzt er sich mit der ontologischen Begründung von Freiheit auseinander. 1964 wurde Sartre der Nobelpreis für Literatur zuerkannt, den er jedoch ablehnte, um seine Unabhängigkeit zu wahren.

SCHABAKA: Pharao der kuschitischen 25. Dynastie im Alten Ägypten (etwa 721–707/706 v. Chr.).

FRANK SKI (*1964 als Frank Rodriguez): US-amerikanischer DJ, Journalist und Radiomoderator. Neben seiner Tätigkeit als Entertainer engagiert er sich unter anderem für Obdachlose und benachteiligte Jugendliche.

ALEXANDER SOLSCHENIZYN (1918–2008): Russischer Schriftsteller und Träger des Nobelpreises für Literatur (1970). Beschrieb in seinem Hauptwerk *Der Archipel Gulag* (1973) detailliert die Verbrechen des stalinistischen Regimes bei der Verbannung und systematischen Ermordung von Millionen Menschen im Gulag.

GREG TATE: US-amerikanischer Schriftsteller, Journalist, Musiker und Kulturtheoretiker. Zu seinen bekanntesten Büchern zählen *Flyboy in the Buttermilk* (1992) und *Everything but the Burden: What White People are Taking from Black Culture* (2003).

STROM THURMOND (1902–2003): US-Senator von South Carolina (1954–2003) und vehementer Befürworter der Rassentrennung. So kritisierte er 1948 den damals amtierenden Präsidenten Harry S. Truman für seine Entscheidung, die Rassentrennung im Militär abschaffen zu wollen.

LEW TOLSTOI (1828–1910): Russischer Schriftsteller, Philosoph und Moralist. Seine monumentalen Romane *Krieg und Frieden* (1869) und *Anna Karenina* (1877) begründeten seinen literarischen Ruhm und zählen zu den Klassikern des realistischen Romans.

KWAME TOURÉ, *siehe* Stokely Carmichael.

SAMORI TOURÉ (ca. 1830–1900): Muslimischer Militärführer in Westafrika und Gründer eines Islamischen Staates auf dem Gebiet des heutigen Guinea. Widerstandskämpfer gegen die französischen Kolonialherren, bekannt als kluger Kriegsstratege.

HARRIET TUBMAN (ca. 1820–1913): Ehemalige Sklavin, die nach ihrer Flucht in die Nordstaaten unter Nutzung eines als Underground Railroad bekannten Systems aus geheimen Routen und Safe Houses ungefähr siebzig weiteren Sklaven zur Flucht verhalf. Im Amerikanischen Bürgerkrieg war sie für die Unionsarmee als Kundschafterin, Spionin und Krankenschwester tätig. Später setzte sie sich für Frauenrechte ein.

NAT TURNER (1800–1831): Amerikanischer Sklave und Prediger. Führte im Sommer 1831 einen Sklavenaufstand in Southampton County, Virginia, an. Nach dessen Niederschlagung wurde er verurteilt und gehängt. In den 1960er Jahren wurde Turner zum Symbol schwarzen Widerstands.

GEORGE WASHINGTON (1732–1799): Erster Präsident der USA (1789 bis 1797) und einer ihrer Gründerväter. Leitete die verfassungsgebende Philadelphia Convention 1787. Washington prägte maßgebend die Entwicklung der USA als republikanische Demokratie.

CORNEL WEST (*1953): US-amerikanischer Philosoph und Aktivist. Neben seiner akademischen Tätigkeit als Professor für Theologie und afroamerikanische Studien nimmt West eine prominente Rolle als öffentlicher Intellektueller ein.

DOUG WILDER (*1931 als Lawrence Douglas Wilder): US-amerikanischer Politiker und erster afroamerikanischer Gouverneur von Virginia (1990–1994) seit 1872.

RALPH WILEY (1952–2004): US-amerikanischer Journalist und Essayist, der für seine Reflexionen zum Rassendiskurs in den USA bekannt wurde. Wiley wehrte sich dagegen, dass die afroamerikanische von der amerikanischen Kultur ausgenommen und als isoliert betrachtet wird.

CHANCELLOR WILLIAMS (1898–1992): US-amerikanischer Historiker, Soziologe und Schriftsteller. Erforschte die Kulturen und Geschichte Afrikas und veröffentlichte 1971 das Buch *The Destruction of Black - Civilization*, in dem er eine afrozentristische Perspektive einnimmt und die Errungenschaften afrikanischer Völker hervorhebt.

C. K. WILLIAMS (1936–2015): Vielfach preisgekrönter US-amerikanischer Lyriker und Kritiker, der in seinem dichterischen Werk immer wieder politisch Stellung bezog, unter anderem gegen den Vietnamkrieg und den Rassismus.

ERIC WILLIAMS (1911–1981): Historiker und erster Premierminister von Trinidad und Tobago, der den Inselstaat in die Unabhängigkeit führte. In *Capitalism and Slavery* (1944) vertrat er die These, dass die Beendigung des transatlantischen Sklavenhandels im frühen 19. Jahrhundert nicht aufgrund humanitärer Bestrebungen durchgesetzt wurde, sondern wirtschaftlich erwünscht war.

RICHARD WRIGHT (1908–1960): US-amerikanischer Autor teils kontroverser Romane, Kurzgeschichten und Gedichte. In seinen Werken behandelt er vor allem die Not der Afroamerikaner im späten 19. und im 20. Jahrhundert. Sein Roman *Native Son* (1940) war der erste Bestseller eines afroamerikanischen Autors. 1946 emigrierte er nach Frankreich. Der Titel seines Buches *Black Power* (1954) wurde in den 1960er Jahren zum Schlagwort der afroamerikanischen Bürgerrechtsbewegung.

WU-TANG CLAN: Anfang der 1990er Jahre gegründete Hip-Hop-Gruppe, die in einer Zeit der zunehmenden Kommerzialisierung von Hip-Hop mit ihrem düster-realistischen, musikalisch innovativen Stil und der metaphorischen Übertragung von Versatzstücken der Mythologie von Kung-Fu-Filmen große Gefolgschaft erlangte. Ihr Debütalbum *Enter the Wu-Tang (36 Chambers)* gilt als Klassiker. Ihre bekanntesten Mitglieder sind RZA, Method Man, Ghostface Killah und der 2004 verstorbene Ol' Dirty Bastard.

MALCOLM X (1925–1965, geboren als Malcolm Little): US-amerikanischer Bürgerrechtler und wichtigster Vertreter des Schwarzen Nationalismus im 20. Jahrhundert. Nach einer Jugend als Krimineller und einer sechsjährigen Haft stieg er zum Anführer der Nation of Islam auf (auch bekannt als Black Muslims), einer religiös-politischen Organisation, die einen eigenen Staat für die Afroamerikaner auf US-amerikanischem Staatsgebiet propagiert. Später distanzierte er sich von der Nation of Islam und ihrem rassischen Weltbild. Malcolm X war ein radikaler Kritiker und Gegner der gewaltlosen Integrationsstrategie → Martin Luther Kings. Sein Einfluss als Politiker und populäre Ikone des Widerstands ist gewaltig. Am 21. Februar 1965 wurde er während eines Vortrags von drei Anhängern der Nation of Islam erschossen.

YAA ASANTEWAA (1840–1923): Königinmutter von Edweso, einem Teilstaat des Aschantireiches (heute Ghana). Führte 1900 den letzten großen Aufstand der Aschanti gegen die britische Herrschaft über ihr Land an. Wurde nach der Niederschlagung des Aufstands durch die Briten gefangen genommen und für den Rest ihres Lebens auf die Seychellen verbannt.